Manuel Armas Castro

PREVENCIÓN E INTERVENCIÓN ANTE PROBLEMAS DE CONDUCTA

ESTRATEGIAS PARA CENTROS EDUCATIVOS Y FAMILIAS

2ª edición. 3ª reimpresión: Julio 2011

ISBN Edición Gráfica: 978-84-7197-957-5
ISBN Edición Digital: 978-84-9987-008-3

Depósito Legal: M-29335-2011
Impreso por Wolters Kluwer España, S.A.

Índice

	Pág.
PRÓLOGO	19
INTRODUCCIÓN	23
EQUIPO DE COLABORADORES	28
CAPÍTULO I. LA MIRADA COMPLEJA DE LOS PROBLEMAS DE CONDUCTA	31
1. El escenario: ¿puedes hacer algo para sacarme de aquí?	34
2. Los patitos feos	35
2.1. Suena el teléfono: el desencuentro escuela-familia	36
2.2. Padres perdidos	36
2.3. Niños "resilientes"	37
2.4. Conductas disruptivas y profesores quemados	38
2.5. Visionar escenarios interdisciplinares	39
2.6. Caso práctico: "fabricar delincuentes"	40
2.7. ¿Dónde estamos?	41

2.8. Visión compleja de la convivencia y los problemas de conducta 43

3. El paradigma de la complejidad integradora creadora 48

3.1. La utopía posible: integrarnos para transformar el mundo ... 51

3.2. Conocimiento y transformación: las "cegueras del conocimiento" 54

3.3. La inteligencia compleja recreadora 57

3.3.1. Saber ver la invisible complejidad 60

3.3.2. Elegir recrearse recreando el mundo 62

3.3.3. La solución de conflictos como estrategia de la inteligencia recreadora 70

3.4. Etapas hacia la sabiduría: el virus del miedo y el antivirus del amor 74

3.5. El liderazgo transparente 75

3.5.1. Estilos de liderazgo 77

3.5.2. Ejes estratégicos del liderazgo transparente 79

4. Aprender a regalarnos la mirada recreadora: no aplazar más la felicidad 80

5. ¿Por dónde empezamos? Prevención: normas, diálogo y autonomía 86

CAPÍTULO II. VISIÓN INTERDISCIPLINAR DE LOS PROBLEMAS DE CONDUCTA. PLAN INTEGRAL DE MEJORA DE LA CONVIVENCIA Y PREVENCIÓN DE LA VIOLENCIA.. 89

1. Técnica Delphi: panel de expertos 91

1.1. ¿Qué entendemos por problemas de conducta? 93

1.2. Problemas de conducta más frecuentes 97

1.2.1. Trastornos de conducta más frecuentes 99

1.2.2. Códigos Z: incidencia de los sistemas familiar, escolar y social 100

1.3. Multicausalidad de los problemas de conducta 101

1.4. ¿Cómo hacer prevención? 103

    1.4.1. Estrategias de prevención integral 104

    1.4.2. Programas de Prevención 106

1.5. ¿Qué pueden hacer los centros educativos? 107

1.6. El nuevo perfil profesional del educador 109

1.7. ¿Qué pueden hacer las familias? 111

1.8. ¿Qué modelo de padre y madre necesitan los hijos? 113

1.9. Propuestas generales de mejora 115

1.10. Conclusiones de la técnica Delphi 119

2. Plan Integral de Mejora de la Convivencia y Prevención de la
   violencia escolar 121

2.1. El tsunami de violencia: la convivencia como finalidad
     educativa 122

2.2. La punta del iceberg de violencia 122

    2.2.1. Violencia familiar: violencia de género y maltrato a
       los hijos 123

    2.2.2. Los hijos tiranos: el síndrome del emperador 125

    2.2.3. Las conductas disruptivas 126

    2.2.4. El lado oscuro de la micropolítica: síndrome burn out
       y mobbing 127

2.3. Caso práctico: observación en Educación Infantil
     y en la ESO 132

2.4. Ejes estratégicos del cambio de paradigma educativo 133

    2.4.1. Currículo más complejo 133

    2.4.2. Organización escolar más flexible 134

    2.4.3. Estilo educativo recreador 134

    2.4.4. Equipo docente con unidad de criterios 134

    2.4.5. Cambio radical en la formación del profesorado 134

2.4.6. Planes de mejora de la convivencia 135

2.5. El Plan Integral de Mejora de la Convivencia 135

    2.5.1. Objetivos 136

    2.5.2. Actividades 136

    2.5.3. El Observatorio de la Convivencia 137

2.6. Plan de Convivencia del Centro Educativo 140

    2.6.1. Evaluación de necesidades 141

    2.6.2. Objetivos prioritarios y actuaciones 142

    2.6.3. Recursos, responsables, temporalización 143

    2.6.4. Evaluación del Plan y propuestas de mejora 144

CAPÍTULO III. PROBLEMAS DE CONDUCTA MÁS FRECUENTES

CAPÍTULO III. PROBLEMAS DE CONDUCTA MÁS
FRECUENTES 145

1. Déficit de atención con hiperactividad 147

  1.1. Definición 148

  1.2. Causas del TDAH 151

  1.3. Prevalencia del TDAH 152

  1.4. Detección de los primeros síntomas 153

  1.5. Estrategias de intervención 153

    1.5.1. Orientaciones a las familias 154

    1.5.2. Orientaciones para los centros educativos 156

    1.5.3. Intervenciones interdisciplinares 159

  1.6. Casos prácticos: "Los niños maleducados" 162

2. Trastorno negativista desafiante 165

  2.1. Definición 165

  2.2. Prevalencia, comorbidad y consecuencias 166

  2.3. Factores causales y de mantenimiento 167

  2.4. Intervención 167

2.5. Casos prácticos: "Se niega a trabajar e insulta a la profesora" 171

3. Trastorno disocial 173

   3.1. Definición 173

   3.2. Prevalencia 175

   3.3. Factores de riesgo y protección 175

   3.4. Prevención 175

   3.5. Intervención 176

   3.6. Casos prácticos: "¿Qué será de nosotros, los malos alumnos?" 179

4. Violencia entre iguales 181

   4.1. Casos reales 181

      4.1.1. Suspendía para que no se metieran con ella 181

      4.1.2. Discriminación por el físico 181

   4.2. La intimidación y la ley del silencio 182

   4.3. Incidencia de la violencia 184

   4.4. Causas de la violencia escolar 186

   4.5. ¿Qué podemos hacer los profesores como prevención? El clima de clase 189

   4.6. Intervención en crisis. Tolerancia cero con la intimidación .. 191

      4.6.1. La entrevista evaluadora 192

      4.6.2. Tutoría y mediación entre iguales 192

      4.6.3. Programa de trabajo con la víctima 192

      4.6.4. Programa de trabajo con el agresor 193

      4.6.5. Programa de trabajo conjunto para agresor y víctima ... 194

      4.6.6. Intervenciones con el grupo clase 194

   4.7. ¿Qué podemos hacer los padres? 195

      4.7.1. Si mi hijo es intimidado 195

      4.7.2. Si mi hijo es un intimidador 196

4.8. Intervención integrada 198

4.9. Casos prácticos: cuando la víctima quiere desaparecer 198

5. Trastorno de ansiedad. Miedos y fobias 199

5.1. Fobia escolar 201

5.2. Trastorno de ansiedad por separación 203

5.3. Fobia social. Trastorno de evitación 204

5.3.1. Clarificación de términos 204

5.3.2. Como se origina la fobia social 205

5.3.3. Como se mantiene la fobia social 206

5.3.4. Tratamiento: sistema terapéutico integrado 206

5.4. Mutismo selectivo 209

5.5. Ansiedad ante los exámenes 211

6. Caso práctico: el centro educativo tiene un problema 215

CAPÍTULO IV. EVALUACIÓN E INTERVENCIÓN
ECOSISTÉMICA DESDE LA ESCUELA 217

1. Intervención desde el Departamento de Orientación 220

1.1. Visión global de los problemas 222

1.1.1. La familia 222

1.1.2. El equipo docente 224

1.1.3. El equipo directivo 226

1.1.4. El departamento de orientación 226

1.1.5. Los compañeros de aula 227

1.1.6. El alumno con problemas 228

1.2. Definir claramente el problema 228

1.3. Estrategias contextualizadas de intervención en casos prácticos 231

1.3.1. Priorizar conductas a eliminar 231

1.3.2. Hacer un contrato por escrito 233

1.3.3. Seguimiento de la conducta 233

1.3.4. Un sociograma 237

1.3.5. La tutoría con alumnos 238

1.3.6. Promover actividades alternativas 239

1.3.7. La relación con los padres 240

1.3.8. La relación con el profesorado 241

1.3.9. Consensuar normas de convivencia 241

2. Intervención desde los Equipos de Orientación Externos 247

2.1. Modelos de orientación 247

2.2. Análisis de la conducta dentro del sistema: hacer complejo .
lo simple 248

2.3. La consulta colaborativa: ver lo invisible 250

2.4. Proceso de evaluación ecosistémica: entrar en el aula 251

2.4.1. Preparar la evaluación: ver las invisibles consultas 251

2.4.2. En el centro educativo: cambiar el sistema 252

2.4.3. El Informe: hacer visible lo invisible 255

2.5. Escolarización de alumnos con problemas de conducta 256

2.6. Centros educativos recreadores. "O Pelouro": utópicos
del mundo uníos 258

2.7. Un caso real de intervención interinstitucional 259

3. Decálogo escolar para aprender de los problemas de conducta 261

3.1. Currículo más complejo: educación en valores 261

3.2. Adaptar el currículo a las necesidades del alumno 262

3.3. Estilo docente recreador: normas, diálogo y autonomía 263

3.4. Consensuar normas de convivencia entre alumnos
y profesores 262

3.5. La tutoría: unificar criterios entre profesores y con la familia . 263

3.6. Participación del alumnado 263

3.7. Organización flexible del aula y de los grupos de alumnos .. 264

3.8. Contratos de conducta y mediación de conflictos 265

3.9. Control de las crisis: estrategias de contención, extinción
y refuerzo 266

3.10. Solicitar ayuda profesional: los servicios de apoyo 267

4. Decálogo familiar para sobrevivir a los problemas
de conducta 268

4.1. Estilo educativo recreador: normas, diálogo, autonomía 268

4.2. Amor incondicional y confianza en los hijos 268

4.3. Unificar normas de convivencia familiar 269

4.4. Formato de diálogo familiar y solución de conflictos 270

4.5. Aceptar el problema para recrearnos 272

4.6. Aplicar consecuencias: premios y castigos 272

4.7. Estrategias de contención y extinción 274

4.8. Los padres como modelo de conducta reflexiva 275

4.9. Ejemplificación: cómo establecer normas 275

4.9.1. Las normas sintetizan la escala de valores de la familia 276

4.9.2. Las condiciones de las normas 277

4.9.3. Ejemplos de normas 278

4.10. ¿En dónde podemos encontrar más ayuda? 279

CAPÍTULO V. PREGUNTAS PARA EL MAGO SIN MAGIA 283

1. ¿Los abuelos malcrían a los nietos? 285

2. ¿Qué debe hacer un padre si descubre que su hijo fuma? 286

3. ¡También lo hacen mis amigos! 286

4. El móvil 287

5. ¿Padres y amigos? 287

6. ¿La pereza de los padres reduce la eficacia en la educación de
los hijos? 288

7. ¿Por que cosas discuten los jóvenes con sus padres? 288

8. ¿Por qué este niño es así: tan agresivo, tan egoísta? 288

9. ¿Por qué es tan blando y sufre tanto? 289

10. ¿Es frecuente que los padres tengan opiniones diferentes sobre la educación de sus hijos? 290

11. Culpar o/y utilizar a los hijos en la separación de los padres 290

12. ¿Niños adoptados: problemas adicionales? 292

13. ¡Necesitamos dormir! 292

14. ¿Cómo podemos ayudar en los estudios a nuestro hijo? 294

15. ¿Cómo ayudar a los niños a superar la pérdida de un ser querido? 296

16. ¿Cómo superar el momento clave de crisis, cuando nos ponen a prueba? 298

17. Reglas de oro en "pastillas": ¡menos bla, bla y más actuar! 299

18. ¡Errores a evitar! 300

19. ¿Qué podemos hacer para prevenir la anorexia y la bulimia? 302

    19.1. Medidas preventivas en el ámbito familiar 304

    19.2. Prevención en el ámbito escolar 305

20. ¿Cómo podemos prevenir el consumo de drogas por lor hijos? ... 306

    20.1. Prevención desde el ámbito familiar 307

    20.2. ¿Qué hacer cuando descubrimos que nuestro hijo consume drogas? 308

    20.3. ¿Qué puede hacer la familia ante el consumo sistemático de sustancias? 309

        20.3.1. Posibles indicadores de consumos sistemáticos de drogas 310

        20.3.2. Cuando no existe reconocimiento del consumo 311

21. Diez metáforas para la esperanza 312

    21.1. Aprendiz de windsurf 313

21.2. La cascada del río Xallas 313

21.3. El vuelo del águila. 314

21.4. Mirar desde el túnel o desde la cumbre 314

21.5. Viajar para complejizarnos 315

21.6. El rompeolas, el acantilado y la playa 315

21.7. La marea blanca universal 316

21.8. El arco iris 316

21.9. Transparentar el alma 316

21.10 La sonrisa sostenible 318

22. "Perdóname por ir así buscándote" 319

CAPÍTULO VI. ANEXOS 321

Anexo I. Modelo de registro de incidencias (1). 323

Anexo II. Modelo de registro de incidencias (2). 327

Anexo III. Modelo de contrato para mejorar el comportamiento 328

Anexo IV. Modelo de resumen semanal de comportamiento 329

Anexo V. Cuestionario sociométrico 330

Anexo VI. Pregunta 1 del cuestionario sociométrico: preferencias de trabajo en grupo 331

Anexo VII. Pregunta 2 del cuestionario sociométrico: preferencias para sentarse juntos 332

Anexo VIII. Pregunta 3 del cuestionario sociométrico: preferencias para el ocio 333

Anexo IX. Pregunta 4 del cuestionario sociométrico: rechazo para el trabajo 334

Anexo X. Pregunta 5 del cuestionario sociométrico: rechazo para el ocio 335

Anexo XI. Modelo de solicitud de intervención del equipo
de orientación externo 336

Anexo XII. Protocolo de consulta colaborativa 338

Anexo XIII. Informe sociopsicopedagógico 341

Anexo XIV. Planificación del plan de convivencia 346

BIBLIOGRAFÍA 347

A María del Carmen, Carmen y Laura,
por hacer visible lo invisible.

Prólogo

Conductas disruptivas, violentas, maltrato entre iguales, desafección escolar, déficit de atención e hiperactividad, problemas de conducta…, son en este momento temas habituales de conversación y preocupación en los centros educativos.

Por otra parte, los padres y madres, en algunos casos, parecen estar desconcertados, sin saber qué hacer y cómo entender lo que les ocurre a sus hijos e hijas, ni cómo pueden ayudarles.

Malestar docente, dejación de las responsabilidades educativas en las familias,… ¿Puede decirse que existe un mayor malestar y desmoralización en el profesorado y en las familias que en otros tiempos?

El mundo, la sociedad, sufre constantes transformaciones y los cambios son difíciles y muchas veces dolorosos. Cada generación mantiene un pulso con la anterior y más tarde con la posterior, primero para crear nuevos escenarios y después para tratar de mantenerlos y protegerse de la incertidumbre.

Posiblemente en cada momento histórico se ha tenido esta misma percepción, aunque, parece ser que nos ha tocado vivir un cambio histórico especialmente importante, el paso de la sociedad industrial a la sociedad de la información y del conocimiento, según dicen los sociólogos de todo el mundo.

El momento histórico, las situaciones determinadas en cada lugar, conforman una realidad concreta. Esta realidad y todo lo que en ella ocurre nos afecta y lo hace de manera especial a las personas educadoras. Sin embargo, es preciso recordar que más importante que lo que ocurre es lo que hacemos con ello y al servicio de qué y de quién nos posicionamos: el compromiso docente.

Desde su dilatada experiencia como miembro de un Equipo de Orientación Externo en A Coruña, el autor, nos ofrece sus reflexiones y sus propuestas desde una mirada recreadora. Una nueva manera de ver cada situación, que nos haces ver la invisible complejidad, alejándonos del reduccionismo peligroso, ayudándonos a ampliar la visión del mundo que nos rodea, potenciando la reflexión profunda que nos lleve a las causas de los problemas y dificultades cotidianas en la educación.

Realiza un recorrido exhaustivo de la problemática más frecuente en la escuela y en las familias, de lo que le pasa al alumnado, de las dificultades que encuentra en su proceso de construirse como persona autónoma y competente para vivir con dignidad. Aborda los temas en profundidad pero con sencillez., habla con el corazón, sintiendo y poniéndose en el lugar del profesorado y de los padres y madres preocupados y, a veces desorientados. Sin embargo, lo hace con la distancia suficiente para permitir ver la situación en toda su complejidad. Casos y situaciones, dudas y preguntas habituales, que nos resultan familiares y que necesitan respuestas y estrategias para abordarlas con coraje y valentía. Está escrito desde la sinceridad y la humildad, lo que no merma el rigor teórico que justifica las propuestas. Propuestas que tratan de ayudar a pensar y a elaborar respuestas propias, lejos de las recetas al uso.

Reclama insistentemente la implicación de las personas responsables de la educación y plantea cuestiones que exigen respuestas comprometidas cuando pregunta: ¿Podemos intentar cambiar el sistema escolar y el familiar o seguiremos sacrificando a las personas para que nada trastoque los sistemas establecidos? ¿Podemos hacer algo para sacar a los niños y niñas del miedo, la soledad y el sufrimiento cuando lo necesitan?

Siempre es gratificante compartir la visión de nuestra tarea como personas educadoras con las de otros profesionales, por ello me congratula compartir con el autor el convencimiento de cada persona tiene sus talentos y posibilidades. Desde las diferencias, cada persona es valiosa para algo. Nuestra tarea es descubrirlo y potenciarlo.

Creemos en una escuela inclusiva que lucha contra todos los mecanismos de exclusión, para ello, ha de estar orientada a garantizar que todo el alumnado adquiera el dominio de las herramientas esenciales del aprendizaje y de las actitudes que le permitirán seguir aprendiendo continuamente de modo que cada cual busque su propia excelencia, no se conforme con la mediocridad, que dé lo mejor de sí en todos los ámbitos.

Junto con Pérez Esclarín (2004) pensamos que en educación es imposible la efectividad sin afectividad. Es necesario crear un marco de seguridad, confianza, inclusión, paciencia, respetar los ritmos y modos de aprender de cada persona. Busca el bien-estar y el bien-ser y considera el error como una excelente oportunidad de aprendizaje

Apostamos por una escuela que combate todo tipo de discriminación, autoritarismo, rutina y sin sentido, que ayuda a reflexionar y a transformar las prácticas, a superar las incoherencias y a construir nuevos caminos educativos alternativos que promuevan la autonomía y el crecimiento personal. Si toda la labor educativa está dirigida al desarrollo pleno e integral de la persona, se hace imprescindible una escuela comprometida en la transformación de la cultura tradicional de los centros y de las prácticas autoritarias y transmisivas que imposibilitan que las personas puedan alcanzar su plenitud.

Compartimos el compromiso y posicionamiento como docentes en la construcción de un mundo más justo y solidario que nos obliga a desaprender, a romper, las pautas aprendidas y los roles adquiridos para crear nuevos referentes y códigos de interacción y comunicación.

Agradezco al autor la oportunidad de prologar este texto, por la importancia y utilidad de sus propuestas y aportaciones, y porque lo que ayude al profesorado y a las madres y padres a poner en marcha todas las potencialidades de los chicos y chicas pone a la educación en el buen camino en este *viaje de aprendizaje* sin límite hacia la sabiduría, como dice el autor. ¡Que ésta sea el motor para recrear el mundo!

Nélida Zaitegi

Introducción

Estas páginas nacen con la única finalidad de aportar estrategias contextualizadas para mejorar la prevención e intervención en los problemas de conducta desde una perspectiva global que integre los ámbitos familiar, escolar y sociosanitario.

Analizar la práctica exige construir teorías para intentar entenderla y poder transformarla. En un proceso inductivo / hipotético-deductivo, tomaremos contacto con el malestar que provocan los problemas de conducta, diseñaremos el marco teórico del paradigma de la complejidad integradora creadora para comprenderlos y aportaremos estrategias contextualizadas de prevención e intervención integral aplicadas en casos prácticos reales atendidos de forma interdisciplinar por los profesionales que colaboran en este libro. Hablamos y pensamos sobre lo que vivimos para crear teorías que nos permitan recrear la vida. Repensar la vida para recrearla.

En el Capítulo I empezamos por observar el sufrimiento que provocan los conflictos educativos en los sistemas escolar y familiar. Para poder comprender y actuar ante estos problemas de una forma esperanzadora, tenemos que aprender a mirar con los ojos de la inteligencia compleja que integra las inteligencias racional, emocional y conductual. Desde este nuevo paradigma de la complejidad integradora creadora podemos ver los conflictos como una oportunidad para que todos hagamos aprendizajes excepcionales que nos acerquen a la sabiduría: saber ver la invisible complejidad para poder elegir recrearnos recreando solidariamente el mundo que nos rodea. Si queremos ayudar a nuestros jóvenes tenemos antes que ayudarnos a nosotros mismos regalándonos una mirada recreadora.

El Capítulo II intenta hacer una aproximación global a los trastornos de conducta utilizando la técnica Delphi, con un grupo de expertos en la práctica clínica, educativa y social. De esta visión interinstitucional emerge la necesidad de poner en marcha un Plan Integral de Mejora de la Convivencia y Prevención de la Violencia Escolar.

En el Capítulo III, describimos los problemas de conducta más frecuentes en la práctica socio-educativa-sanitaria, diseñando las grandes líneas de prevención e intervención interdisciplinar.

El capítulo IV ejemplifica con casos prácticos reales el proceso de evaluación e intervención psicopedagógica en los problemas de conducta desde el Departamento de Orientación del centro educativo y el Equipo de Orientación Externo, compartiendo una visión ecosistémica.

Como "magos sin magia", en el Capítulo V, intentamos dar respuestas concretas a algunas de las preguntas más habituales que nos hacemos cuando queremos ayudar a nuestros hijos o alumnos. Finalizamos con un ramillete de metáforas para recuperar la esperanza en nuestra capacidad de desarrollarnos en condiciones adversas y acercarnos lentamente a la sabiduría.

Estas páginas son un humilde ejercicio de "construcción compartida de conocimiento complejo contextualizado" sobre la educación de nuestros jóvenes. Nace en el contexto de trabajo del especialista en trastornos de conducta del Equipo de Orientación Específico de A Coruña. Pero es, en cierta forma, un libro coral y anónimo, ya que su contenido fue elaborado a través de múltiples conversaciones, trabajos y reflexiones de distintos profesionales sobre experiencias compartidas e historias de vidas, sin otro mérito personal más que el de haber intentado sintetizar e integrar este saber interdisciplinar. Deseamos que este libro, salpicado de metáforas que ayudan al entendimiento, sea como un árbol cuyas semillas se las lleve el viento, y así nazcan nuevos árboles (Morin, 2006).

Son muchas las personas con las que tengo una enorme deuda de gratitud y amistad.

En primer lugar tengo que dar las gracias a todos los jóvenes, familias y profesores que conocí en el trabajo diario y que solicitaron nuestra ayuda. Siempre fui consciente de que cuando ayudamos a alguien nos ayudamos a nosotros mismos, que educamos educándonos, que enseñamos aquello que nos gustaría aprender. Tal vez he aprendido yo más de los críos que no pierden la sonrisa en situaciones límite, de los padres que luchan desesperadamente por sus hijos, de los profesores comprometidos, que lo que ellos pudieran recibir de mi. Sus vidas e historias aparecen en estas páginas, sin los datos que las hagan reconocibles, ya que lo que nos interesa es el ser humano, el proceso profundo del dolor que nos deja desnudos, sin máscaras y nos da una oportunidad para asumir el riesgo de recrearnos.

Mi agradecimiento especialmente sincero y profundo para el grupo de profesionales y amigos que participaron como expertos en la técnica Delphi, así como a las compañeras que elaboraron algunos de los apartados del libro. La mención en la página de colaboradores es muy poco para quienes pusieron de forma desinteresada su tiempo y sabiduría a disposición de todos nosotros, como ejemplo de generosidad y de solidaridad.

Este libro no habría salido a la luz sin la inestimable ayuda de los amigos más próximos que hicieron una lectura crítica de estas páginas, animándome a reformular algunos aspectos y a finalizar el trabajo, ya que con sus comentarios sentí que ya había dicho lo que necesitaba decir. Quiero agradecer la mirada recreadora compartida especialmente a Lidia Sánchez Mata, a Xosé Armas Castro, a María Esther Díaz Rodríguez, a Luz Rey Rodríguez, a Pilar María Barreiro González y Ángel Sebastián Junquera.

El último empujón para publicar este ramillete de ideas y experiencias lo dio Nélida Zaitegi, entusiasta y admirada profesional de la educación, a la que además tengo que agradecer su vital y comprometido prólogo.

Todos ellos me ayudaron a entender que el trabajo es amor hecho visible (Jalil Gibran) y que escribir es sobreponerse al miedo, ya que las palabras forman parte del cuerpo como los propios huesos (Rivas, 2006).

Estas páginas están escritas por y para todos los que "afortunadamente" nunca pudimos poner en las puertas de nuestras casas y escuelas un letrero que dijera: "Aquí nunca tuvimos problemas".

Tan sólo intentamos abrir una ventana para poder tener una visión de los problemas de conducta más compleja, superando la mirada simplificadora que "etiqueta", clasifica y limita a las personas. Si somos capaces de "ver lo invisible", podremos descubrir el desafío y la oportunidad que encierra todo conflicto para desarrollar nuestra comprensión y aprender a recrearnos recreando los sistemas en los que convivimos: la familia, la escuela y la sociedad.

EQUIPO DE COLABORADORES

PANEL DE EXPERTOS EN LA TÉCNICA DELPHI

- CARMEN ABELAIRA ARRIANDIAGA
  Psicóloga clínica. Especialista en Psicología Conductual (A Coruña).

- MARÍA ESTHER DÍAZ RODRÍGUEZ
  Médico Psiquiatra Psicoterapeuta.
  Jefa de Sección. Unidad de Salud Mental Infanto-Juvenil del Complejo Hospitalario "Juan Canalejo" (A Coruña).

- MARÍA DOLORES DOMÍNGUEZ SANTOS
  Profesora Titular de Psiquiatría de la Facultad de Medicina de la Universidad de Santiago. Unidad de Salud Mental Infanto-Juvenil del Complejo Hospitalario de la Universidad de Santiago de Compostela.

- MOTNSE ERAUSKIN SALAZAR
  Psicóloga. Orientadora del CEIP "Emilia Pardo Bazán" (A Coruña).

- FRANCISCO LÓPEZ PICO
  Pedagogo. Orientador del IES "María Casares" de Oleiros (A Coruña).

- PILAR LÓPEZ RUIZ
  Psicóloga clínica en la Unidad de Salud Mental Infanto-Juvenil del Complejo Hospitalario de la Universidad de Santiago de Compostela.

- MARÍA LUISA MÉNDEZ MÉNDEZ
  Profesora de Pedagogía Terapéutica. Ex-directora del IES "Ferrol Vello" de Ferrol (A Coruña).

- FEDERICO MENÉNDEZ OSORIO
  Médico Psiquiatra.
  Unidad de Salud Mental Infanto-Juvenil del Complejo Hospitalario "Juan Canalejo" (A Coruña).

- MANUEL OTERO ESPIÑO
  Ex-Director del CEIP de Oca-A Estrada.
  Profesor del IES n.º 1 de A Estrada (Pontevedra).

- JOSÉ MANUEL OREIRO BLANCO
  Psicólogo. Jefe de Equipo Técnico del Menor de la Consellería de Familia.
  Delegación de A Coruña.

- LUZ REY RODRÍGUEZ
  Trabajadora Social del Equipo de Orientación Específico de A Coruña.

- LIDIA SÁNCHEZ MATA
  Psicóloga.
  Profesora de UNIS de Nueva York.
  Profesora y Ex-Directora del IES de Esparís-Brión (A Coruña).

- XOSE XAVIER SÁNCHEZ SUÁREZ
  Psicólogo. Orientador del CEIP "Víctor Sáinz" de Antes-Mazaricos (A Coruña).

- RAMIRO TATO FONTAIÑA
  Médico Psiquiatra de la Unidad de Salud Mental Infanto-Juvenil de Ferrol (A Coruña).

- MANUEL TORRES COLLAZO
  Psicólogo. Orientador del IES "Manuel Murguía" de Arteixo (A Coruña).

AUTORAS DE APARTADOS DEL LIBRO

- SUSANA PITA ANCA
  Psicopedagoga. Orientadora del IES "Ferrol Vello" de Ferrol (A Coruña).
  Autora del apartado 1 del Capítulo IV: Intervención desde el Departamento de Orientación.

- MARÍA PILAR BERMEJO GONZÁLEZ
  Psicóloga clínica. Terapeuta familiar. Directora de la Unidad Municipal de Atención a Drogodependencias de Santiago de Compostela.

- PILAR SABIO SANZ
  Educadora Social de la UMAD de Santiago de Compostela.
  Coautoras ambas del apartado 20.3. del capítulo V: ¿Qué puede hacer la familia ante el consumo de sustancias sistemáticas? Evidencias y afrontamiento.

- MARÍA LOURDES FERNÁNDEZ CORTIJO
  Profesora de Pedagogía Terapéutica. Especialista en Audición y Lenguaje. Autora del apartado 1.3.9. del Capítulo IV: Consensuar normas de convivencia.

- LIDIA SÁNCHEZ MATA
  Psicóloga. Profesora de Inglés del IES de Brión (A Coruña).
  Coautora con Manuel Armas del capítulo I: La mirada compleja de los problemas de conducta.

Capítulo I

La mirada compleja de los problemas de conducta

"En lugar de extender el dedo de la censura para señalar una u otra de las partes de nuestro sistema total -los perversos médicos, los perversos industriales, los perversos profesores- deberíamos echar una mirada a los fundamentos y a la naturaleza del sistema mismo" (Bateson, 1999:372).

Cuando nos encontramos con algún problema de conducta en nuestras casas o nuestras aulas, es muy probable que suframos un secuestro emocional motivado por el miedo, que nos paraliza, asusta y dificulta poder ver el conflicto en su conjunto, con tranquilidad y racionalizando la situación. Frecuentemente agrandamos las dificultades, nos alarmamos, dramatizamos y no vislumbramos la salida. La "visión de túnel" a la que nos lleva un análisis simplificador de los problemas nos hace ver todo negro.

Necesitamos descubrir la luz al final del túnel para recuperar la esperanza de encontrar una salida. La mirada compleja de los conflictos se asemeja a la visión global que tenemos desde un mirador o desde la cima de una montaña. Podemos ver el ecosistema en su conjunto, las partes integradas en un todo armónico. Cuando tenemos una visión compleja no sólo vemos lo negativo, sino también las capacidades, el potencial de desarrollo positivo que tenemos todas las personas para transformar el patito feo en el cisne que llevamos dentro. El paradigma de la complejidad integradora creadora, nos permite ver la invisible complejidad y mantener la confianza en las personas para encontrar estrategias contextualizadas que nos permitan recrearnos recreando el mundo solidariamente desde la incertidumbre de los conflictos y problemas de conducta.

El sufrimiento y el dolor que nos provocan los conflictos pueden ser una oportunidad para el aprendizaje y la recreación personal. Para que esto sea así tenemos que desarrollar una mirada transparente capaz de ver el invisible mensaje sistémico que encierran los síntomas. Así, cuando sentimos dolor físico o psíquico prestamos demasiada importancia a silenciar los síntomas y muy poca a cambiar el sistema. Pero lo difícil siempre es pasar de pensar *en la parte* a ver *las partes integradas en el todo*. Si el dolor continúa, el mensaje cambia y nos obliga a revisar esferas más amplias de nuestra vida. El dolor es una llamada de atención de que algo en el sistema global está desintegrándose. El sufrimiento nos deja desnudos, sin máscaras y nos obliga a profundizar en lo esencial de la vida para recrear nuestros modelos mentales y los sistemas en los que nos desarrollamos. Los problemas que tenemos hoy no podemos solucionarlos si seguimos pensando de la misma manera que cuando los creamos, decía Albert Einstein.

Así, por ejemplo, la ansiedad mantenida en el tiempo, dispersa la inteligencia con esfuerzos analíticos agobiantes, agota el organismo y empobrece el alma, aislándola en un egocentrismo mezquino. Pero para quien pudo superarla a tiempo, la ansiedad fue más enriquecedora que ningún otro sufrimiento. Nadie respira tan profundamente, nadie ve con tanta nitidez, nadie comprende tanto como quien padeció ansiedad y fue capaz de librarse de ella, transformando sus pensamientos simplificadores y distorsionados en complejos, el miedo en amor incondicional, y la evitación experiencial en una actitud de apertura recreadora al mundo.

1. EL ESCENARIO: ¿PUEDES HACER ALGO PARA SACARME DE AQUÍ?

> *"Lo esencial es invisible a los ojos"* (Antoine de Saint-Exupéry, *El Principito*)

Recuerdo la primera entrevista que tuve con un chaval de 12 años con problemas de conducta. Después de decirle quién era yo y explicarle que estaba allí para intentar ayudarle, me miró con curiosidad a los ojos y me lanzó aquella pregunta que aún resuena en mi memoria: "¿tú puedes hacer algo para sacarme de aquí?" ¿Podemos hacer algo para librar a los alumnos de instituciones que no atienden sus necesidades? ¿Podemos hacer algo para transformar las organizaciones en sistemas saludables? ¿Podemos acompañar a los jóvenes en su aprendizaje hacia la autonomía responsable? ¿Podemos aprender con ellos porque al educar nos educamos? ¿Podemos ver los conflictos como oportunidades para hacer juntos aprendizajes excepcionales? ¿Podemos intentar llevar un estilo de vida saludable como prevención de los problemas de conducta? ¿Podemos superar el miedo con el amor para atrevernos a navegar con esperanza en este océano de incertidumbre? ¿Podemos intentar cambiar los sistemas escolar y familiar o seguiremos sacrificando a las personas para que nada trastorne los sistemas establecidos? ¿Podemos hacer algo para sacar a los chavales del miedo, la soledad y el sufrimiento? Este ramillete de preguntas ocultas en la mirada prisionera de aquel chaval, motivaron en cierta forma estas páginas.

2. LOS PATITOS FEOS

> *"Se dirigió entonces hacia ellos, con la cabeza baja, para hacerles ver que estaba dispuesto a morir. Y entonces vio su reflejo en el agua: el patito feo se había transformado en un soberbio cisne blanco…"* (Hans Christian Andersen, *El patito feo*)

Al escenario de la consulta del especialista en trastornos de conducta del Equipo Externo de Orientación Educativa llegan los problemas de conducta más relevantes que se detectan en los centros educativos, después de una primera valoración de los orientadores u orientadoras escolares. También nos piden ayuda las familias directamente, aunque la respuesta siempre la reconducimos a través de la escuela. Y cada vez son más frecuentes las solicitudes de colaboración de los distintos profesionales de educación, salud mental o servicios sociales para abordar los problemas de una forma global e interdisciplinar. Nuestro trabajo consiste básicamente en hacer visible el invisible cisne que se esconde bajo la apariencia del patito feo y poner los recursos y estrategias al alcance del niño, la familia y el centro educativo para que se manifieste esa transformación.

2.1. Suena el teléfono: el desencuentro escuela-familia

Suena el teléfono. Es la madre de un chiquillo con hiperactividad que pide ayuda. Se disculpa por interrumpir la conversación para poder llorar. Cuenta incidentes y decisiones del centro educativo que le molestan y con las que no está de acuerdo. Los profesores le dicen que su hijo no tiene ningún problema más que el de estar mal educado. Las entrevistas entre la familia y los profesores apenas existen, y cuando se dan, nunca terminan bien. La madre dice que no ayudan al hijo para superar sus dificultades. Recibe frecuentes llamadas telefónicas desde el centro educativo para decirle que vaya a buscar a su hijo porque no pueden con él. Varias veces tuvo que salir de su trabajo para ir a recogerlo. Después de figurar en varios "partes" de clase por malas conductas, acordaron expulsarlo unos días para casa. La familia y el centro educativo se culpabilizan mutuamente. La familia está pensando en presentar una denuncia contra el Centro. La madre dice que ya no puede más. Su marido está poco tiempo en casa, por "motivos de trabajo", y no puede contar con él. Cuando está, no se ponen de acuerdo con las normas que tiene que seguir el hijo, que los acaba manipulando a los dos. Una abuela que convive con ellos aún complica más las cosas, al contradecir a los padres y sobreproteger al nieto. Fueron a Salud Mental Infantil, en donde se le diagnosticó déficit de atención con hiperactividad y se le recetó metilfenidato. La madre, totalmente desbordada, se encuentra en tratamiento contra la depresión. El chaval recibe apoyo de una profesora y de una psicóloga particular, pero no consiguen unificar los criterios con el centro educativo. La madre tiene muchas dificultades económicas para poder seguir manteniendo estos apoyos. No puede más, no sabe qué hacer y pide entre sollozos que la ayudemos.

2.2. Padres perdidos

A veces nos llaman padres que piden que alguien se haga cargo de sus hijos preadolescentes porque no pueden ponerles límites en casa. No respetan los horarios. Llegan a casa cuando quieren. No se levantan a tiempo para ir a clase. No aparecen por el centro educativo y quieren dejar los estudios. Salen con pandillas que tienen más años que ellos y, por ello, tienen miedo de que se inicien en las drogas y la delincuencia. Las discusiones son continuas y violentas. Reconocen que perdieron el control de la situación. No se atreven a decirle nada al hijo que, con frecuencia, los amenaza con denunciarlos por "malos tratos". Los padres reciben insultos por no poderle comprar la ropa de "marca" o el último móvil del mercado. Otros amenazan con marcharse de casa o suicidarse si los padres no ceden al chantaje y a la manipulación continua.

Padres que nos piden que le busquemos un "centro específico" o un internado para su hijo, porque tienen miedo en casa y más de una vez llamaron a "urgencias" cuando el hijo entra en crisis. Padres perdidos que parecen títeres en las manos de sus hijos que los manipulan a su antojo. Madres angustiadas por buscar una plaza escolar para su hijo, al que le aconsejan buscar "otro Centro con más recursos" por encontrarlo vendiendo "porros" en el patio del colegio. Padres que acaban enzarzados en agresiones verbales y físicas con los hijos y que ya presentaron denuncias contra ellos en la Fiscalía de Menores. Matrimonios que sucumben a la crisis diaria y que culpabilizan de su separación al hijo con problemas. Una madre se queja de que su hija de 15 años se marchara a la discoteca mientras ella esperaba al 061 para ir de urgencias al Hospital. La Administración dice que no puede "acoger" a todos estos jóvenes con familia de referencia, que hay que buscar otras soluciones más allá de la institucionalización.

La paradoja aún es más sorprendente cuando los padres, que adoptaron un día a su hijo con gran ilusión, piden que se lo lleven de casa cuando ya no pueden marcarle ningún tipo de límite. *Padres perdidos* (Díaz, 1995), que no tienen un destino determinado, esperando que alguien los ayude a transformar el escenario familiar de sufrimiento diario en un lugar en donde poder convivir en paz, en donde encontrar algo de descanso, una tregua reparadora.

2.3. Niños "resilientes"

Hay críos que reciben malos tratos en sus casas y que son expulsados de los centros educativos por reproducir los patrones violentos que aprendieron desde pequeños en el ambiente familiar. Hay jóvenes que se sienten humillados y discriminados por las palabras y el comportamiento de algunos profesores (Defensor del Pueblo, 2000). Hay alumnos que aburridos por el currículo y la metodología de las clases, optan por no asistir al Centro, cayendo en el absentismo escolar. Hay alumnos asustados, que no quieren ir al colegio por miedo a las agresiones verbales y físicas de los compañeros. Las agresiones entre iguales filmadas en los móviles o las imágenes humillantes y textos ofensivos colgados en Internet empiezan a ser cada vez más frecuentes.

Hay jóvenes que asumen excesivas responsabilidades para su edad, al ceder al chantaje emocional de sus padres que sólo piensan en sí mismos. Hay excelentes alumnos que sufren ansiedad y fobias por su excesivo nivel de exigencia y perfeccionismo. Hay jóvenes que sienten miedo, que están asustados, que se sienten solos, que mienten e reaccionan agresiva o depresivamente. Hay chavales que piden atención, cariño y límites negándose a admitirlos. Sin embargo es sorprendente la capacidad de los jóvenes para ser "resilientes", es decir, capaces de sobrevivir en condiciones extremadamente adversas sin perder la sonrisa (Cyrulnik, 2002). Los patitos feos pueden transformarse en cisnes, siempre que los adultos pongamos a su disposición los recursos y estrategias adecuadas.

2.4. Conductas disruptivas y profesores quemados

Nos llaman profesores, orientadores, equipos directivos, inspectores de Educación, que solicitan ayuda ante las conductas disruptivas de los alumnos que hacen imposible poder dar clase. Con frecuencia se contempla la posibilidad de buscar un internado, un "centro especializado en trastornos de conducta" o la necesidad de profesores de apoyo para poder atender al alumno en el mismo centro educativo. Dicen que los padres de los otros alumnos se quejan de que sus hijos pierdan el tiempo en las clases por culpa de los alumnos conflictivos. Algunos padres amenazan con cambiar de Centro a sus hijos si ese alumno sigue en la misma escuela. Los "partes" de clase recogen múltiples incidentes (agresiones verbales y físicas, negarse a trabajar, interrumpir las clases), que se repiten diariamente sin que se encuentren soluciones eficaces. Si al final se acuerda expulsar al alumno unos días para casa, el joven parece que consiguió lo que quería y frecuentemente vuelve peor al colegio. Un porcentaje importante de alumnos de la ESO no quiere seguir estudiando, quieren trabajar o tener opciones curriculares más prácticas, pero hasta los 16 años, o excepcionalmente a los 15, no pueden acceder a talleres o alternativas curriculares más prácticas. Los profesores cubren el protocolo de absentismo escolar y lo remiten a la Administración, pero no se ve solución alguna. Hay directores que cuando los alumnos con problemas entran en crisis, después de intentar hacer la contención los profesores, acaban llamando al teléfono de emergencias 112.

A veces también hay problemas organizativos y relacionales entre los profesionales, que acaban complicando los problemas de los chavales. La disparidad de criterios entre equipos directivos, orientadores, profesor de apoyo y/o equipo docente, dificulta que estos alumnos tengan normas claras y coherentes como referencia.

Afrontar los problemas de conducta en solitario favorece, entre otros factores, la aparición del síndrome del "profesor quemado". Cada vez hay más bajas por depresión entre el profesorado (Esteve, 1994). Hay una esclavitud del profesorado a los contenidos en detrimento de la educación de las actitudes, valores y normas. Excepto en casos de meritorio voluntarismo, sólo se trabajan los conocimientos, olvidándose de los afectos, sentimientos y conductas hasta que aparecen los problemas. Estamos fabricando generaciones de "analfabetos emocionales" (Goleman, 1996) que no saben ver más allá de su egocentrismo simplificador y carecen de valores solidarios como la empatía y el compromiso.

2.5. Visionar escenarios interdisciplinares

"En psicología hay una ley que dice que si formas una imagen mental de lo que te gustaría ser y la mantienes durante el tiempo suficiente, pronto te convertirás en lo que imaginaste" (William James).

Cada vez nos llamamos más los profesionales que intentamos ayudar a los jóvenes: orientadores, psiquiatras, psicólogos, trabajadores sociales, educadores familiares, directores de Centros; para intercambiar información y coordinar las distintas intervenciones, siempre con el consentimiento familiar. Todos reconocemos que los problemas son complejos, que apenas hay estructuras para el trabajo interinstitucional, y que la intervención integral requiere tomar la iniciativa, coger el teléfono y hacer amigos para ayudar a los críos. Queremos borrar aquella imagen de tres o cuatro administraciones (educación, sanidad, servicios sociales, justicia) actuando sobre un mismo joven de forma descoordinada, con varias intervenciones a veces contradictorias. No podemos retrasar un día más el cambio. Tal vez esta forma de intervención interdisciplinar tarde en manifestarse en las estructuras sociopolíticas, o no llegue nunca. Pero si esperamos por ellas para empezar a trabajar colaborativamente, llegaremos demasiado tarde para los jóvenes y también para nosotros.

2.6. Caso práctico: "fabricar delincuentes"

"Aquello que es más personal es lo que resulta más general…, si es expresado y compartido, lo más personal y singular de cada uno de nosotros puede llegar más profundamente a los demás" (Rogers, 2000:34).

El Informe psiquiátrico que reproducimos a continuación, elaborado por uno de los colaboradores de este libro, sintetiza la problemática que acabamos de describir. Excluidos los datos de tipo personal que pudieran llevar a la identificación del caso, resulta una historia tristemente paradigmática. El recorrido del alumno por distintos especialistas, centros educativos y diversas administraciones es lamentablemente característico. La coordinación interinstitucional para resolver los problemas es imprescindible, de lo contrario estaremos nosotros mismos fabricando delincuentes.

Acude por vez primera a esta institución a los 8 años de edad, por "agresividad" y "tendencia al aislamiento". Los padres estaban en trámite de separación. Siete meses más tarde, pareciendo que evolucionaba bien, deja de ser visto sistemáticamente, aplazando las intervenciones a la aparición de dificultades.

Retornará año y medio más tarde. El cuadro inicial no hizo más que agravarse: no respeta ningún tipo de autoridad; agresivo verbalmente con los de mayor tamaño que él (incluidos familiares y profesores) y violento físicamente con los iguales o menores. Con el paso del tiempo se registra cada vez mayor violencia, pequeños actos delictivos y falta de acatamiento de cualquiera normativa, lo que lleva al psiquiatra que lo trata a definir su actitud como "alteraciones psicopáticas en una personalidad con características disociales".

Ya pasó por tres Institutos de la zona; en el cuarto, este mismo año, al comienzo del curso, fue expulsado. Continúa delinquiendo (robo de coches incluido), siendo sistemáticamente capturado por los servicios policiales y, no menos sistemáticamente, entregado a su madre sin ninguna otra consecuencia. Habitualmente desaparece de casa; la madre aguarda el plazo preceptivo para denunciar la desaparición y espera la llamada telefónica de alguna comisaría de policía, de cualquier lugar del territorio nacional, para desplazarse a recoger al hijo. El absentismo escolar es total, si alguna vez aparece por el instituto es para crear algún conflicto (agresiones físicas incluidas), sin que tampoco el sistema de enseñanza tome otras medidas que ir trasladándolo de un centro a otro.

La madre solicitó la guarda a la Consellería de Familia y ésta consideró que el menor pertenece a una familia normalizada y valora como "inviable" el tomar ninguna medida.

El Equipo del Menor, la primavera pasada, decidió un breve ingreso temporal en una de sus instituciones, con el positivo resultado de que ahora ya no pega a su madre.

No hay registrados signos ni síntomas que puedan hacer pensar en otra alteración: ni trastorno de las emociones, ni del desarrollo, ni hipercinético, así como tampoco trastorno psicótico o de la afectividad.

Diagnosis: Trastorno disocial, no socializado (F. 91.1. de CIE 10)

Tratamiento: Aunque en este centro se le prescribieron varios fármacos, que nunca tomó regularmente, no hay un tratamiento farmacológico específico para el trastorno que padece. Eventualmente, y bajo control estricto, se podría tratar otros posibles problemas colaterales específicos. El "tratamiento" consiste en una serie de medidas de control y contención que no se quisieron tomar, o pudieron, o supieron aplicar en este caso.

Comentario: Si el menor puede delinquir de forma sistemática sin la más mínima punición; si también puede no asistir a la obligatoria escolarización, con la consecuencia única de la expulsión, que es una recompensa, no un castigo, en este caso; tendremos que responsabilizarnos de la fabricación de los delincuentes y/o psicópatas que estamos fomentando. La psiquiatría no tiene ningún remedio para esto.

2.7. ¿Dónde estamos?

No queremos dibujar un panorama demasiado sombrío. Los estudios epidemiológicos hablan de que un 20% de la población infantil presenta un trastorno psicológico: fobias, ansiedad, negativismo (Macià, 2002).

Esta problemática que se detecta en las consultas profesionales es un reflejo de la sociedad cada vez más compleja, agresiva y competitiva en que vivimos. Parece como si un gran *tsunami* de violencia inundara nuestra cultura del siglo XXI: violencia consumista, racista, xenófoba, de género, violencia ecológica, sistémica, interiorizada, violencia del futuro y del pasado, violencia de los adultos, de los jóvenes y entre iguales.

Si echamos un vistazo a la prensa diaria, fácilmente podemos encontrar titulares, a veces algo alarmistas, que sugieren la necesidad de un cambio educativo radical: "¡Sigan a mi hijo! Los detectives privados encuentran un nuevo negocio en las investigaciones sobre adolescentes. El mejor detective es el diálogo" (*El País*, 10-8-03). "La mitad de los docentes dice que a veces insultan a los alumnos" (*La Voz de Galicia* 30-11-99). "Los maestros enferman en las aulas. El 80% de los profesores de centros públicos señala los trastornos psicológicos como su mayor problema (*El País*, 5-11-00). "Desbordados por sus hijos. Padres de clase media empiezan a llevar a sus vástagos a correccionales, mientras se discute si deben pagar los gastos (*El País*, 14-11-99). "El maltrato de hijos a padres copa ya el 10% de los casos en Galicia. Quieren tenerlo todo y, si no pueden, se enfurecen" (*El Correo Gallego*, 2-01-06). "Síndrome del emperador": 5.500 padres denunciaron a sus hijos en 2005 por violencia familiar, según el Ministerio del Interior (*El Correo Gallego*, 22-6-06). "Los chavales hiperactivos no son maleducados, tienen problemas. Lo más fácil para los profesores es mandar para casa a los alumnos conflictivos. Estoy harta de explicar el problema", dice una madre (*La Voz de Galicia*, 31-3-04). "Un escolar amenaza con tirarse por un puente ante el acoso de sus compañeros de colegio" (*El Mundo*, 9-12-05). "La familia de una adolescente de 14 años denuncia a sus compañeros por acoso en la escuela" (*El País*, 11-12-04).

Centrándonos en el sistema educativo, nos encontramos con una tasa de fracaso escolar que ronda el 30%, diez puntos por encima de la mayoría de los países europeos y veinte por encima de países como Alemania, Dinamarca o Suecia, con porcentajes de fracaso escolar de un 10%. Se observa una relación significativa entre fracaso escolar y conductas disruptivas.

En el Informe PISA 2003, presentado por la OCDE, destacan las siguientes conclusiones: somos el tercer país de la UE en el que los alumnos abandonan antes los estudios (34%), y los alumnos españoles están a la cola de la OCDE en matemáticas, ciencia y lectura. Se constata poco gasto educativo y malos resultados. Admitiendo la importancia de estos resultados, tendríamos que abrir un debate sobre los indicadores de calidad utilizados en estas evaluaciones y el concepto de educación subyacente.

Necesitamos hacer una evaluación global del sistema educativo para promover cambios profundos que afecten a todos los elementos del sistema y recuperar el valor de la convivencia como factor esencial de calidad educativa dentro de un concepto de educación integral en la que el objetivo deber ser, según el Informe de la UNESCO (1996), además de aprender a conocer y aprender a hacer, *aprender a convivir*. La convivencia tiene un valor educativo proactivo, como finalidad educativa, no sólo reactivo para afrontar los conflictos.

2.8. Visión compleja de la convivencia y los problemas de conducta

"Esta época de competitividad global, como todos los momentos de crisis económica, está produciendo un pánico moral inmenso ante la forma de preparar las generaciones del futuro en nuestras respectivas naciones. En momentos como estos, la educación en general y las escuelas en particular se convierten en las papeleras de la sociedad: *receptáculos políticos en los que se deposita lo no resuelto de la sociedad y los problemas insolubles"* (Hargreaves, 1994: 31).

Es paradójico hablar en las escuelas de convivencia, diálogo, interculturalidad, mediación de conflictos, cuando los estados resuelven los conflictos mediante la guerra y los políticos frecuentemente dan un espectáculo dantesco de enfrentamientos simplificadores desintegradores y destructivos. La escuela no se puede aislar de la violencia que le llega desde el exterior. Educamos todos: la familia y la escuela, pero también la sociedad, los medios de comunicación social, las ciudades, los líderes, el grupo de iguales, etc.

La competitividad, el libre mercado, el final de las ideologías y de la historia son algunas de las propuestas del diluvio del pensamiento único que parece ahogar a esta cultura neoliberal y caduca. En el terreno educativo se levantan voces alarmistas que reclaman una mayor disciplina en los centros educativos, recurren al pánico de los bajos niveles académicos, insisten en los aprendizajes y conocimientos tradicionales, y resitúan políticamente a la familia y a la escuela transfiriéndoles múltiples responsabilidades en el marco de un estado del bienestar en retroceso (Torres, 2001).

Entre el sistema social y el sistema escolar existen complejas relaciones, que no se agotan en la adaptación de la escuela a las demandas del mercado, ni a los intereses hegemónicos en cada momento histórico, sino que la educación, como servicio público, tiene como objetivo el desarrollo integral de las personas y la lucha contra las desigualdades de clase, género o de étnia. La educación puede y debe influir en el desarrollo de los cambios sociales y en la construcción de una sociedad mejor (Armas y Cortizo, 2002).

Descendiendo de la macropolítica a la micropolítica, los problemas de convivencia en los centros educativos tienen que analizarse desde una perspectiva ecosistémica. La prevención e intervención de las manifestaciones violentas en la escuela implica actuaciones hacia el alumnado, el profesorado, el personal de servicios, las familias, la institución escolar como organización y las relaciones con el exterior. Sólo compartiendo colectivamente objetivos y puntos de vista podremos mejorar el clima de convivencia en los centros educativos (Zabalza, 1999).

Empezaremos por hacer visible la invisible violencia sistémica que se ejerce sobre los alumnos y que no les permite desarrollar sus potencialidades para llegar a ser lo que pueden ser.

Ross y Watkinson (1999) hablan de violencia sistémica como la que forma parte de los objetivos y funcionamiento de los sistemas. Se entiende por violencia sistémica cualquiera práctica o procedimiento institucional que produzca un efecto adverso en los individuos o en los grupos al imponerles una carga psicológica, mental, cultural, espiritual, económica o física. Aplicada a la educación, serían las prácticas o procedimientos que imposibilitan el aprendizaje de los alumnos, causándoles así un daño.

Merecen una reflexión sosegada las siguientes consideraciones:

• La violencia sistémica es insidiosa, porque los que están implicados suelen ser inconscientes de su existencia.

• Cuando los alumnos no tienen éxito o no se amoldan al sistema como corresponde, el fracaso no lo asume la escuela por no ofrecer una experiencia educativa positiva. Se culpabiliza al alumno por carecer de habilidades y aplicación, o a sus padres por carecer de un medio positivo o no apoyar las iniciativas de la escuela. Los alumnos más perjudicados por la violencia sistémica son apartados de la escuela o ellos mismos se van, y sufren las desventajas duraderas de una educación incompleta. Pero su efecto sobre los alumnos de "éxito" también puede ser perturbador, llevándolos a un probable sufrimiento debido o bien a la ansiedad y el estrés por un nivel de competitividad sin límites, o a un aislamiento anquilosado en actitudes sexistas, racistas, elitistas, excluyentes.

- El sistema escolar enseña a los jóvenes que deben competir entre ellos para ocupar los mejores puestos, olvidándose de que podría animarlos a trabajar juntos para mejorar su condición colectiva.

- Cuando estos alumnos abandonan la escuela, suele considerarse que es "para mejor". Eran alumnos con comportamientos molestos y notas bajas, de forma que su partida es una mejora en el entorno para quienes se quedan. Algunas veces los alumnos responden a la violencia sistémica de forma violenta y los administradores se ven obligados a expulsarlos porque así se preserva la armonía en el centro educativo. No ven la necesidad de analizar las circunstancias para determinar si existió o no una violencia sistémica que provocara las reacciones de los alumnos.

La invisible violencia sistémica se hace especialmente visible a través de las malas prácticas educativas como son los estilos docentes autoritarios. Algunos estudios sobre convivencia escolar reconocen que a veces los profesores faltan al respeto y cometen agresiones verbales contra los alumnos (Defensor del pueblo, 2000).

Una visión más compleja de los conflictos de convivencia y problemas de conducta nos lleva a incluirlos dentro del concepto de necesidades educativas especiales (Informe Warnock, 1978), complementando el enfoque clínico centrado en el déficit que puede conllevar planteamientos educativos segregacionistas. Por necesidades educativas especiales se entiende que todos los alumnos necesitan a lo largo de su vida diversas ayudas de tipo personal, técnico o material con el objeto de alcanzar los fines de tipo educativo.

Así, hoy entendemos la educación especial como el conjunto de recursos educativos puestos a disposición de los alumnos y alumnas que, en algún caso, podrán necesitarlos de forma temporal y, en otros casos, de forma continuada o permanente. De este concepto se deducen los principios fundamentales de normalización e integración educativa. La respuesta educativa a esta diversidad de alumnos debe incluir, entre otras, las siguientes medidas: adaptación del currículo, dotación de recursos personales o materiales, medidas organizativas como la flexibilidad de grupos y horarios, medidas de orientación educativa en la tutoría, evaluación y asesoramiento desde el departamento de orientación y equipos de orientación externos especializados (Armas y González, 1998).

Como síntesis de las Jornadas realizadas sobre la convivencia como factor de calidad en el proceso educativo (2001), los Consejos Escolares Autonómicos y del Estado, abriendo el enfoque de la convivencia escolar, establecen las siguientes conclusiones

- La convivencia es un factor clave de la calidad educativa y un objetivo fundamental de todo el proceso educativo, que exige actitudes y comportamientos respetuosos y de consenso por parte de todos los sectores de la comunidad educativa.

- La convivencia en los centros educativos es un reflejo de la convivencia en la sociedad. Si en la sociedad en la que está inmersa la escuela se adoptan posiciones de agresividad y violencia, no es fácil aplicar soluciones definitivas a la problemática de la convivencia en los centros educativos.

- El sistema escolar fue siempre, por su naturaleza misma, conflictivo, y genera por sí mismo un elevado nivel de presión, imposición y violencia simbólica sobre los escolares: asistencia obligatoria hasta los 16 años, cumplimiento obligado de tareas, aceptación obligatoria de normas, no siempre suficientemente consensuadas entre todos.

- En la sociedad y en las familias existe un elevado nivel de permisividad en las actitudes y comportamientos de la juventud, que refleja la crisis de los valores de la sociedad tradicional que no aciertan a ser substituidos por otros nuevos valores, provocando el desconcierto y la inhibición en los educadores. Esto debilita la capacidad de los jóvenes para luchar, superar las frustraciones y asumir el orden escolar y obligatoriedad de las tareas.

- Los jóvenes gozan hoy de cuotas de bienestar y acceso al consumo impensables para las generaciones adultas actuales. El exceso de consumismo y disfrutar de todo sin el menor esfuerzo, deja a los chavales sin mecanismos para luchar por superarse y ganar cuotas de mayor satisfacción como fruto do su esfuerzo.

- Conviene situar los problemas de convivencia en el marco general de la calidad de los procesos educativos. La convivencia tiene un valor proactivo y no sólo reactivo ante los conflictos. Ver o acentuar sólo la parte negativa del conflicto, puede llevarnos a pensar sobre todo en las medidas punitivas contra los estudiantes, considerados principales causantes del problema.

• Las posibles soluciones deben venir desde una perspectiva global y sistémica en la que se implique a la sociedad, a los profesores, a las familias y a los alumnos en un proceso de diálogo y consenso sobre las normas de convivencia en los ámbitos familiar, escolar y social.

Los problemas pueden ser una ocasión para que las personas y organizaciones aprendamos a desarrollarnos, siempre que tengamos un paradigma o marco teórico que nos permita comprender de forma global los conflictos y encontrar las estrategias contextualizadas para resolverlos.

Metáfora

No podemos conducir por ti

Cuando conducimos un coche nos vemos metidos en un ecosistema complejo en el que múltiples variables influyen en que podamos llegar a nuestro destino: las características del coche (potencia, seguridad, motor, neumáticos, combustible), las características de la carretera (trazado, estado del firme, señalización, intensidad del tráfico), las características climatológicas (lluvia, hielo, nieve, niebla, viento), las características de los demás conductores (respeto a las señales, exceso de velocidad, la distancia de seguridad, adelantamientos), pero sobre todo nuestra conducta ante el volante (cinturón de seguridad, atención concentrada en las incidencias del trayecto, prudencia, respeto a las normas de circulación, conducción adaptada a las características del coche, de la calzada, del tiempo y a los demás automovilistas). Al final todos somos corresponsables: el Estado por hacer mejores carreteras, los fabricantes que hacen coches más rápidos y seguros, los demás automovilistas por su prudencia, pero sobre todo nosotros mismos porque al final nadie puede conducir por nosotros.

La visión ecosistémica no difumina nuestra responsabilidad, sino que la hace más interdependiente. Lo que hacemos nosotros afecta a los demás y lo que hacen los otros acaba afectándonos a nosotros, todos estamos interrelacionados. Si tenemos un accidente, todo nuestro sistema familiar y social acaba pagando las consecuencias y si conducimos con atención todos resultamos beneficiados. Para conducir en la vida necesitamos una mirada global a largo plazo, equilibrio emocional, una conducta integrada en el contexto en el que estamos y la atención concentrada en el presente para disfrutar del viaje y de alcanzar el destino. Pensar de forma simplificadora y egocéntrica, nos lleva a conducir con un estilo desintegrador y no anticipar las consecuencias destructivas de nuestra conducta negativa. Podemos acabar perdiendo el "carné por puntos" y tal vez la vida. Conducir con una mirada compleja, integradora y atenta nos permite recrearnos en el viaje.

3. EL PARADIGMA DE LA COMPLEJIDAD INTEGRADORA CREADORA

"Necesitamos civilizar nuestras teorías, es decir, una nueva generación de teorías abiertas, racionales, críticas, reflexivas, autocríticas, capaces de autorreformarse. Necesitamos que cristalice y arraigue un paradigma capaz de permitir el conocimiento complejo" (Morin, 2001:42).

Las personas pensamos, sentimos y actuamos según los paradigmas inscritos en nuestras mentes. Los paradigmas son filtros de la percepción que crean nuestra realidad subjetiva. Son la forma como las personas percibimos el mundo y nos percibimos a nosotros mismos. Nos ayudan a explicar, predecir y transformar nuestro comportamiento y el del planeta.

Algunos paradigmas son muy útiles para entender la realidad, pero hay otros que nos limitan, y es fundamental deshacerse de ellos si no queremos cargarlos como fardos toda la vida.

Son los cambios de paradigma los que conducen al progreso de la humanidad, pero la fase de transición supone un proceso crítico. Algunos paradigmas, cuando se modificaron, sacudieron el mundo. Así ocurrió cuando dejamos de ver la Tierra plana y descubrimos una Tierra redonda, a pesar de la amenaza de arder en la hoguera de la Inquisición. El mismo estremecimiento supuso para la humanidad cuestionar la divinidad de la realeza o el reconocimiento del derecho al voto de las mujeres (Ribero, 2003). El cambio de paradigma es la manifestación más clara de que estamos desarrollando nuestra inteligencia recreadora.

La visión constructivista del aprendizaje nos dice que una persona o institución que se enfrenta a una situación desafiante y su repertorio de esquemas mentales no dispone de elementos suficientes para solucionarla; se coloca en un estado de perturbación y desequilibrio que lo obliga a buscar soluciones para el problema, y en este proceso sus estructuras mentales se reorganizan y amplían, permitiendo una mayor comprensión de la realidad. Después de este proceso de aprendizaje, la persona u organización recobran su equilibrio, siendo más inteligentes que antes del conflicto. Los conflictos y paradojas nos colocan en una situación "sin salida" en la que la única oportunidad que prospera es cambiar de paradigma.

La posmodernidad necesita generar metaparadigmas para interpretar, analizar, sintetizar y responder a los cambios de paradigmas más específicos de la tecnología, la vida de las organizaciones, el pensamiento intelectual y demás aspectos que se producirán a medida que aumente la velocidad del cambio dentro y fuera de la educación (Hargreaves, 1998).

Para comprender y aprender de nuestro trabajo de campo con los conflictos y los problemas de conducta en los centros educativos, hemos creado un marco teórico que llamamos **paradigma de la complejidad integradora creadora.** Sintetiza las aportaciones de los tres paradigmas dominantes en las ciencias sociales, haciendo complementarios sus enfoques, tradicionalmente considerados como antagónicos: el científico-racional, el interpretativo-simbólico y el sociocrítico o sociopolítico. En el triángulo equilátero de la complejidad los tres ángulos de visión (racional, emocional y social) tienen el mismo valor.

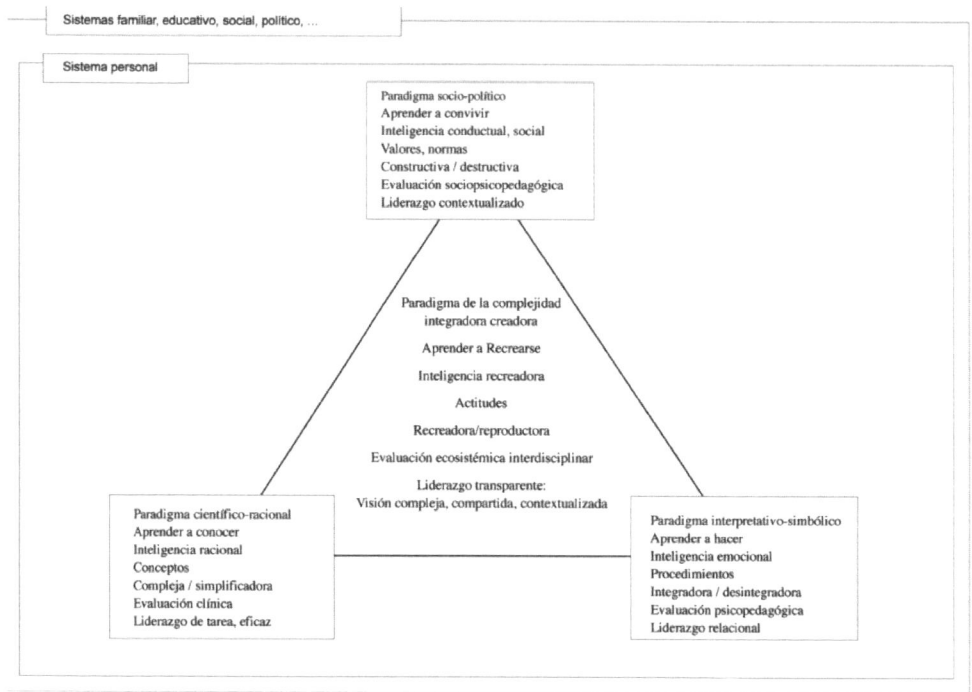

Figura n.º 1. Paradigma de la complejidad integradora creadora.

En la Figura n.º 1 se sintetizan algunos de los conceptos que desarrollaremos a lo largo de estas páginas. En este emergente paradigma de la complejidad, la educación tiene como finalidad aprender a recrearse, integrando el aprender a conocer de la inteligencia racional, aprender a hacer de la inteligencia emocional y aprender a convivir de la inteligencia conductual. Las actitudes de la inteligencia recreadora se alimentan de conocimientos, procedimientos y valores. La evaluación ecosistémica interdisciplinar integra las evaluaciones clínica, psicopedagógica y sociopsicopedagógica. El liderazgo transparente manifiesta una visión compleja y compartida en los tres ámbitos de su trabajo: las tareas, las relaciones y el contexto. La inteligencia racional compleja, la emoción integradora del amor y la conducta constructiva cristalizan en la inteligencia recreadora.

El paradigma de la complejidad integradora creadora es el prisma que nos permite transformar un simple rayo de luz en una gama diversificada y compleja de colores que se integran de forma recreadora en el "arco iris". Nos permite ver la invisible complejidad de colores que encierra un simple rayo de luz, integrándolos en un conjunto armónico, en el que distintos colores aparentemente antagónicos resultan complementarios. El cambio de paradigma nos da permiso para tener un sueño, para transformarnos transformando el mundo, volver a la vida después del trauma, ver lo invisible y descubrir la utopía posible.

Metáfora

El paradigma del viajero

El paradigma de la complejidad integradora creadora tiene cierta analogía con la imagen del viajero. No hay nada mejor para relativizar los problemas de uno y dejar de mirarse el ombligo que realizar un viaje a un contexto y culturas distintas. Hay personas que regresan del viaje con el rostro transfigurado y la mirada más luminosa y transparente que refleja la alegría de conocerse mejor y ser más comprensivo y universal. También hay personas que no paran de viajar sin conseguir librarse de sus prejuicios simplificadores. Viajar atentamente nos puede ayudar a desnudarnos de nuestros viejos paradigmas y abrir nuestra mente y el corazón para ver lo invisible en nosotros mismos y en el complejo planeta que nos acoge.

3.1. La utopía posible: integrarnos para transformar el mundo

> *"Los sueños son proyectos por los que se lucha... En realidad, la transformación del mundo a la que aspira el sueño es un acto político, y sería una ingenuidad no reconocer que los sueños tienen sus contrasueños"* (Freire, 2001:65).

Vivimos en un Universo nacido de la irradiación, en disperso devenir, en donde actúan de forma complementaria, competente y antagónica el orden, el desorden y la organización. Nuestra Tierra es un trompo minúsculo que gira alrededor de un astro errante en la periferia de una pequeña galaxia suburbial. Nuestro planeta está en crisis económica, política, social, cultural y religiosa. Es una crisis de estructura del sistema mundial. La nave-Tierra (Lederach, 2000) es cada vez más pequeña, limitada, interdependiente, frágil y vulnerable, en la que se agotan poco a poco los recursos naturales de los que dependemos. Formamos un sistema complejo, todo lo que ocurre en un lugar está relacionado con lo que pasa en otro, por lo que tenemos que pensar globalmente y actuar localmente, pero también pensar localmente y actuar globalmente (Morin, 2001).

La sostenibilidad bien entendida empieza por uno mismo. No puede haber sostenibilidad urbana sin previa sostenibilidad doméstica. Ni sostenibilidad doméstica sin sostenibilidad personal. La sostenibilidad, ante todo, es una nueva escala de valores basada en la internalización de todas las consecuencias de cada acto, como se recordaba en el Forum de Barcelona del 2004.

En muchas ocasiones no pensamos que nuestras vidas puedan moldear no sólo el mundo, sino ni siquiera nuestro pequeño mundo en el que nos movemos a diario. El mundo y sus sistemas son demasiado enormes y complejos para cambiarlos. Este derrotismo tiende a paralizarnos. Pero caer en el idealismo de que todo se puede transformar rápidamente es de ingenuos. Tenemos que prepararnos para luchar durante toda la vida y sin perder la esperanza de alcanzar los sueños por múltiples obstáculos que encontremos en el largo camino de desarrollo personal y social.

"El sueño de un mundo mejor nace de las entrañas de su contrario. Por eso, corremos el riesgo tanto de idealizar el mundo mejor, desligándonos del nuestro concreto, como de "adherirnos" demasiado al mundo concreto y sumergirnos en el inmovilismo fatalista.

Ambas posturas son alienadas. La postura crítica consiste en que, distanciándome epistemológicamente de lo concreto en lo que estoy, con lo que puedo apreciarlo mejor, descubro que la única forma de salir de ello está en concretar el sueño, que adquiere, entonces, una nueva concreción. Por eso, aceptar el sueño de un mundo mejor y adherirse a él es aceptar entrar en el proceso de crearlo, proceso de lucha profundamente anclado en la ética, de lucha contra cualquier tipo de violencia,... Se vive sólo en cuanto no se está muerto... Y todo eso, con momentos de desencanto, pero sin perder nunca la esperanza. No importa en qué sociedad estemos ni a qué sociedad pertenezcamos; urge luchar con esperanza y denuedo" (Freire, 2001:145-146).

Las personas podemos cambiar el mundo y crear la historia participando en la acción transformadora sobre la realidad. Para esto tenemos que hacernos cargo de nuestras vidas, ser sujetos de nuestra historia, protagonistas y no sólo espectadores, librarnos del miedo y la dependencia para atrevernos a recrearnos recreando el mundo.

Ejercer una influencia, por pequeña que sea, en la mejora de la calidad de vida de las personas y de los sistemas que nos rodean, que forman parte del bienestar de la especie humana, es nuestra gran pequeña revolución en la que podemos participar para manifestar que otro mundo menos competitivo y más sostenible es posible.

"Un individuo que desarrolló alguna competencia en ejercer una influencia, por poca que sea, sobre las instituciones, los procesos y los problemas que afectan su vida y al bienestar de los grupos a los que pertenece y que forman parte del bienestar de la especie humana en su conjunto, con más probabilidad será un partícipe efectivo y responsable en la vida económica, política y social de la humanidad" (King *et al*, 1978:12).

Nadie construye fuera de si nada que no tenga antes dentro. Para establecer una auténtica relación de ayuda tenemos en primer lugar que ayudarnos a nosotros mismos mediante un proceso de integración y transformación personal. Rogers (2004) nos recuerda las condiciones para crear una relación de ayuda:

- Ser una persona unificada e integrada: ser tal como soy en lo profundo de mi mismo, esto inspira confianza en los demás.

- Ser auténtico: sólo mostrándome tal como soy, puedo lograr que la otra persona busque exitosamente su propia autenticidad.

- Si puedo crear una relación de ayuda conmigo mismo, probablemente lograré establecer una relación de ayuda con otra persona.

- Cuando logro sentirme persona independiente, puedo comprender y aceptar al otro con mayor profundidad, porque no tengo miedo a perderme.

- La aceptación condicional dificulta a la otra persona cambiar en los aspectos que no acepto.

- Las personas fueron creadas para transformarse, no para ser víctimas del pasado.

El desafío consiste en "liberar la mano del mármol en el que se encuentra prisionera" como decía Miguel Ángel. En hacer visibles las invisibles utopías.

Metáfora

Llegar a ser uno mismo

"Estoy convencido de que este proceso de vida plena no es para cobardes, ya que convertirse en las propias potencialidades significa crecer, e implica el coraje de ser y sumergirse de lleno en el torrente de la vida. A pesar de esto, resulta profundamente estimulante ver que cuando el ser humano disfruta de libertad interior, elige como la vida más satisfactoria este proceso de llegar a ser" (Rogers, 2000: 175).

3.2. Conocimiento y transformación: las "cegueras del conocimiento"

"Sólo el sabio mantiene el todo constantemente en la mente, jamás olvida el mundo, piensa y actúa en relación al cosmos" (Groethuysen).

Vivimos en la sociedad del conocimiento. No existe conocimiento que no esté, de alguna forma, amenazado por el error y la ilusión. Los errores intelectuales más frecuentes están provocados por las cegueras paradigmáticas y las resistencias de las teorías científicas o doctrinas a ser refutadas. El conocimiento evoluciona desde formas sencillas y egocéntricas de acercarse a la realidad hacia visiones más globales de percibirnos a nosotros mismos y al mundo. Hasta llegar a la sabiduría, las personas y las sociedades afrontamos la incertidumbre aprendiendo a superar visiones simplificadoras, desintegradoras y destructivas para dotarnos de una mirada cada vez más compleja, integradora y creadora. Dependiendo de la complejidad de nuestra mirada podremos transformar la realidad corrigiendo pequeños fallos o implicándonos en cambios más sistémicos que generen nuevos paradigmas.

Conocimiento	Intervenciones / Reformas
DATOS Visión simplificadora y lineal, sin contextualizar	CORRECTIVAS - MANIPULADORAS Reparaciones inmediatas de los posibles errores
INFORMACIÓN Datos relacionados, significativos en el contexto	MODERNIZADORAS - PROFESIONALES Adaptarse a las instituciones modernas, especialización
FORMACIÓN - COMPRENSIÓN Visión del conjunto, comprender las relaciones, multicausalidad y complejidad del sistema	ESTRUCTURALES - SISTÉMICAS Estructura del sistema, legislación, organización, recursos, micropolítica y macropolítica
SABIDURÍA - INTERDISCIPLINAR Relaciones complejas, globales y contextuales, calidad de vida: pensar, sentir y actuar recreador	INTEGRALES - ECOSISTÉMICAS Cambios globales-contextualizados, transformar el paradigma simplificador en complejo recreador

Figura n.º 2. Niveles de conocimiento e intervención.

Navegamos en un océano de incertidumbres con pequeños archipiélagos de certezas. Ante la incertidumbre no nos vale el conocimiento simplista, tenemos que revisar nuestras teorías y ampliarlas para que lo inesperado pueda entrar en nuestra mente haciéndola más compleja. La incertidumbre nos acompaña y la esperanza nos impulsa (Morin, 2001).

Veamos una aplicación de estas etapas en un caso concreto relativamente frecuente en nuestras escuelas. Cuando un alumno comete una agresión verbal o física contra un compañero o profesor, casi siempre aplicamos el reglamento de régimen interno del Centro e imponemos la correspondiente sanción. No está mal para empezar, peor sería no establecer consecuencia alguna a los comportamientos disruptivos. Las conductas se consolidan o eliminan dependiendo de las consecuencias que tengan. Pero podemos ir algo más allá y ver el problema en el escenario de la escuela como un ecosistema complejo y hacer planteamientos institucionales (Gairín, 1994). Tendremos que evaluar el conflicto en el contexto en donde se produce: saber qué pasó antes, durante y después del problema. Este conocimiento más complejo y contextualizado, nos permitirá hacer propuestas de prevención e intervención globales. Así podremos mejorar la gestión del aula consensuando normas de convivencia y favoreciendo el trabajo cooperativo.

También podríamos adaptar el currículo, los materiales y la metodología para que las clases respondieran a los intereses y necesidades de los alumnos. Los profesores necesitarían formarse para saber resolver conflictos. El sistema educativo debería ser más flexible para abrir nuevas alternativas a los alumnos que caen en la desmotivación y el absentismo escolar. La colaboración entre los sistemas familiar y escolar, así como con los servicios sanitarios y sociales optimizaría los recursos para resolver los problemas de convivencia y disciplina. Así un problema de conducta puede llevarnos a aplicar sanciones desde una visión simplificadora y lineal o a saber ver la realidad de una forma más compleja e introducir cambios que afecten a todo el sistema y nos lleven a cambiar nuestro paradigma educativo. Para comprometernos con cambios profundos necesitamos hacer más compleja la forma que tenemos de vernos a nosotros mismos y el proceso de enseñanza-aprendizaje.

La enseñanza tiene que dejar de ser solamente una función, una profesión y volver a convertirse en una tarea política por excelencia, en una *misión de transmisión de estrategias para la vida.* La transmisión necesita de competencia, pero también una técnica y un arte. Necesita lo que no está en ningún manual, pero que Platón ya señalaba como condición indispensable de toda enseñanza: el eros, que es al mismo tiempo deseo, placer y amor; deseo y placer de transmitir, amor por el conocimiento y amor por los alumnos. En donde no hay amor, no hay más que problemas de carrera, de dinero para el docente, de aburrimiento para el alumno. La misión supone fe en la cultura y fe en las posibilidades del espíritu humano. La misión es elevada y difícil porque supone al mismo tiempo arte, fe y amor (Morin, Ciurana y Motta, 2003).

Metáfora

El ojo ilustrado

Todo habla en la escuela. Todo está cargado de significado para quien sabe mirar de forma compleja. Hablan los espacios, los objetos, hablan las posturas, hablan los movimientos, hablan las indumentarias, hablan las relaciones, hablan los conflictos, hablan las decisiones. Hace falta saber escuchar lo que todos esos elementos dicen (Santos Guerra, 2004). Muchos protagonistas, acostumbrados a la situación, no se fijan, no son capaces de captar lo que sucede. O miran a través de un filtro que lo tiñe todo de un color determinado. Es preciso educar los ojos para ver. Observamos la escuela como es pero también como somos nosotros. Para observar no sólo hace falta mirar sino buscar. Parece que observar es fácil, basta con tener los ojos abiertos, pero no es así. Hay quien al observar, lo que hace es tratar de confirmar sus teorías previas, pero tenemos que estar abiertos a la complejidad.

3.3. La inteligencia compleja recreadora

"En la creatividad, la mente se manifiesta en su conjunto y esa integración es un exacto sinónimo de belleza" (Bateson, 1999:334).

En los últimos años cayeron los mitos sobre la inteligencia como algo único e indivisible y la inteligencia como algo fijo, heredado e inmutable para toda la vida. Hoy hablamos de un concepto de inteligencia más complejo y completo, menos unitario. La persona inteligente se acerca más a la persona capaz de llegar a ser feliz, integrando las emociones y la razón para resolver los conflictos y problemas prácticos de la vida. En esta dirección van los trabajos, entre otros, de Sternberg (2000) con su teoría triárquica en la que distingue la inteligencia analítica (próxima a los tradicionales CI), creativa y práctica; Gardner (2001) habla de inteligencias múltiples; Goleman (1996) desarrolla el concepto de inteligencia emocional y Marina (1993) describe la inteligencia creadora.

En este contexto de redefinición del concepto de inteligencia, nuestra propuesta de la *"inteligencia recreadora"* (Armas, 1998) emerge de la necesidad de **integrar la razón, la emoción y la conducta en una actitud recreadora.** Cuando las inteligencias racional, emocional y conductual funcionan de forma integrada se hace visible la invisible complejidad para una sola de las inteligencias y podemos elegir manifestarnos de forma creativa, lo que es sinónimo de belleza. Funcionar de forma simplificadora (pensar una cosa, sentir otra y hacer una tercera) nos afea y desintegra. El desarrollo de la inteligencia en el futuro tendría que atender más que a los avances científicos y tecnológicos, a la integración de nuestra mente dividida, la humanización de la inteligencia.

La inteligencia es compleja porque incluye a nuestro cerebro triúnico (pensamientos, emociones e impulsos) y, cuando la integramos, es recreadora porque nos permite dar nueva forma de ser a algo o alguien. Entendemos por recrear disfrutar desarrollando nuestras capacidades para transformar la realidad al solucionar problemas y tomar decisiones.

En general, la educación que recibimos en la escuela favorece el "analfabetismo emocional", al privilegiar el desarrollo de lo que llamamos hemisferio izquierdo del cerebro, responsable de nuestro comportamiento lógico, dejando olvidado el hemisferio derecho, en donde reside nuestra creatividad, la intuición, el arrojo. Así encontramos personas en las que todo en su vida está todo sistematizado, controlado, extremadamente limitado y en el otro extremo personas soñadoras, llenas de preocupaciones sociales, pero que les cuesta concretar sus sueños, como Van Gogh que pintó mil seiscientos cuadros, pero sólo consiguió vender uno, viviendo y muriendo en la miseria (Ribeiro, 2003).

Las causas por las que personas inteligentes (inteligencia racional) no actúan inteligentemente (inteligencia recreadora) pueden deberse a fracasos de la inteligencia emocional como el miedo o a fracasos de la inteligencia conductual como la falta de voluntad que lleva a adicciones de todo tipo, a la dependencia de algo o de alguien, a la apatía o a dejarlo todo para mañana. En definitiva, una persona con inteligencia racional, puede sufrir un "secuestro emocional" que lo incapacita para poder actuar de forma constructiva. No basta con saber, cuando viene el miedo, la ira lo paraliza todo. El miedo secuestra nuestra capacidad para pensar de forma compleja y actuar creativamente. El miedo es como un potente virus que desintegra todo el sistema operativo de nuestra mente recreadora. Sólo hay un antivirus capaz de protegernos de las múltiples variantes del virus del miedo, es el potente antivirus del amor incondicional.

El amor es la mirada transparente que descubre la belleza de la invisible plenitud del ser. El espejo en el que nos reconocemos como antagonismos complementarios que se recrean mutuamente. El ser amado es el eje entorno al que renacemos cada día como semidioses capaces de vivir la aventura del conocimiento compartido sin límites. Se idealiza y admira al otro viéndolo no tanto como es sino como puede llegar a ser, transparentando su identidad, que en cierta forma compartimos como alma gemela. El auténtico amor hace brotar lo mejor de nosotros mismos, al ver lo invisible en nosotros, hace que nos atrevamos a hacerlo visible, nos hace crecer y recrearnos mutuamente, acercándonos a nuestra plenitud. El amor nos hace libres, rebeldes, revolucionarios, nos da alas para volar. El amor auténtico está siempre en el presente, el egocentrismo está en el pasado o en el futuro, creando ansiedad, rencor o enfermedad. El amor que no nos ayuda a recrearnos no es amor. El ego surge sólo en la comparación. Cuando uno se ama a sí mismo, desaparece el ego y se descubre lo invisible en uno mismo y en los demás. Cuando sólo se ve lo visible, se deja de admirar lo invisible y el amor desaparece.

Dostoiesvski decía que estaba convencido de que el único infierno que existía era la incapacidad para el amor. Tenemos que abrirnos al amor que nos cura (Cyrulnik, 2005). El amor es una medicina milagrosa (Siegel, 1995). Todos conocemos a alguien que aplazó su muerte hasta después de una carta, una visita, un acontecimiento familiar o un cumpleaños.

> **Metáfora**
>
> *Te digo que te quieras...*
>
> *"Vera faltó a la escuela. Se quedó todo el día encerrada en la casa. Al anochecer, escribió una carta a su padre. El padre de Vera estaba muy enfermo, en el hospital. Ella escribió:*
> *Te digo que te quieras, que te cuides, que te protejas, que te mimes, que te sientas, que te ames, que te disfrutes.*
> *Te digo que te quiero, te cuido, te protejo, te mimo, te siento, te amo, te disfruto.*
> *Héctor Carnevalle duró unos días más. Después, con la carta de su hija bajo la almohada, se fue en el sueño* (Galeano, 2004:27).

3.3.1. Saber ver la invisible complejidad

> *"...la incertidumbre que destruye el conocimiento simplista, es el desintoxicante del conocimiento complejo"* (Morin, 2001:40).

Leonardo da Vinci, decía que *"saper vedere"* (saber ver) era la forma de descubrir y crear algo nuevo. Etimológicamente, inteligencia viene del latín *inter* (entre) y *legere* (escoger).

La inteligencia recreadora es la capacidad de hacer visible la invisible complejidad para poder elegir recrearse recreando el mundo. Es la capacidad para transformar lo simple en complejo o hacer complejo lo simple.

El pensamiento complejo no es un pensamiento completo, intenta rendir cuenta de las articulaciones entre dominios disciplinarios fracturados por el pensamiento disgregador. El pensamiento complejo no desprecia lo simple, critica la simplificación. La complejidad no elimina lo simple, es la unión de la simplificación y la complejidad (Morin, Ciurana y Motta, 2003).

Etimológicamente, la palabra complejidad viene de la latina *complectere*, cuya raíz *plectere* significa "trenzar, enlazar". El prefijo *com-* añade el sentido de la dualidad de los elementos opuestos que se enlazan íntimamente, pero sin anular su dualidad. De ahí que *complectere* se utilice tanto para referirse a la lucha de dos guerreros, como al entrelazamiento de dos amantes.

Las unidades complejas, como el ser humano, son multidimensionales. El ser humano es a la vez biológico, psíquico, social, afectivo y racional. El ser humano es a la vez un ser plenamente biológico y plenamente cultural, el *homo sapiens* es también el *homo demens*, que lleva en sí esta unidualidad.

Una nueva área de medicina, llamada *psiconeuroinmunología*, muestra como el cuerpo y la mente trabajan juntos formando un sistema aún más complejo que supera el dualismo cartesiano. Esto permite explicar por ejemplo, cómo el estrés y el dolor emocional nos dejan más vulnerables a las enfermedades en general. Por otra parte, eventos emocionales positivos e intensos pueden causar transformaciones positivas profundas en nuestras mentes.

Los obstáculos principales para la comprensión de la complejidad humana son:

- **El egocentrismo.** Cultiva la *self-deception*, o autoengaño engendrado por la autojustificación, la tendencia a adjudicar a los demás la causa de todos los males.

- **El etnocentrismo y el sociocentrismo.** Alimentan las xenofobias y racismos hasta el punto de retirarle al extranjero su cualidad de ser humano.

- **El espíritu reductor.** Restringir el conocimiento de lo complejo a uno de sus elementos, considerado el más significativo. Tiene consecuencias muy negativas en la comprensión de las personas.

Metáfora

Ver lo invisible

"En los campos de Salto, aquel capataz, ya entrado en años, tenía fama de ver lo que nadie veía.
Carlos Santalla le preguntó, con todo respeto, si era verdad lo que se decía: que él veía lo invisible porque tenía mente grande. Tan grande era su mente, se decía, que no le cabía en el cráneo y le daba dolor de cabeza.
El viejo gaucho se rió a carcajadas:
Yo, lo que te puedo decir es que soy muy curioso, y que tengo suerte. Cuanto más se me achica la vista, más veo.
Carlos tenía nueve años cuando lo escuchó. Cuando ya andaba para cumplir el siglo de edad, aún lo recordaba. A él también los años le habían achicado la vista, para que viera más" (Galeano, 2004:146).

3.3.2. Elegir recrearse recreando el mundo

> *"Tenemos ante nosotros un número infinito de opciones, pero un numero finito de desenlaces. Éstos son destrucción y muerte o amor y curación. Si elegimos el camino del amor nos salvamos nosotros y salvaremos nuestro universo. Optemos por el amor y por la vida"* (Siegel, 1995:269).

Somos lo que hemos aprendido a ser, no en un proceso lineal, sino en una espiral recreadora que se desarrolla durante toda nuestra vida impulsada por el amor, el dolor y el humor. La espiral de aprendizaje que desarrolla nuestra inteligencia recreadora cruza los ejes de la inteligencia racional (compleja-simple), la inteligencia emocional (integrada-desintegrada) y la inteligencia conductual (constructiva-destructiva). Todos buscamos y aspiramos a tener una actitud recreadora que sintetice el pensamiento complejo, la emoción integradora del amor y la conducta constructiva, pero con frecuencia aprendemos a ser recreadores a fuerza de transitar y superar etapas destructoras y reproductoras.

El ser humano no nace libre, sino subordinado a los genes y la educación. La libertad personal no se hereda ni es un don de la naturaleza, sino la más alta conquista de la civilización, que requiere la adquisición de conocimientos y un elevado entrenamiento intelectual y emocional para comprender los determinantes del comportamiento y elegir consciente e inteligentemente entre varias alternativas. Podemos ser los ingenieros, los escultores de nuestro propio cerebro. De lo contrario, tendremos mentes robotizadas por influencias ajenas a nuestra propia personalidad (Delgado, 1999).

Eres libre cuando ya no necesitas que todos te halaguen ni te sientes ofendido por las acciones de los demás. La libertad te permite extender tu mundo interior hacia el mundo exterior, creando un *ambientorganismo* (Dyer, 1997), y eso es amor.

Cuando pasamos por etapas reproductoras o destructivas dependemos de los demás, nos dejamos manipular por ellos, hacemos lo que nos dicen o nos oponemos a ello. En nuestras manifestaciones creadoras y recreadoras alcanzamos mayor autonomía, nos damos permiso para ser nosotros mismos y transparentarnos en lo que hacemos. Las personas destructivas y reproductoras ceden ante la apariencia, que es la fuerza opresora de fuera adentro que les sumerge en el silencio y no les permite expansionar su personalidad. Las personas creadoras y recreadoras aprenden a transparentar su fuerza creativa de dentro afuera, emergen como seres capaces de **recrearse recreando el mundo.** Pero, **lleva tiempo llegar a ser uno mismo.**

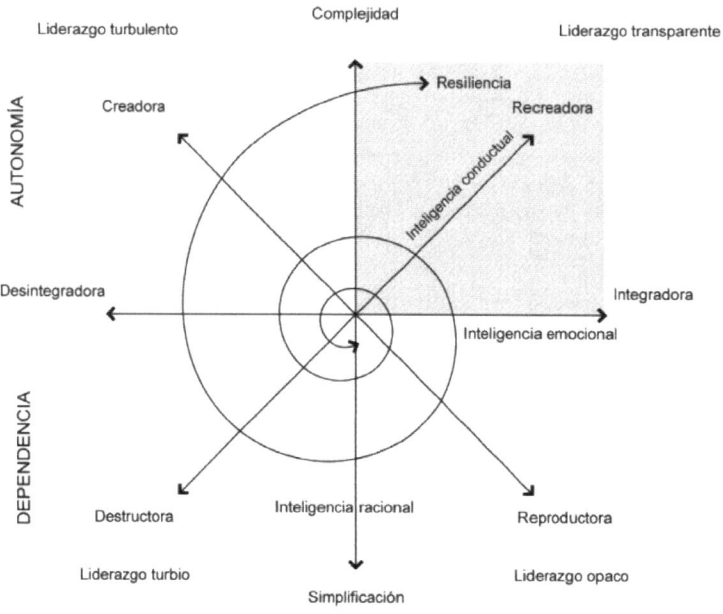

Figura n.º 3. Inteligencia recreadora.

Nuestra espiral recreadora puede en ocasiones detenerse e incluso involucionar, en lugar de abrir la mente cada vez más al mundo. Hay circunstancias en la vida, como las catástrofes, las guerras, la enfermedad, la pérdida de un ser querido, que pueden sumir nuestra mente en un etapa desintegradora en la que el miedo, el dolor o la incertidumbre apaguen la luz de la complejidad. El dolor y el sufrimiento pueden abrir una puerta a la esperanza si ejercitamos la resiliencia y el compromiso con los valores que vertebran nuestra vida.

La inteligencia recreadora se manifiesta en la transformación continua de nuestros procesos mentales (racionales, emocionales y conductuales) para encontrar estrategias que resuelvan los problemas. Más que la capacidad de adaptación es la capacidad de transformación.

En el proceso complejo de la recreación personal pueden resultar complementarias miradas consideradas tradicionalmente antagónicas como la visión psicoanalítica de la resiliencia y la perspectiva conductual orientada a los valores de la terapia de aceptación y compromiso.

a) Recrearse: tejer la resiliencia

La **resiliencia es la capacidad para desarrollarse en condiciones extremadamente adversas** (Cyrulnik, B., 2002). La vida del psiquiatra Boris Cyrulnik es un ejemplo de resiliencia: sufrió la muerte de sus padres en un campo de concentración nazi del que logró huir con tan sólo seis años. Tras la guerra, deambuló por centros de acogida hasta terminar en una granja de beneficencia. Por suerte, unos vecinos le inculcaron el amor a la vida y a la literatura y pudo educarse superando su pasado. Su "resiliencia personal", su nexo de unión con la vida fueron las personas, los libros y el rugby.

La resiliencia es un proceso que nos teje, integrando el amor y el dolor, desde el nacimiento hasta la muerte, dándonos la fuerza necesaria para seguir desarrollándonos en la incertidumbre. Para que la resiliencia se teja, tenemos que **pensar y actuar**. Pensar sin actuar crea angustia y actuar sin pensar crea delincuencia.

Después de un trauma, podemos volver a la vida siempre que nos sostenga la afectividad cotidiana de las personas próximas y el discurso cultural pueda dar sentido a nuestra herida. El trauma nunca se olvida pero podemos convertirlo en el elemento que reorganiza nuestra recreación para regresar al mundo de los vivos. La tendencia a contarnos el relato de lo que nos ha pasado constituye un factor de resiliencia a condición de que demos sentido a eso que ha pasado y de que procedamos a una reorganización afectiva, si el trauma carece de sentido, permanecemos aturdidos.

Estamos gobernados por la imagen que nos hacemos de nosotros mismos. Mientras sea posible modificar esa imagen, la resiliencia será posible, puesto que consiste en reanudar, tras una agonía psíquica, un determinado tipo de desarrollo. La representación de uno mismo se convierte en una fe que determina nuestros comportamientos. El proceso de resiliencia consiste en no someterse a los discursos de los contextos familiares, institucionales o culturales que profetizan la desgracia. Aprender a pensarse a sí mismo en otros términos y militar contra los estereotipos que dicta la cultura en lo referente a los heridos, es el compromiso ético de la resiliencia. Una relación íntima, amistosa o psicológica, puede hacer evolucionar y en ocasiones reorganizar de forma íntegra, la representación que una persona se hace de sí misma. Un estilo afectivo nos ha encaminado hacia un tipo de encuentro amoroso que nos reconforta y da seguridad, y éste, a su vez, ha modificado el estilo afectivo.

Un herido no puede volver a la vida de forma inmediata, necesita un tiempo para recuperar la calma y volver a encontrar la esperanza. Pero un día decidimos liberarnos del pasado y recuperar la felicidad, entonces actuamos, nos comprometemos, hablamos de otra cosa y escribimos nuestra historia con la perspectiva que nos permite dominar la emoción y recuperar la posesión de nuestro mundo íntimo. Entonces cesa la muerte psíquica y comienza la tarea de volver a la vida. Para pensar la resiliencia es preciso convertir la propia historia en una visión en la que cada encuentro sea una elección existencial. Esta libertad para elegir se conquista a través de una labor de artesanía en la que cada gesto y cada palabra pueden cambiar la realidad que nos arrastra y construir la resiliencia como antidestino, implicándonos en un proyecto de vida recreador (Cyrulnik, B., 2005).

Pero ya no es una vida como la de antes, se vive de otro modo. Percibimos los matices invisibles en lo visible, recuperamos el placer, pero el placer es otro, más agudo, más intenso, más desesperadamente esperanzado. Nuestra mirada transparenta el amor a la vida. Todo traumatizado está obligado a asumir un cambio, de lo contrario permanece muerto.

Las reacciones psicológicas de los niños dependen del estado emocional de los adultos que los rodean. Lo que calma o perturba al crío es la forma en que las figuras de su vínculo afectivo reaccionan ante un problema y expresan sus emociones. El estado de ánimo de los padres, su humor, su historia, que les vuelve alegres o tristes, y que atribuye un significado a cada objeto y acontecimiento, estructura al mismo tiempo la imagen que un niño se hace de sí mismo. La transmisión es inevitable; el simple cuerpo a cuerpo basta, no es posible amarse y relacionarse sin transmitir algo. Pero lo que transita entre las almas puede transportar tanto la felicidad como la desgracia. La forma en que el entorno familiar y cultural habla de la herida puede atenuar el sufrimiento o agravarlo (Cyrulnik, B., 2005).

La resiliencia recreadora supone un cambio en la visión de uno mismo y del sentido que le damos a nuestra historia para recrearnos en seres más complejos y sabios. Es un proceso de renacimiento que conlleva el dolor de abandonar lo conocido, con sus rutinas de seguridad, y el placer de ser valiente para desarrollar nuestras capacidades, dándonos permiso para ser felices, en medio de la incertidumbre y la adversidad.

Las etapas que recorremos en este proceso de recreación personal son:

- *Equilibrio socio-cognitivo-afectivo*: imagen de uno mismo en coherencia con los acontecimientos y vivencias presentes.

- *Conflicto afectivo-cognitivo-social*: acontecimientos inesperados, problemas, pérdidas, encuentros, anhelos que no encajan en la imagen que tenemos de nosotros mismos.

- *Desintegración entre lo que se piensa, siente y hace*: crisis y sufrimiento por la ruptura de nuestros esquemas y afectos que pueden llevar al trauma, si persiste la visión previa, o a la transformación si hacemos más compleja nuestra mente.

- *Creación del relato o historia de vida*: en la que asimilamos la crisis, reorganizamos e integramos nuestros pensamientos en un paradigma más complejo.

- *Recreación*: transparencia de la nueva visión de nosotros mismos en lo que hacemos.

Metáfora

"La hija resiliente"

Recuerdo aquella escena de la hija cuidando de su madre en el Hospital. La madre tuviera un intento de suicidio. La hija tenía los exámenes de la Selectividad al día siguiente y cuando su madre se lamentaba de sus desgracias, le decía que la dejara estudiar porque tenía que aprobar la Selectividad. También le decía que no podía morirse ahora porque ella tenía que preparar la Selectividad. Cuanto podía aprender aquella madre manipuladora de su hija "resiliente", capaz de desarrollarse en condiciones increíblemente adversas.

---

b) Recrear el mundo: terapia de aceptación y compromiso

"¿Quién soy yo? El soporte material y evolutivo de valores recibidos del Pasado y proyectados hacia el Futuro. Los valores y realizaciones personales tendrán vitalidad y persistencia más allá de la terminación del soporte material" (Delgado, J.M.R., 1999:242-243)..

Vivimos en un mundo diseñado para buscar la felicidad evitando el sufrimiento. El fondo cultural de nuestra sociedad puede resumirse en la frase: "evita el sufrimiento para poder vivir feliz". Entendemos que tener buenos pensamientos y sentimientos sobre uno mismo, sobre la vida y el futuro nos hará actuar bien y ser felices. Establecemos así relaciones lineales entre lo que se piensa, lo que se siente, y lo que se hace. El sentir y el pensar no son las causas del hacer, sino sólo acontecimientos relacionados arbitrariamente en la historia individual, ya que los mecanismos neuronales de nuestro cerebro son mucho más complejos. El planteamiento que subyace a esto es "*tienes que sentirte bien para poder vivir bien*". Llegan a presentarse como signos de anormalidad psicológica casi cualquier exceso o déficit en el ámbito emocional (ansiedad, tristeza), así como ciertos modos de pensar (derrotismo, desesperanza) y ciertos estados corporales (sudoración, temblor, palpitaciones, dificultades para conciliar el sueño).

Las relaciones establecidas en nuestra sociedad se basan en la idea de que sentirse bien se contrapone a sufrir, siendo lo primero contemplado como normal y el sufrimiento como algo anormal. Sufrir se vive como contrapuesto a estar en disposición de actuar. Si preguntamos por lo que se "espera de la vida", la respuesta más probable sería la de "sentirse bien y ser feliz" evitando cualquier tipo de sufrimiento. Se busca sentirse querido, pero sin sentirse mal en el proceso; tener las ideas claras sin dudas; pensar en positivo de sí mismo y de la vida. Sin contemplar que la felicidad encierra infelicidad: si soy feliz porque amo a alguien, tengo que pagarlo con la posibilidad de que muera o desaparezca. Esta es la nueva sabiduría que debemos entender (Morin, 2006). ¿Por qué no pueden coexistir los hechos de *sentirse* mal y *estar* bien? El placer y el sufrimiento son antagonismos aparentes que si en la vida diaria los vivimos como complementarios, pueden llevarnos a un nivel superior de consciencia, conocimiento y compromiso con la vida.

El planteamiento de la terapia de aceptación y compromiso (ACT), un tratamiento conductual orientado a los valores (Wilson, K.G. y Luciano, M.C., 2002), asume que el sufrimiento es normal, que una vida valiosa puede vivirse bajo cualquiera y bajo todas las condiciones, y que hay tanta vida en un momento de dolor como en un momento de placer. Distinguimos entre dolor y trauma. El trauma es el dolor que está combinado con la negativa a experimentar ese dolor. Por intentar defendernos del dolor acabamos haciéndonos mucho más daño.

Las premisas de la terapia de aceptación y compromiso (ACT) sostienen:

• Primero compórtate de acuerdo con tus valores y luego te sentirás bien, en lugar de pensar que primero es necesario el sentimiento de bienestar y luego actuar.

• El sufrimiento es normal. Hay más vida en un momento de dolor que en un momento de alegría.

• Asumir que todas las personas, en algún nivel, esperamos, aspiramos, soñamos y queremos una vida más amplia, rica e llena de significado.

La terapia de aceptación y compromiso es un compromiso elegido con los valores de uno. La terapia supone clarificar el rumbo de la vida, perderlo, aprender a darse cuenta cuanto antes del coste y del beneficio de haber perdido el rumbo y retomarlo de nuevo como una elección personal.

"Lo verdaderamente importante no es si uno tiene miedo o no, sino lo que uno hace con su cobardía. Puedes entregarte a ella atado de pies y manos, como un preso. O puedes intentar enfrentarte a ella y encontrar los límites" (Urbano, *El corazón del Tártaro*, de Rosa Montero).

Metáfora

"Estrategias para sobrevivir en la incertidumbre"

Vivimos en tiempos de incertidumbre. Algunas de las estrategias más eficaces para navegar en este océano de incertidumbre pueden ser (Rojas Marcos, L., 2004):

- *Informarnos: pueden crear más angustia los temores imaginarios que las amenazas reales*

- *Diversificarnos: no debemos depender de una única fuente de satisfacción en la vida.*

- *Relacionarnos: las relaciones variadas y gratificantes aumentan el bienestar con la vida en general.*

- *Reírnos: el sentido del humor alivia el miedo, alegra la vida y, probablemente, también la alargue.*

- *Movernos: las personas que hacen ejercicio físico regularmente viven más años y viven mejor.*

- *Voluntariar: al ayudar a los otros nos ayudamos a nosotros mismos.*

- *Cultivar la espiritualidad: el sentimiento de conexión emocional íntima y profunda nos da esperanza.*

- *Dejarnos ayudar por la ciencia: la OMS define la salud no simplemente como la ausencia de enfermedad, sino como el estado de completo bienestar físico, mental y social. Dejarnos ayudar por la ciencia en estos tiempos de inseguridad es especialmente importante cuando tenemos que protegernos de la depresión, el ladrón de la felicidad más peligroso, ya que lo primero que nos roba es la esperanza.*

3.3.3. La solución de conflictos como estrategia de la inteligencia recreadora

"Todas las crisis tienen dos elementos: peligro y oportunidad. Con independencia de la peligrosidad de la situación, en el corazón de cada crisis se esconde una gran oportunidad. Abundantes beneficios aguardan a quienes descubren el secreto de encontrar la oportunidad en la crisis" (Antiguo Proverbio Chino).

Es el momento de buscar una aplicación práctica a este proceso de recrearse recreando el mundo a partir de los problemas diarios. La solución y mediación de conflictos requieren que ejercitemos las estrategias de la inteligencia racional, emocional y conductual. Necesitamos calmarnos (inteligencia emocional), para poder ver la invisible complejidad (inteligencia racional) y poder elegir las alternativas contextualizadas (inteligencia conductual).

El proceso de solución de conflictos integra los tres ángulos del triángulo equilátero de la inteligencia recreadora:

a) Clima integrador (la paz de la inteligencia emocional):

- Relajación: mantener la calma y sentido del humor.

- Escucha activa, empática (parafrasear, clarificar, reflexionar, animar, resumir, valorar).

- Expresarse respetuosamente (no utilizar mensajes-tú: criticar, descalificar, diagnosticar, ordenar, amenazar, preguntar de forma inadecuada, aconsejar, acusar, asegurar)

- Clarificar la situación personal, utilizar mensajes-yo: "yo me siento… cuando tú... porque..." Exponer el propio punto de vista: necesidades, metas, valores.

- Compartir el poder: "poder sobre" y "poder con".

- Empatizar: conciliar demandas y necesidades.

b) Definir la complejidad del problema (la libertad de inteligencia racional)

- Visión ecosistémica del conflicto: multicausalidad.

- Conocer la evolución e historia del conflicto.

- Hacer una evaluación global del problema (aspectos positivos y negativos).

- Definir el conflicto centrado en las necesidades.

c) Elegir soluciones creativas (la serenidad de las estrategias contextualizadas).

- Diseñar alternativas creativas.

- Evaluar las consecuencias: costes-beneficios.

- Elegir la más beneficiosa para las dos partes.

- Asumir la responsabilidad de actuar.

- Evaluar los resultados y revisar las soluciones.

La mediación es un método de resolución de conflictos en el que las dos partes enfrentadas recurren voluntariamente a una tercera persona imparcial, el mediador, para llegar a un acuerdo satisfactorio (Torrego, J.C., 2001).

El primer paso para iniciar el proceso de resolución de conflictos es siempre evitar el secuestro emocional mediante una técnica de relajación que nos permita apaciguar los síntomas del malestar emocional para después poder pensar, sentir y actuar de forma integradora.

Metáfora

"Relajación profunda de Schultz"

El método de la relajación profunda de Schultz es una técnica apropiada para progresar en la integración de las habilidades de nuestro cerebro triúnico (racional, emocional y conductual), que necesitamos para resolver los problemas.

La relajación superficial es un estado de distensión muscular placentero. Pero la relajación profunda es un medio para lograr un estado de conciencia especial en el que se integra el cuerpo, la mente y las emociones. Schultz, uno de los grandes de la historia da neurología, estructura la relajación en seis etapas:

- *Relajación muscular: aprender a relajar los músculos estriados o voluntarios.*

- *Relajación vascular: de los músculos lisos o involuntarios que rodean las arterias.*

- *Relajación del corazón: "dejar en paz" al corazón para que funcione a su aire, tranquilo y fuerte.*

- *Relajación del sistema respiratorio: respiración lenta y profunda.*

- *Relajación del plexo solar, como un foco de luz que irradia calor.*

- *Relajación de la masa encefálica: dejar en paz nuestra mente.*

- *Programación mental: vivir el presente con actitud recreadora.*

Las tres grandes utilidades de la meditación o de la relajación profunda son: mayor seguridad en uno mismo, control de las alteraciones psicosomáticas y programación mental. Empezamos por controlar las manifestaciones psicosomáticas para poder elegir pensar, sentir y actuar creativamente. El proceso de aprendizaje de la relajación profunda debe dirigirlo un profesional preparado, que conozca a fondo la técnica de relajación, cómo utilizarla, en qué casos está más indicada y en qué casos no está aconsejada.

3.4. Etapas hacia la sabiduría: el virus del miedo y el antivirus del amor incondicional

"Al final, nada hay tan sagrado como la integridad de tu propia mente" (Ralph Waldo Emerson, *Confía en ti.* 1803-1882)

La inteligencia compleja recreadora se desarrolla durante toda la vida, acercándonos a la **sabiduría: saber ver la invisible complejidad para poder elegir recrearnos recreando el mundo con estrategias contextualizas** (Armas Castro y Armas Barbazán, 2002). En el camino hacia la sabiduría, las personas y organizaciones transitamos por etapas destructoras, reproductoras, creadoras y recreadoras.

Etapa evolutiva	Paradigma / Conflicto	Conocimiento /Emoción	Conducta / Estrategia	Liderazgo / Organización
Actitud Recreadora	Complejidad Integradora Creadora/ Colaboración	Sabiduría/ Amor incondicional	Recreadora/ Complementar	Transparente-recreador/ Redes de comunidades de aprendizaje
Creadora	Complejidad Desintegradora Creadora/Compromiso	Complejo/ Amor condicional	Creadora/ Compartir	Turbulento-Creador/ Autónoma qze aprende
Reproductora	Simplificación Integrada Reproductora/ Evitación	Información/ Altruismo	Reproductora/ Comunicar	Opaco-reproductor/ Centralizada
Destructora	Simplificación Desintegrada Destructiva/ Competición	Datos/ Egocentrismo	Destructora/ Contener	Turbio-destructivo/ Neurótica – Tóxica

Figura n.º 4. Etapas evolutivas del Conocimiento y las Organizaciones.

Si actuamos con una actitud destructora, pensamos de acuerdo con el paradigma de la simplificación, nuestro conocimiento se basa en datos sin contextualizar, competimos egoístamente con los demás, nuestra conducta es destructiva y necesitamos que algo o alguien contenga nuestro comportamiento. Al dirigir un grupo, proyectamos sobre él nuestro estilo neurótico y lo llevamos a ser una organización tóxica que daña a los trabajadores y se niega a aprender.

Cuando aprendemos a ser recreadores, buscamos la sabiduría pensando de forma compleja, ante los conflictos adoptamos una actitud de colaboración, viendo los antagonismos aparentes como complementarios. La emoción que sustenta la sabiduría es el amor incondicional. Las personas recreadoras muestran un liderazgo transparente que transforma las organizaciones que dirigen en redes de comunidades de aprendizaje de liderazgo.

Hay un potente virus que destruye todo el sistema operativo de nuestra inteligencia recreadora y nos incapacita para llegar a la sabiduría: el miedo. Si dejamos que el miedo dispare nuestra imaginación y secuestre nuestro pensamiento complejo, estamos perdidos. Personas con inteligencia racional pueden actuar destructivamente y permanecer encerradas en un egocentrismo mezquino si no se protegen contra el miedo. El antivirus más radical que combate todas las actualizaciones del miedo es el amor incondicional que nos capacita para llegar a la sabiduría confiando en nosotros mismos y desarrollando nuestras capacidades para recrearnos recreando el mundo solidariamente. Al principio y al final de todas nuestras actuaciones y proyectos siempre hay una emoción integradora o destructora. Las personas destructivas, dominadas por el miedo, actúan como "vampiros emocionales", son esponjas que se empapan de la energía positiva de los recreadores hasta secarlos. Instalemos en nuestras mentes el antivirus universal del amor incondicional.

"Estoy convencido de que el amor incondicional es el más poderoso estimulante que se conoce del sistema inmunológico. Si yo dijera a los pacientes que elevaran sus niveles en sangre de inmunoglobulinas ninguno sabría cómo. Pero si soy capaz de enseñarles a amarse a sí mismos y a los demás, esos mismos cambios se producen automáticamente. La verdad es que el amor cura (Siegel, B.S., 1995:217).

3.5. El liderazgo transparente

"Ha pasado algún tiempo. El tiempo pasa y no deja nada. Lleva, arrastra muchas cosas consigo. El vacío, deja el vacío. Dejarse vaciar por el tiempo como se dejan vaciar los pequeños crustáceos y moluscos por el mar. El tiempo es como el mar. Nos va gastando hasta que somos transparentes. Nos da la transparencia para que

el mundo pueda verse a través de nosotros, o pueda oírse como oímos el sempiterno rumor del mar en la concavidad de una caracola. El mar, el tiempo, alrededores de lo que no podemos medir y nos contiene" (Valente, J.A., 2000).

Las teorías del liderazgo se desarrollaron entorno a tres grandes corrientes: teoría de los rasgos, teoría centrada en la conducta y teoría de las contingencias. Entre los enfoques más recientes del liderazgo podemos citar: el liderazgo instructivo, liderazgo transformacional, liderazgo compasivo y liderazgo resonante.

Actualmente se habla del final del liderazgo individual y de la emergencia del "liderazgo compartido" (Senge, P., 1997). Todos deben convertirse en co-líderes y las organizaciones configurarse como "comunidades de liderazgo". Los líderes son ahora los que generan "ideas guía", entorno a las que, a través del diálogo, se construyen visiones compartidas. La tarea del líder futuro será crear un ambiente de colaboración creativa, liberando la fuerza intelectual que poseen las personas y las organizaciones.

Los nuevos roles del liderazgo requieren nuevas habilidades que sólo se pueden desarrollar con un compromiso a lo largo de la vida (Senge, P., 1997). Estas capacidades se agrupan en tres grandes áreas: construir una visión compartida, manifestar y cambiar los modelos mentales, comprometerse con un pensamiento sistémico.

En el marco del paradigma de la complejidad integradora creadora definimos el **liderazgo como la capacidad de crear conocimiento complejo, contextualizado y compartido.** Lo que nos interesa es descubrir los invisibles paradigmas que diferencia el liderazgo turbio del liderazgo transparente, que distinguen a las organizaciones que aprenden a desarrollarse a partir de los conflictos de las organizaciones tóxicas o neuróticas que se niegan a aprender y reproducen siempre los mismos rituales descontextualizados.

La variable fundamental que diferencia a unos de otros es su capacidad para desarrollar y transparentar un pensamiento complejo y sistémico, o por el contrario la limitación de permanecer en un pensamiento simplista y desintegrador (Armas y Sánchez, 2006).

3.5.1. Estilos de liderazgo

> *"El liderazgo no tiene que ver con el control de los demás sino con el arte de persuadirlos para colaborar en la construcción de un objetivo común"* (Goleman, D., 1996:241).

Las relaciones de poder forman parte inevitable del entramado de cualquiera organización, sea educativa, familiar o de otro tipo, e ignorarlas es renunciar a entender su funcionamiento. Sólo el análisis de los sistemas de poder existentes en las organizaciones podrá desvelar si las relaciones que establecemos en ellas son relaciones de ayuda o de dominación. La micropolítica es el lado oscuro e invisible de las organizaciones. Tenemos que hacerlo visible para entender lo que pasa en nuestras organizaciones y poder así transformarlas.

Aspectos como el poder, la formación de coaliciones, la toma de decisiones, el conflicto y la negociación configuran nuestras escuelas, y tal vez las familias, como "campos de lucha" (Ball, S., 1989), en las que hay que establecer las reglas de juego de acuerdo con una escala de valores y distribuir recursos escasos entre grupos de personas e intereses distintos.

Los líderes son personas capaces de hacer visible y transparentar en la micropolítica diaria de las organizaciones una escala de valores recreadores que favorezca el desarrollo personal e institucional entorno a proyectos compartidos. Según los invisibles paradigmas inscritos en las mentes de los líderes, distinguimos cuatro estilos de liderazgo: turbio, opaco, turbulento y transparente.

Los líderes turbios y opacos actúan según paradigmas simplificadores, los líderes turbulentos y recreadores comparten una visión más compleja de la vida:

- *Liderazgo turbio* o destructivo-neurotizante que manifiesta un pensamiento simplificador, desintegrador y destructivo.

- *Liderazgo opaco* o reproductivo-burocratizante que responde a un paradigma simplificador, integrador y reproductivo.

- *Liderazgo turbulento* o revolucionario-transformacional que refleja un pensamiento complejo, desintegrador y creativo.

- *Liderazgo transparente* o recreador-compartido que manifiesta un pensamiento complejo, integrador y recreador.

Las organizaciones neuróticas y reproductoras necesitan para propagarse mentalidades simplificadoras y centralizadoras. El centralizador suele ser una persona mediocre; incapaz de crear por sí mismo; que usa el poder para absorber el trabajo, la iniciativa y creatividad ajenos; para erigirse un monumento a sí mismo. Tiene miedo a que alguien le haga sombra, dada su escasa talla humana. No distingue entre lo importante y los detalles y está obsesionado por lo minucioso y fiscal control de los detalles (Alberoni, F., 1999). Estos personajes turbios y opacos, auténticos "psicópatas organizacionales" siembran el psicoterror en el trabajo mediante el acoso psicológico. El móvil del "asesinato psicológico" tiene siempre que ver con el miedo y la inseguridad que provoca en los acosadores la conciencia de su propia mediocridad, puesta en evidencia, muchas veces inconscientemente, por la conducta profesional ejemplar de la víctima. Estos comportamientos del acosador son patrones bastante fijos, lo que explica que en el pasado del individuo hostigador se encuentren los denominados "cadáveres en el armario", otros trabajadores que fueron anteriormente eliminados del trabajo mediante variados métodos de destrucción psíquica (Piñuel, I., 2003).

Las organizaciones que aprenden necesitan líderes recreadores. Cuando son colocados en posiciones de mando, los creadores, personalidades abiertas y generosas, eligen a colaboradores emprendedores y activos. Los reproductores, desconfiados y envidiosos, eligen súbditos que obedecen ciegamente y no escatiman medios para ponerle obstáculos a quien se muestra independiente y creativo. A pesar de que sólo los creadores son líderes, son los reproductores y destructores los que echan raíces en los puestos de poder, porque corroen poco a poco a los demás para hacerlos fracasar y siempre encuentran aliados entre los de su mismo grupo. Al final los mejores se cansan y marchan. Así, permanecen los peores para gestionar con impericia burocrática lo que queda (Alberoni, F., 1999).

El estilo de liderazgo influye poderosamente en las organizaciones. Líderes neuróticos paralizan organizaciones creadoras y líderes recreadoras pueden ayudar a transformar organizaciones tóxicas en organizaciones que aprenden. Pero también las organizaciones influyen poderosamente en los líderes. Organizaciones neuróticas acosan a personas creadoras para eliminarlas y organizaciones que aprenden facilitan el desarrollo de sus trabajadores. Lo deseable es que personas recreadoras asuman el liderazgo de las organizaciones y no lo deleguen o abandonen en manos de personas desintegradoras, aunque para ello tengan que contener las conductas destructivas de los agresores.

El diccionario aplica a la palabra transparente significados como: que permite que se vea, que se deja adivinar o vislumbrar sin declararse o manifestarse, que se comprende sin duda ni ambigüedad. Para nosotros la persona transparente es la que deja ver lo invisible o hace visible lo invisible. El liderazgo transparente recreador tiene como objetivo fundamental hacer visibles nuevos sueños o utopías integrando el liderazgo compartido. Estas nuevas visiones compartidas emergen a partir de grandes ideas eje que promueve el líder, entorno a las que se organiza el debate y consenso de la comunidad de líderes, transformada en comunidad de aprendices del pensamiento complejo.

3.5.2. Ejes estratégicos del liderazgo transparente

"Nosotros, los seres humanos, mediante el poder de nuestros pensamientos y apoyados por nuestras emociones, tenemos la capacidad de ser cocreadores de nuestra existencia. El proceso creativo nos permite generar circunstancias necesarias para la manifestación de lo que existe como visión en nuestras mentes; por lo tanto, pensar mejor nos permite crear mejor. Y pensar mejor significa pensar sistemáticamente" (Ribero, L., 2003:215).

Los ejes estratégicos del liderazgo transparente son tres: el pensamiento complejo-sistémico, el método integrador de antagonismos y las estrategias contextualizadas. Lo que puede resumirse en la tarea de *construir conocimiento complejo compartido y contextualizado*, para lo que se necesita *pensar globalmente y actuar localmente pero también pensar localmente y actuar globalmente*.

- Pensamiento complejo-sistémico: hacer complejo lo simple. Pasar de pensar en la parte a ver el todo: las partes relacionadas configurando un sistema. Manifestar una visión ecosistémica: multicausalidad, evaluación global de necesidades, el conflicto como oportunidad, importancia del contexto.

- Método integrador de antagonismos: hacer compatibles o complementarios los antagonismos aparentes, integrando el liderazgo compartido de la comunidad educativa. El diálogo, el consenso y la participación son las herramientas para integrar a toda la comunidad educativa entorno a un proyecto común.

- Bienestar de las estrategias contextualizadas compartidas. Consensuar con flexibilidad y creatividad las estrategias contextualizadas para satisfacer las necesidades: actuaciones, responsables, temporalización, indicadores de calidad, evaluación y revisión de las actuaciones.

Liderazgo transparente		
Transparentar la construcción de conocimiento complejo compartido contextualizado. Recrearse recreando el sistema		
Pensamiento complejo-sistémico	**Método integrador**	**Estrategias contextualizadas**
• Evaluación global del ecosistema. • Multicausalidad. • Incertidumbre y provisionalidad. • Conflicto como oportunidad. •Cambio de paradigma y de sistema.	• Integración de antagonismos aparentes. • Solidaridad, diálogo, consenso. • Atender necesidades y flexibilizar metas. • Visión interdisciplinar compartida. • Integración del liderazgo compartido.	• Necesidades: discrepancia entre lo real y lo ideal o deseado. • Contexto real: características, recursos. • Estrategias contextualizadas compartidas. • Revisión y adaptación de la intervención.

Figura n.º 5. Liderazgo transparente.

4. APRENDER A REGALARNOS LA MIRADA RECREADORA: NO APLAZAR MÁS LA FELICIDAD

> *"¿Creé algo satisfactorio para mí? ¿Expresa alguna parte de mi mismo: mi sentimiento o mi pensamiento, mi dolor o mi éxtasis? Estas son las únicas preguntas importantes para el creador o para cualquiera persona que vive un momento creativo... Si la persona lo "siente" como un "yo en acción", como una realización de potencialidades hasta entonces inexistentes y que ahora se manifiestan, su producto será satisfactorio y creativo, y ninguna evaluación externa podrá modificar el sentido de ese acto fundamental."* (Rogers, C.R., 2000:307).

Es el momento de sintetizar el marco teórico del paradigma de la complejidad integradora creadora en una mirada recreadora que nos permita contemplar (ver con el corazón) y transmitir (trasladar, transferir) la esencia de nosotros mismos (lo permanente e inviariable de nuestra naturaleza, lo más importante y característico) para acoger (admitir, aceptar, aprobar, proteger, amparar, servir de refugio) a nuestros jóvenes.

Cuando superamos un trauma experimentamos la sensación de vivir una prórroga, lo que confiere un sabor desesperado a las oportunidades perdidas en la vida, pero también agudiza el placer de vivir lo que aún sigue siendo posible. Tenemos la conciencia no haber vivido lo suficiente: "qué tontería más grande, debería haber vivido más buenos momentos, paladeado cada segundo de mi vida". Nuestra mirada refleja sin pudor el amor desesperado por la vida (Cyrulnik, B., 2005).

Entonces decidimos no dejar pasar el último tren para amarnos incondicionalmente, darnos permiso para manifestar todo lo que pensamos y sentimos. Nadie nos recordará por nuestros pensamientos secretos si no los compartimos. No aplacemos más la felicidad. No dejemos las grandes verdades y las mejores palabras de amor para el último día, porque puede que entonces ya sea demasiado tarde. Aprendamos a sonreír, abrazar, besar y decir "te quiero", sin suponer que ya lo saben, a los seres que realmente nos importan.

La mirada recreadora es una elección personal, un regalo que podemos hacernos porque consideramos que merecemos ser felices. Es el "yo en acción", la manifestación de nuestras potencialidades hasta ahora desconocidas, la transparencia de la belleza de la sabiduría que nos permite afrontar la incertidumbre con la confianza del amor incondicional, la libertad del pensamiento complejo y la serenidad de las estrategias contextualizadas compartidas. La mirada transparente nos permite distinguir lo esencial (querernos y respetarnos por encima de todo) de lo importante y urgente, que al relativizarlo frecuentemente pasa a secundario.

> **Metáfora**
> *" Regalarnos la mirada recreadora"*
>
> *Creo en mí, me quiero y respeto por encima de todo.*
> *Elijo liderar mi proyecto vital hacia la sabiduría, integrándome y abriéndome al mundo para recrearme recreando el presente, dejando fluir la belleza de la mirada recreadora que transparenta la confianza del amor incondicional que cura el miedo y la dependencia, la libertad del pensamiento global que hace complejo lo simple, y la serenidad de las estrategias contextualizadas compartidas, que transforman el sufrimiento de la violencia en el bienestar de la plenitud en la incertidumbre.*

Será inevitable la transmisión a nuestros jóvenes de los valores que transparentamos con nuestra mirada recreadora:

- *El amor y respeto a uno mismo por encima de todo*: el amor y la fidelidad a uno mismo son el valor esencial de la vida, lo demás puede ser importante o urgente, pero nunca ocupar el primer lugar en nuestra escala de valores.

- *Elegir liderar nuestro proyecto vital hacia la sabiduría*: todas las personas tenemos que elegir entre seguir dependiendo de los demás, ocultándonos bajo una máscara, o arriesgarnos a liderar nuestras vidas hacia la sabiduría. Podemos aferrarnos a nuestras ataduras o abandonarlas, romper nuestras cadenas mentales, liberarnos de nuestro papel de víctimas y ser los protagonistas de la historia de nuestra vida. No siempre cambiaremos el mundo, pero siempre podemos cambiar nuestras mentes y transmitirlo a nuestro entorno.

- *Integrarme y abrirme al mundo*: la integración de la mente y el cuerpo mediante algún sistema de relajación o meditación nos permite abrirnos al mundo para proyectar nuestra unidad pesonal. Solidarizarnos con los demás y el planeta hace relativizar nuestros problemas, nos cura, enriquece nuestra mente y da sentido a nuestra existencia.

- *Recrearme recreando el presente*: es un apendizaje que dura toda la vida y que consiste en disfrutar de lo que uno es y de lo que puede llegar a ser desarrollando sus capacidades sin límites. Trabajo y diversión pueden llegar a ser lo mismo cuando nos concentramos en expansionarnos transformando el presente. Somos el tiempo que nos queda por vivir, somos el presente. Vivir en el pasado crea nostalgia; vivir en el futuro crea ansiedad.

- *Dejando fluir la belleza de la mirada recreadora que se transparente*: dejar fluir de dentro afuera nuestra mirada recreadora que transmite la belleza de la integración de la razón, la emoción y la conducta sin dejarse aplastar y silenciar por las apariencias y la fuerza opresora que viene de fuera hacia dentro. Silenciarse es un delito contra nosotros mismos y el mundo, al que privamos de nuestra aportación creativa.

- *La confianza del amor incondicional:* el amor condicional nos hace depender de los demás y nos genera miedo a no ser aceptados. El amor incondicional a nosotros mismos nos da la confianza sin límites para poder abrirnos al mundo y desarrollar múltiples proyectos solidarios.

- *La libertad del pensamiento global, que hace complejo lo simple.* Los pensamientos simplificadores y distorsionados esclavizan nuestra inteligencia, la dispersan y torturan. Sólo si hacemos compleja nuestra mente, integrando antagonismos aparentes, podemos conquistar la libertad para poder elegir. La tarea es tan sencilla como hacer complejo lo simple. Dejar de mirarnos el ombligo y observar el planeta que estamos destruyendo con nuestra mirada simplificadora. Hay que tener intereses tan amplios como sea posible. La vida es demasiado compleja como para reducirla a una única faceta. Es necesario querer muchas cosas apasionadamente y tener múltiples proyectos.

- *La serenidad de las estrategias contextualizadas compartidas:* actuar utilizando estrategias consensuadas coherentes con nuestra escala de valores en la solución de los problemas nos da seguridad y serenidad para aprender a crecer en los conflictos.

- *Transformar el sufrimiento de la violencia en el bienestar de la plenitud*: la violencia nos hace sufrir porque nos impide llegar a ser lo que podríamos ser, la mirada recreadora nos acerca lentamente al bienestar de la plenitud (totalidad, integridad) personal y social en medio de la incertidumbre.

La mirada compleja recreadora se adquiere mediante un aprendizaje lento. En épocas de cambios vertiginosos tenemos que ir conociendo poco a poco. El conocimiento lento (Claxton, G., 1997), implica asimilar situaciones de trastorno y extraer nuevos modelos para poder encontrar una salida creadora.

Paradójicamente el conocimiento lento no necesita demasiado tiempo. Consiste en *proyectar una imagen global y no sentir pánico si las cosas no van bien en las primeras fases* de una iniciativa de cambio de gran alcance. No es tomarlo con calma, sino saber que las cosas, sobre todo las relacionadas con la conducta humana, requieren un tiempo hasta que toman consistencia.

Si pensamos con "cerebro de liebre" nos obsesionamos con los cambio rápidos, pero la sabiduría se adquiere con "mente de tortuga", realizando un *aprendizaje contextualizado, lento, durante un tiempo dilatado* (Fullan, M., 2002).

Metáfora

"Cómo se nota la felicidad"

En una mesa de una cafetería charla una pareja de jóvenes sin edad, con el mar rompiendo al fondo, junto al cuadro "El beso" de Gustav Klimt. Se escuchan pausada y apasionadamente. En sus miradas se transparenta el bienestar de dos almas gemelas. Conjugan sus estilos afectivos y cognitivos. Los dos se reconfortan y aportan seguridad y ansias de aventura. Un encuentro al filo de la navaja: entre la posibilidad de que dure toda la vida y el placer desesperado de que pueda ser la última vez que se vean. Los dos son un acontecimiento para el otro, que cautiva su atención indivisa. Lo esencial de lo que se dicen está en sus palabras y en su cuerpo. Sus pupilas dilatadas dan a sus miradas un aspecto cálido que se percibe con claridad (Cyrulnik, B., 2005). Sus palabras brotan como una caricia verbal llena de ternura, complicidad y abandono. Se dan permiso para entrar en sus almas transparentes. El tono y el cómo de las palabras son más importantes que lo que dicen. Sus historias personales hacen posible que dialoguen sus almas. Sus cerebros chispeantes parecen estar abriendo nuevas sinapsis, estableciendo nuevos y desconocidos circuitos neuronales. Sus miradas transparentan el deseo y la voluntad de no aplazar más la felicidad.

En una mesa próxima se encuentra un anciano leyendo el periódico y observando discretamente. Su dilatada e intensa vida le permite ver lo invisible. Ante la belleza de la transparencia de las miradas recreadoras, se levanta, se acerca respetuosamente a ellos y les dice: "Perdonen, pero como se nota el amor y la felicidad". La pareja sonríe, le da las gracias, y responde: "Se ve que usted conoce muy bien la felicidad de amar". El anciano, entonces, comparte con ellos los recuerdos de su gran amor, que sigue siendo visible para él aunque ya hace años que para el mundo es invisible.

La mirada compleja, integradora y recreadora supone una revolución de las mentes, más trascendental que las revoluciones industrial, tecnológica, atómica e informática. "...*el desarrollo de la comprensión requiere una reforma planetaria de las mentalidades; ésa debe ser la labor de la educación del futuro*" (Morin, 2001:127).

5. ¿POR DÓNDE EMPEZAMOS? PREVENCIÓN: NORMAS, DIÁLOGO, AUTONOMÍA

> *"Demasiados hijos tienen hoy todo lo que quieren y nada de lo que necesitan. El mensaje que hemos de susurrar al oído de nuestro hijo es sencillo: yo te amo incondicionalmente (no si sacas un sobresaliente o llegas a ser médico). La vida está llena de obstáculos pero pase lo que pase tu pasarás por encima de todo. Luego infundirles alguna disciplina, no castigos"* (Siegel, B. S., 1995:217).

En este primer capítulo del libro hemos intentado dotarnos de una mirada recreadora sobre nosotros mismos y el mundo, que nos permita ahora acercarnos a los problemas de conducta de nuestros jóvenes de una forma más compleja, integradora y creadora.

Hay características que identifican a la juventud de todos los tiempos. Esta cita del 2000 a.C. perfectamente podría ser firmada por muchas personas en el 2000 d.C.:

"*Nuestra juventud es decadente e indisciplinada. Los hijos no escuchan ya los consejos de los padres. El fin de los tiempos está próximo*" (Anónimo Caldeo, 2000 A.C.)

Los mensajes sobre educación infantil lanzados por psicólogos y pedagogos son tan contradictorios que sumieron en el desconcierto y angustia a muchos padres y profesores responsables. A partir de los años 50, después de una oleada de autoritarismo, se extendió una epidemia de miedo a traumatizar a los niños. Sumerhill hizo el cántico a la no imposición. El mayo del 68 defendió una pedagogía fundada en Marcuse y Reich, que hacía la apología del deseo y explicaban que toda autoridad generaba frustración y violencia. Después se afirmó que la familia tenía que ser una institución democrática, por lo que la opinión de todos tenía el mismo valor. Ahora, parece que empezamos a vislumbramos la posibilidad de recuperar el equilibrio y recientemente Cyrulnik (2002) nos habla de la "resiliencia" como la capacidad para resistir y desarrollarse en condiciones extremadamente adversas.

Hoy nos encontramos con bastantes chavales que hacen lo que quieren sin que padres o profesores puedan establecer algún límite. La ausencia del "no" crea confusión. La norma estructura la afectividad y la autonomía personal. Los jóvenes tienen que llegar a entender que les digamos: "porque me importas y te quiero, no te dejo hacer lo que te da la gana y te pongo límites". Tenemos que trasmitirles que nadie les va a pedir que hagan más de lo que pueden, pero que ellos no deben permitirse hacer menos de lo que pueden. Dejarles claro que las cosas se consiguen con esfuerzo e ilusión.

El cerebro humano madura al tomar contacto con la cultura. Los valores y las normas sintetizan en cierta forma la cultura. La ausencia de normas y valores deja indefensos a los jóvenes y víctimas de un elemental pensamiento simplista desintegrador y destructivo. Regalemos a nuestros jóvenes una oportunidad para ser felices aprendiendo a verse a sí mismos y al mundo de forma compleja integradora y creadora, y no perdamos la esperanza, por las dificultades que aparezcan inicialmente, ya que la inteligencia recreadora la desarrollamos durante toda la vida hasta llegar a la sabiduría.

"Las claves para resolver la mayoría de las dificultades que los padres tienen con sus hijos consisten en establecer unas normas, marcar las consecuencias que se derivan de la ruptura de esas normas y utilizar una disciplina coherente... Si en la familia no se produce un proceso semejante, el caos resultará inevitable" (Clemes, H., y Bean, R., 2001:15-16).

Es el momento de superar los estilos educativos permisivos y autoritarios y consolidar el estilo educativo recreador. El **estilo educativo recreador** busca el desarrollo del la inteligencia recreadora a través del pensamiento complejo que se concreta en las normas, del amor incondicional manifestado en el diálogo y de la autonomía personal para actuar con responsabilidad.

Podemos representar el estilo educativo recreador como el producto entre normas, diálogo y autonomía. Si uno de los tres factores de este producto no existe, el estilo educativo recreador desaparece. Normas sin diálogo y autonomía es autoritarismo. Autonomía sin normas es abandono. El diálogo sin normas es permisivismo. El proceso lógico es empezar por establecer y aplicar normas claras y las correspondientes consecuencias. Una vez consolidadas las normas podemos dar progresivamente más autonomía a través del diálogo, en la medida en que el crío se va responsabilizando de su conducta. Crecer sin valores y normas genera trastornos de conducta, crecer sin amor y diálogo favorece el maltrato y crecer sin autonomía produce ansiedad e inseguridad. Podemos enseñar a conducirse a nuestros hijos y alumnos de acuerdo con una escala de valores recreadores, pero no podemos conducir ni vivir por ellos.

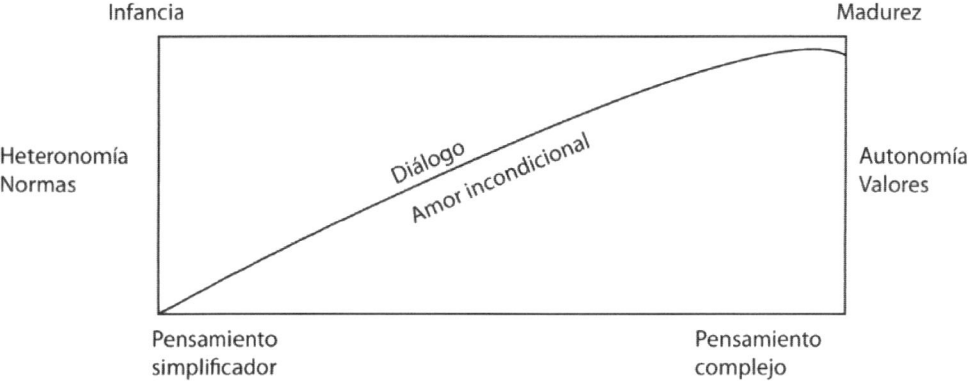

Figura n.º 6. Parámetros del estilo educativo recreador.

No quisiéramos trasmitir una imagen de víctimas de los padres y de los profesores en los problemas de conducta. No hay verdugos ni víctimas. Todos sufrimos las consecuencias de las relaciones conflictivas y todos tenemos algo que aportar para prevenir e intervenir en la solución de los problemas. Pero los adultos somos los que tenemos que asumir la responsabilidad de dirigir el proceso formativo, sin culpabilizarnos, sin angustiarnos, sin perder la esperanza y buscando ayuda profesional cuando la necesitemos para conseguir ese mágico equilibrio entre el control y el afecto. Los jóvenes nos piden a gritos límites, que terminemos con la perversión de la arbitrariedad y pongamos regularidad en serenar las emociones, pensar de forma compleja y actuar con autonomía recreadora.

No tenemos poder para cambiar a nadie, sólo podemos cambiarnos a nosotros mismos, sin olvidar que moldeamos al otro con nuestra forma de ser. El amor incondicional nos irá diciendo en qué medida tendremos que combinar las normas y la autonomía para ayudar a nuestros jóvenes a que sean felices desarrollando sus capacidades para llegar a ser ellos mismos en medio de la incertidumbre.

Visión interdisciplinar de los problemas de conducta. Plan integral de mejora de la conviviencia

Diseñado el marco teórico del paradigma de la complejidad integradora creadora, hacemos en este Capítulo II una aproximación a los problemas de conducta desde una perspectiva interdisciplinar, utilizando la técnica Delphi. Entre las conclusiones del grupo de expertos, destaca la necesidad de poner en marcha un Plan Integral de Mejora de la Convivencia y Prevención de la Violencia Escolar.

1. TECNICA DELPHI: PANEL DE EXPERTOS

La técnica Delphi es un método de investigación sociológica perteneciente al tipo de entrevista en profundidad. Analiza el estado de opinión sobre un tema. Recoge la información de un grupo de profesionales, expertos en un tema, para averiguar los datos que garantizan el acierto en la toma de decisiones. Partiendo de las opiniones, puntos de acuerdo y discrepancias, puede llegarse a ciertos elementos de consenso y jerarquización de los aspectos importantes y secundarios del problema en estudio.

Seleccionamos un panel de expertos, que por su condición profesional, consideramos que tienen un conocimiento y experiencia relevante sobre el tema. A este grupo le remitimos un primer cuestionario abierto sobre los problemas de conducta. Recogemos las respuestas y elaboramos con ellas un segundo cuestionario en el que les pedimos que prioricen la importancia o grado de acuerdo que dan a cada ítem en una escala valorativa que va del 1 (totalmente en desacuerdo) al 7 (totalmente de acuerdo). El comentario de la información recogida en este segundo cuestionario configura el contenido de este capítulo.

El panel de 15 expertos que participó en la técnica Delphi quedó configurado por los siguientes profesionales:

- CARMEN ABELAIRA ARRIANDIAGA
  Psicóloga clínica. Especialista en Psicología Conductual (A Coruña).

- MARÍA ESTHER DÍAZ RODRÍGUEZ
  Médico Psiquiatra Psicoterapeuta.
  Jefa de Sección. Unidad de Salud Mental Infanto-Juvenil del Complejo Hospitalario "Juan Canalejo" (A Coruña).

- MARÍA DOLORES DOMÍNGUEZ SANTOS
  Profesora Titular de Psiquiatría de la Facultad de Medicina de la Universidad de Santiago. Unidad de Salud Mental Infanto-Juvenil del Complejo Hospitalario de la Universidad de Santiago de Compostela.

- MONTSE ERAUSKIN SALAZAR
  Psicóloga. Orientadora del CEIP "Emilia Pardo Bazán" (A Coruña).

- FRANCISCO LÓPEZ PICO
  Pedagogo. Orientador del IES "María Casares" de Oleiros (A Coruña).

- PILAR LÓPEZ RUIZ
  Psicóloga clínica en la Unidad de Salud Mental Infanto-Juvenil del Complejo Hospitalario de la Universidad de Santiago de Compostela.

- MARÍA LUISA MÉNDEZ MÉNDEZ
  Profesora de Pedagogía Terapéutica. Ex-directora del I.E.S "Ferrol Vello" de Ferrol (A Coruña).

- FEDERICO MENÉNDEZ OSORIO
  Médico Psiquiatra.
  Unidad de Salud Mental Infanto-Juvenil del Complejo Hospitalario "Juan Canalejo" (A Coruña).

- MANUEL OTERO ESPIÑO
  Ex-Director del CEIP de Oca-A Estrada
  Profesor del IES n.º 1 de A Estrada (Pontevedra)

- JOSÉ MANUEL OREIRO BLANCO
  Psicólogo. Jefe de Equipo Técnico del Menor de la Consellería de Familia. Delegación de A Coruña.

- LUZ REY RODRÍGUEZ
  Trabajadora Social del Equipo de Orientación Específico de A Coruña.

- LIDIA SÁNCHEZ MATA
  Psicóloga.
  Profesora de UNIS de Nueva York.
  Profesora y Ex-Directora del IES de Esparís-Brión (A Coruña)

- XOSE XAVIER SÁNCHEZ SUÁREZ
  Psicólogo. Orientador del CEIP "Víctor Sáinz" de Antes-Mazaricos (A Coruña).

- RAMIRO TATO FONTAIÑA
  Médico Psiquiatra de la Unidad de Salud Mental Infanto-Juvenil de Ferrol (A Coruña).

- MANUEL TORRES COLLAZO
  Psicólogo. Orientador del IES "Manuel Murguía" de Arteixo (A Coruña).

A continuación comentamos los resultados obtenidos al procesar las respuestas del grupo de expertos a los distintos ítems de cada pregunta, alternativas sugeridas por ellos mismos en el primer cuestionario.

1.1. Qué entendemos por problemas de conducta

> "Nombrar mal las cosas es contribuir a las desgracias del mundo" (Albert Camus).

Dentro del paradigma de la complejidad integradora creadora, entendemos por problemas de conducta el deterioro en el desarrollo de las capacidades de las personas y/o de los sistemas, que incapacita para pensar de forma compleja, sentir la emoción integradora del amor y actuar con autonomía solidaria recreadora.

Los problemas de conducta surgen cuando las personas u organizaciones piensan de forma simplificadora (pensamientos distorsionados), sienten emociones desintegradoras (miedo o ira) y actúan de forma destructiva (agresividad, ansiedad). Los problemas de conducta son manifestaciones de la violencia, entendiendo por violencia aquello que nos impide llegar a ser lo que podemos ser desarrollando nuestras capacidades, lo que nos impide recrearnos. Puede ser una violencia contra uno mismo, como en el caso de la ansiedad o contra los demás como en las conductas agresivas. Los problemas de conducta afectan a la persona que los presenta y a todos los miembros de los sistemas a los que pertenece.

Hay personas con trastornos de conducta, pero también hay sistemas u organizaciones neurotizantes que generan problemas de conducta en las personas o complican la evolución positiva de las personas con dificultades. Utilizaremos de forma indistinta los términos problemas y trastornos de conducta, aunque usaremos preferentemente el término de *trastorno* al referirnos a la dimensión individual y *problema* para hablar de las implicaciones sistémicas del trastorno.

Los trastornos de conducta son más estables, y por lo tanto más resistentes a la intervención, que los trastornos situacionales transitorios, pero menos persistentes que los trastornos estructurales como los trastornos de personalidad y la psicosis.

Las características fundamentales de los trastornos de conducta son las siguientes:

- Hacen referencia a un conjunto de conductas que por su intensidad, frecuencia y duración deterioran significativamente el proceso de desarrollo personal y social.

- El comportamiento es evaluado como alterado en referencia a una norma de edad o evolutiva. Lo que juega un papel adaptativo en una edad puede resultar alterado en otra.

- La norma para evaluar una conducta como patológica debe tener en cuenta las características del medio educativo, social y cultural al que pertenece la persona, ya que la conducta es altamente influenciable por el entorno.

- El comportamiento alterado supone una pauta conductual relativamente estable.

- La conducta alterada afecta de manera significativa a la relación del sujeto con el medio social.

La gravedad o importancia de los trastornos de conducta se mide por el deterioro o grado de incapacidad que ocasionan en la vida afectiva, social y laboral de las personas.

Los problemas de conducta pueden ser "explosivos", que llaman poderosamente la atención, como el trastorno disocial; o "implosivos", que se rompen hacia dentro, y que aunque no llaman tanto la atención causan un sufrimiento personal importante como ocurre con la ansiedad y la depresión.

En el ámbito educativo, los alumnos con problemas de conducta presentan necesidades educativas especiales que requieren de aprendizajes y recursos excepcionales para adquirir las estrategias y habilidades sociales que les permitan integrarse creativamente en la sociedad para mejorarla.

En la Figura n.º 7 aparecen las distintas definiciones de problemas de conducta dadas por el panel de expertos en el primer cuestionario abierto, ordenadas según la importancia otorgada por el mismo grupo de profesionales en el segundo cuestionario. La escala valorativa va del 1 (totalmente en desacuerdo) al 7 (totalmente de acuerdo).

Ítems	¿Qué entiende usted por problemas de conducta?	Media
1	Cuando el comportamiento y las actuaciones de una persona tienen repercusiones negativas sobre ella misma (afectivas) y sobre todo en el medio en que desenvuelve su vida (familia, escuela, trabajo, vecinos) por romper las normas establecidas de convivencia y perturbar las mismas. Hay que evaluar la intensidad, duración, frecuencia, edad a la que se presenta y el medio socio-cultural para considerarlo como tal.	6,45

2	Comportamientos que dificultan gravemente la convivencia y que suponen para el niño o joven que los protagoniza un handicap para su desarrollo ya que lo sitúan fuera de los contextos normales de socialización.	5,16
3	Comportamientos que atentan de modo grave contra normas democráticamente establecidas, socialmente admitidas y de sentido común, teniendo como consecuencia una alteración grave del contexto en el que se producen, dificultando o incluso impidiendo, el logro de un clima adecuado para desarrollar los procesos que se pretenden.	5
4	Frecuentes modos inadecuados de interacción con el medio, dando lugar a conflictos en las relaciones interpersonales y sociales, debido a la ausencia de empatía por los derechos y sentimientos ajenos, junto con un alto grado de impulsividad.	4,9
5	Una conducta es un problema cuando interfiere en el bienestar personal, en el desarrollo social adecuado, afecta a la maduración del individuo, a las habilidades de aprendizaje, competencia y autoestima.	4,9
6	Desde el ámbito educativo hay que hablar de la incapacidad de algunos alumnos para adaptarse a la norma establecida, bien sea por un trastorno de índole orgánico, por no trabajarse desde el ámbito familiar diferentes aspectos educativos en las edades tempranas, o porque la norma no es suficientemente flexible para poder dar una respuesta adecuada a las necesidades de la diversidad del alumnado.	4,58
7	En un contexto concreto (espacio-tiempo, con normas acomodadas a su capacidad y comprensión) un alumno tiene problemas de conducta cuando por sí mismo y de forma no esporádica, no sintoniza con el trabajo y con la vida escolar, respondiendo con despectivo negativismo delante de las actividades que se le proponen, cuestionando la legitimidad de la intervención, actuando con insubordinación delante de la autoridad educativa.	4,33
8	Comportamientos más allá de los límites tolerables. Los límites varían según culturas, grupos, épocas.	4,08
9	Si entendemos la conducta como la expresión del ser humano, problemas de conducta abarcarían todo los trastornos de la patología psíquica. Pero vamos a centrarnos en los problemas del comportamiento: hipercinesia, trastornos disociales, etc.	4,07
10	Comportamientos inadecuados en el medio usual que contribuyen a dificultades o conflictos en las relaciones de los sujetos entre sí y con otros, por lo general relacionados con diferentes puntos de vista: adultos-niños, padres-hijos, profesores-alumnos,...	4

11	Desde el contexto escolar, entiendo que son las dificultades que pueden surgir en el proceso de adaptación adecuado a las normas de convivencia del entorno (familiar, escolar y social) en donde se desarrolla la vida cotidiana de los niños.	4
12	Conductas que impiden al individuo desarrollar todo su potencial como ser, conforme a su edad mental y cronológica en su medio sociofamiliar.	3,75
13	La conducta problemática es una conducta enmascaradora del malestar emocional, que cumple la finalidad de buscar el bienestar psíquico: atención, cariño, autoestima. La conducta enmascaradora es una conducta analgésica, hace que nos sintamos mejor, proporcionando seguridad o confianza.	3,50

Figura n.º 7. Definiciones de problemas de conducta.

La descripción mejor valorada por el grupo de expertos de la técnica Delphi, considera que existe un **problema de conducta** cuando el comportamiento de una persona tiene repercusiones negativas para ella (afectivas) y el medio en el que desarrolla su vida (familia, escuela, trabajo, vecinos) por romper las normas de convivencia. En su diagnóstico hay que evaluar la intensidad, duración, frecuencia, edad a la que se presenta y el medio socio-cultural.

En los distintos ítems sugeridos por el grupo de expertos se pueden encontrar una gama rica de matices entre los que podemos destacar los siguientes: los problemas de conducta dificultan gravemente la convivencia y afectan a la persona que los presenta y al sistema; algunos sistemas como la escuela acaba patologizando la diversidad de los alumnos por falta de flexibilidad y recursos para atender sus necesidades educativas; son comportamientos más allá de los límites tolerables, límites que varían según las culturas, grupos, edad; dificultades que pueden surgir en el proceso de adaptación a las normas de convivencia; conductas que impiden al individuo desarrollar todo su potencial como ser; los trastornos son conductas enmascaradoras del malestar emocional que buscan el bienestar psíquico.

1.2. Problemas de conducta más frecuentes

Se les preguntaba al grupo de expertos: desde su experiencia profesional, ¿cuales son los problemas de conducta más frecuentes que presentan los niños/as desde la infancia hasta la adolescencia? Las respuestas aparecen priorizadas según la puntuación media dada por el grupo de profesionales, en la Figura n.º 8.

En esta relación de ítems observamos conductas que son síntomas de alguno de los síndromes más frecuentes. Así la conducta disocial tiene entre sus síntomas: no respetar normas en casa y en la escuela, fracaso escolar, conductas disruptivas en el aula, absentismo escolar, agresiones verbales o físicas, robos, delincuencia, fugas del hogar. Otros ítems se refieren a trastornos de conducta definidos como tales en los manuales de salud mental (DSM-IV y CIE-10): negativismo desafiante, déficit de atención con hiperactividad, conducta disocial, trastorno explosivo intermitente, alteraciones de la conducta alimentaria.

Por último, aparecen problemas de los sistemas familiar, escolar y social que inciden en la presencia, intensidad y duración de estos trastornos, como son el soporte familiar inadecuado, la escasa adaptación curricular y organizativa de los centros educativos a las necesidades de los alumnos y la problemática social que incide sobre las conductas de los jóvenes.

Ítem	Problemas de conducta más frecuentes	Media
1	No respetar las normas en la casa.	4,46
2	Problemas interpersonales: déficit en habilidades sociales.	4,46
3	Comportamientos oposicionistas y desafiantes.	4,38
4	Problemática sociofamiliar: soporte familiar inadecuado.	4,30
5	Fracaso escolar.	4,23
6	Impulsividad.	4,16
7	Trastorno de ansiedad.	4
8	No respetar normas en la escuela.	4
9	Conductas disruptivas en la clase.	4
10	Los problemas de conducta manifiestan los problemas de las instituciones para dejar crecer en libertad a los jóvenes y atender a su diversidad. Todo lo que no se somete a la norma del sistema es patologizado, en lugar de cambiar el sistema para atender mejor las necesidades de los chavales.	3,63

11	Déficit de atención con hiperactividad.	3,61
12	Trastornos disociales en preadolescentes y adolescentes.	3,58
13	Celos.	3,53
14	Agresiones verbales y físicas entre iguales.	3,30
15	Reacciones adaptativas y del vínculo.	3,15
16	Aislamiento, timidez.	2,91
17	Absentismo escolar.	2,84
18	Trastorno explosivo intermitente.	2,83
19	Agresiones verbales y/o físicas con los padres.	2,76
20	Violencia en la casa.	2,76
21	Conductas destructivas del material escolar y urbano.	2,69
22	Alteraciones del sueño: falta de hábitos, terrores nocturnos.	2,69
23	Conductas de riesgo: alcohol, sustancias tóxicas, salud sexual.	2,66
24	Agresiones verbales y/o físicas con los profesores.	2,61
25	Robos pequeños o mayores (dinero, teléfono móvil, coche).	2,46
26	Enuresis y encopresis.	2,16
27	Violencia en la escuela.	2,07
28	Alteraciones en la conducta alimentaria: anorexia, bulimia.	2
29	Delincuencia.	1,69
30	Fugas del hogar.	1,53
31	Mutismo selectivo.	1,3

Figura n.º 8. Problemas de conducta más frecuentes.

La información del grupo de expertos podemos agruparla entorno a los siguientes aspectos fundamentales:

1.2.1. Trastornos de conducta más frecuentes

Las consultas que recibimos con más frecuencia las profesiones de ayuda (educación, salud mental y servicios sociales) están relacionadas con los siguientes problemas prioritarios:

1.1. Comportamientos oposicionistas desafiantes.

1.2. Trastorno de ansiedad.

1.3. Trastorno por déficit de atención con hiperactividad.

1.4. Trastorno disocial.

1.5. Agresión entre iguales.

1.6. Trastorno explosivo intermitente.

1.7. Violencia y maltrato en la familia.

1.8. Alteraciones del sueño: falta de hábitos, terrores nocturnos.

1.9. Conductas de riesgo: alcohol, sustancias tóxicas, salud sexual.

1.10. Alteraciones de la conducta alimentaria: anorexia, bulimia.

Otras consultas frecuentes hacen referencia a características de los sistemas sociales en los que nos desarrollamos, que favorecen la presencia de problemas o matizan su frecuencia, intensidad y duración, son lo que conocemos como **códigos Z**.

1.2.2. Códigos Z: incidencia de los sistemas familiar, escolar y social

El CIE-10 (Clasificación Internacional de Enfermedades. Trastornos mentales y del comportamiento, de la Organización Mundial de la Salud) denomina como códigos Z a los factores que influyen en el estado de salud y en el contacto con los servicios de salud.

Entre estos factores incluye problemas relacionados con la educación, el empleo, la vivienda, condiciones socioeconómicas, ambiente sociocultural. Problemas sobre la crianza de los niños: control adecuado, sobreprotección, institucionalización, abandono emocional, culpabilización. Dificultades relacionadas con el grupo de apoyo: soporte familiar inadecuado, problemas entre la pareja, ausencia de miembros de la familia. Problemas sobre el estilo de vida: alcohol, drogas, tabaco, dietas inapropiadas. Historia familiar de trastornos mentales o de conducta.

Dentro del ámbito educativo, los problemas más frecuentes con los que nos encontramos hacen referencia prioritariamente a los siguientes aspectos:

a) En el ámbito familiar. Clima familiar desestructurado o soporte familiar inadecuado, que se puede manifestar en las siguientes características: falta de normas y límites, estilos educativos autoritarios o permisivos, no asumir conjuntamente la responsabilidad educativa por parte de los padres, falta de autonomía y responsabilidad, escasa comunicación y diálogo, situaciones de crisis cronificada, falta de estrategias para poner límites y solucionar conflictos.

b) En el ámbito escolar. Un currículo poco adaptado a las necesidades de los alumnos. Falta de atención individualizada a los alumnos con dificultades, escasa educación en valores, ausencia de normas de convivencia consensuadas, competitividad y poco trabajo cooperativo, discrepancia de criterios entre el profesorado y con la familia, deficiente formación específica del profesorado en conocimiento de los trastornos de conducta y estrategias de solución de conflictos, poca conexión entre el mundo escolar y laboral.

c) En el ámbito social. Problemas relacionados con el empleo, la vivienda y condiciones socioeconómicas; exclusión y rechazo social; grupos y situaciones de riesgo.

1.3. Multicausalidad de los problemas de conducta

En los problemas de conducta influyen múltiples variables, tanto de tipo biológico y constitucional como psicológico y ambiental. Tenemos que contemplar la interacción de factores genéticos, neuroquímicos, familiares, escolares, sociales y de la propia personalidad. Es hora de superar la causalidad lineal, que crea culpables, y descubrir la causalidad circular o multicausalidad que crea corresponsables en la solución de los problemas. Dentro de esta visión multicausal, los expertos dan mayor importancia a las variables de tipo personal y al estilo educativo inadecuado tanto familiar como escolar (ver Figura n.º 9).

Ítems	¿Cuáles cree usted que son las posibles causas de los problemas de conducta?	Media
1	La etiología es multifactorial: desde factores genéticos y neuroquímicos, a factores del medio familiar y socioescolar, así como a la propia personalidad.	6,23

2	Problemática familiar grave: malos tratos físicos y psíquicos, alcoholismo, enfermedad psíquica en los padres, falta de modelo familiar.	5,53
3	Incapacidad familiar para contener/controlar/dirigir.	5,50
4	Educación familiar muy permisiva, laxa, sobreprotectora, sin límites claros, con dificultades para contener y manejar situaciones conflictivas.	5,38
5	Fracaso del sistema escolar: rigidez y poca flexibilidad en los métodos de enseñanza; y fracaso escolar de los alumnos por baja autoestima.	5,36
6	Desorientación familiar: pensar que todo se debe a la inmadurez y que ya desaparecerá; no aceptar el problema.	5,25
7	Educación familiar muy autoritaria, excesivamente rígida y dominante.	5,07
8	Debilidad de los modelos de autoridad clásicos (padres, maestros).	5
9	No detección temprana y falta de intervención profesional preventiva.	4,91
10	Falta de formación del profesorado en estrategias para abordar los conflictos y la atención a la diversidad de los alumnos.	4,83
11	Incapacidad escolar para contener/controlar/dirigir.	4,80
12	Una sociedad con una escala de valores basada en la satisfacción inmediata o consumismo y la falta de esfuerzo y voluntad.	4,69
13	Características de la personalidad/temperamento del joven: impulsividad, escasa resistencia a la frustración, hiperactividad.	4,69
14	Discrepancia de criterios educativos entre la familia y de la familia con el centro educativo o profesionales de ayuda.	4,66
15	Necesidades afectivas insatisfechas: apego ansioso e inseguro.	4,50
16	Patologización excesiva, delegando la solución familiar o escolar en los profesionales de salud mental.	4,38
17	Escasos programas preventivos prenatal, perinatal y postnatal, en el ámbito sanitario.	4,25
18	Nivel socioeconómico bajo.	3,08
19	Factores biológicos y constitucionales (bioquímica, genética, sexo, dieta).	2,66
20	Ausencia de moral laica que llene el vacío dejado por el abandono de la religión.	2,33

Figura n.º 9. Multicausalidad de los problemas de conducta.

Podemos sintetizar la multicausalidad de los problemas de conducta agrupando los distintos factores entorno a las siguientes categorías:

- **Etiología multifactorial.** La propia personalidad, factores genéticos y neuroquímicos, del medio sociofamiliar y socioescolar.

- **Problemática familiar grave.** Incapacidad familiar para contener/controlar/dirigir. Educación muy permisiva o excesivamente autoritaria.

- **Fracaso del sistema escolar.** Rigidez y poca flexibilidad curricular, poca adaptación curricular a las necesidades de los alumnos, necesidad de mejorar la formación específica del profesorado, incapacidad escolar para contener/controlar/dirigir.

- **No detección temprana.** Falta de programas integrales de prevención.

- **Quiebra de valores.** Sociedad con escala de valores consumistas y de satisfacción inmediata.

- **Falta de coordinación.** No existe una unidad de criterios de actuación en la familia, en el colegio y entre la escuela y la familia.

- **Patologización excesiva.** Delegar la solución familiar o escolar en los profesionales de salud mental.

1.4. ¿Cómo hacer prevención?

El panel de expertos está muy de acuerdo (6,09) con que podemos hacer prevención de los problemas de conducta. Está parcialmente de acuerdo (3) con que es difícil prevenir los problemas de conducta, dado que los trastornos suelen ser la consecuencia de una patología (disarmonía, inadecuación) familiar y/o social creada, a menudo, por la propia ordenación social. Están totalmente en desacuerdo (1,72) con que no podamos hacer nada para prevenir los problemas de conducta.

Podemos distinguir dos tipos de prevención:

- **Prevención integral.** Respuesta global a los problemas de comportamiento desde una visión ecosistémica, que implica actuaciones interinstucionales coordinadas, de los medios de comunicación social y opciones sociales y políticas claras para optimizar los recursos existentes y dotar de los medios necesarios para mejorar el bienestar social. Se trata de cambiar los sistemas para mejorar la calidad de vida de las personas.

- **Prevención parcial.** Es una respuesta más individualizada, centrada en aplicar programas específicos destinados a hacer frente a los problemas de comportamiento. Se busca atajar el problema individual y no tanto el cambio de los sistemas en los que se produce la situación conflictiva.

1.4.1. Estrategias de prevención integral

El grupo de expertos prioriza claramente las actuaciones de prevención integral en la Figura n.º 10:

Ítem	¿Cómo podemos hacer prevención de los problemas de conducta?	Media
1	Coordinación interdisciplinar de los recursos de Educación, Servicios Sociales y Salud Mental para desarrollar Planes Integrales de Prevención.	6,15
2	Detectar poblaciones de riesgo y realizar programas socio-sanitario-educativos preventivos.	6
3	En el ámbito educativo: actitud positiva de los profesores para atender a los alumnos con problemas, trabajo cooperativo, unificación de pautas de actuación entre el profesorado y con la familia.	6
4	En el ámbito de la administración educativa: dotar de los recursos humanos y materiales necesarios para atender a los alumnos con problemas de conducta.	5,91
5	Dotación y profesionalización de los equipos que trabajan en los ámbitos educativo, sanitario y social.	5,84
6	En el ámbito familiar: tener habilidades de comunicación padres-hijos, expectativas positivas realistas de futuro con los hijos, ambiente estructurado, intervención temprana, unificación de pautas entre los padres, límites claros, estilo educativo democrático y afectuoso, progresiva autonomía de los hijos en la toma de decisiones, favorecer la identidad personal y la autoestima.	5,83
7	Formación y supervisión de los profesores.	5,41

8	Ayudar a los jóvenes a interiorizar el cómo y el porqué de las costumbres, hábitos y valores sociales para que lleguen a elaborar su propia escala de valores.	5,41
9	Formación y supervisión de padres.	5,33
10	Formar a los jóvenes para ser críticos con la sociedad, con su sistema de valores y tener una escala de valores personalizada más humana y solidaria.	5,08
11	Querer a los jóvenes por encima de todo y comprender sus peculiaridades.	5,08
12	Flexibilizar la adquisición de normas sociales adaptándose a los ritmos de cada persona, respetando la diversidad como enriquecimiento social.	5
13	Diálogo frecuente sobre su visión del mundo, que puede aportar cada uno para mejorar el mundo.	4,75
14	Programas preventivos prenatal, perinatal y postnatal.	3,92
15	Medios de comunicación: campañas informativas de prevención.	3,91
16	En educación: detectar en educación infantil las patologías y niños/familias de riesgo.	3,45

Figura n.º 10. Prevención de los problemas de conducta.

Podemos agrupar estas actuaciones preventivas entorno a los siguientes ejes estratégicos:

a) **Coordinación interinstitucional** de los recursos de Educación, Salud Mental y Servicios Sociales para detectar poblaciones de riesgo y desarrollar Planes Integrales (socio-sanitario-educativos) de Prevención. Programas preventivos prenatal, perinatal y postnatal. Campañas preventivas en los medios de comunicación. Mayor dotación y profesionalización de los equipos de profesionales que atienden los problemas de conducta desde los ámbitos educativo, sanitario y social.

b) En el *ámbito educativo*: **actitud positiva del profesorado** para atender a la diversidad, mayor formación sobre problemas de conducta y mayor dotación de recursos humanos y materiales para atender estas necesidades.

c) En el *ámbito familiar*: **estilo educativo recreador,** esto es, amor incondicional a los hijos, integrando normas, diálogo y autonomía. Formación y apoyo a las familias.

d) Formar a los jóvenes para que sean críticos y autónomos, con una **escala de valores personalizada, solidaria y recreadora.**

e) En el *ámbito de los medios de comunicación*: campañas informativas y de prevención.

1.4.2. Programas de prevención

Consideramos interesante hacer referencia a algunos de los programas de prevención más relevantes que se están llevando a cabo en nuestro país y que agrupan algunas de las estrategias enumeradas por nuestro equipo de expertos.

*   **"Convivir es vivir".** Coordinado por la Dirección Provincial del MEC y patrocinado por la Delegación del Gobierno de Madrid. Establece un mecanismo de coordinación interinstitucional para favorecer la convivencia y educar en la no violencia (Autoría compartida, 1999).

*   **"Programas de educación para la tolerancia y prevención de la violencia en los jóvenes".** Dirigido por la profesora M.ª José Díaz-Aguado (2004) de la Universidad Complutense de Madrid.

*   **Programa educativo de prevención del maltrato entre compañeros.** Organizado por la Consejería de Educación de Andalucía, Universidad de Sevilla (Ortega, 1999). El Programa surge del Proyecto SAVE (Sevilla Antiviolencia Escolar) que luego es asumido por la Junta de Andalucía como modelo de intervención con el nombre de Proyecto ANDAVE (Andalucía Antiviolencia Escolar).

*   **Programa de educación municipal "Aprender a convivir"** (Jares, 2001). Orientado al desarrollo de la convivencia democrática en los centros educativos. Está financiado por la Concejalía de Educación y Mujer del Ayuntamiento de Vigo, a iniciativa del colectivo Educadores/ as por la Paz de Nova Escola Galega.

Desde el curso 2005-06 prácticamente todas las comunidades autónomas tienen elaborados Planes de Mejora de la Convivencia y Prevención de la Violencia Escolar, a los que haremos referencia en el próximo apartado. El Plan de Convivencia del MEC contempla actuaciones de apoyo y coordinación entre las distintas autonomías.

1.5. ¿Qué pueden hacer los centros educativos?

Desde una perspectiva interdisciplinar, los profesores pueden ayudar a los alumnos con las actuaciones que se detallan en la Figura n.º 11 y que sintetizamos en las siguientes ideas eje:

• Pedir ayuda respetando los cauces establecidos. Tutoría, departamento de orientación, equipo de orientación externo, servicios de salud mental y servicios sociales. Trabajar interdisciplinarmente, coordinándose con los otros profesionales.

• *Hablar con los alumnos.* Escucharlos, respetarlos, amarlos, adaptar el currículo, no aislarlos, favorecer su integración.

• *Centrarse en el papel de educador.* Sin redentorismos, no tratar de resolver lo irresoluble, no dejar sólo al crío, hablar con los anteriores profesores del alumno, pedir ayuda a otros profesionales cuando nos sobrepase el problema.

• *Hablar con la familia.* Valorando los cambios de los chavales.

• *Funcionamiento real de la tutoría.* Consensuar normas, unificar pautas entre el equipo docente, desarrollar programas de habilidades sociales.

• *Favorecer la información y formación de los padres* sobre sus hijos y los problemas de conducta.

Ítems	¿Qué pueden hacer los centros educativos?	Media
1	Recurrir a los medios de ayuda de que se dispone a nivel institucional, sin quemar etapas: primero actuar a nivel de tutoría y familia, luego solicitar la evaluación del departamento de orientación, que pedirá la colaboración del equipo do orientación específico, si lo estima necesario, así como la intervención de salud mental y servicios sociales, si fuera necesario.	6,07
2	Hablar con el alumno, escucharlo y favorecer a su integración, no aislarlo.	6

3	Saber su propio rol y función, así como sus límites, sin caer en el redentorismo, para saber pedir ayuda a los otros servicios o lugares y trabajar en equipo e interdisciplinarmente. No tratar de resolver lo irresoluble (graves problemáticas familiares) ni dejar al niño solo en esas situaciones.	6
4	Tratarlos con respeto y amor, exigirle conforme a su edad e inteligencia, no buscar culpables sino la colaboración responsable.	5,91
5	Hablar con la familia para comunicar lo que ocurre y valorar cambios familiares, sin prejuzgar a los padres. Llegar a una colaboración y planteamientos comunes de actuación con los padres.	5,84
6	Cualidades como el diálogo, aceptación, escucha, firmeza en los límites y respeto a la persona del alumno.	5,83
7	Valorar los cambios de los chavales, si es relacional o académico, si afecta a las relaciones con el profesor, con el grupo de iguales o con ambos, hablar con los profesores anteriores y revisar el expediente académico y constatar si se dieron situaciones similares.	5,61
8	Un cambio de actitudes en el profesorado para percibirse más como educadores y transmisores de valores que como almacén de conocimientos.	5,58
9	Educar democráticamente, en el respeto a los demás y las normas consensuadas entre todos, en la autonomía, en la responsabilidad en sus tareas, en el espíritu crítico, en "aprender a aprender".	5,50
10	Funcionamiento eficaz de la tutoría: trabajar programas de habilidades sociales, unificar pautas de actuación entre el equipo docente y entre el centro educativo con la familia, participación del alumnado en las sesiones de evaluación.	5,41
11	Favorecer la información y formación de los padres sobre la formación de sus hijos a través de las escuelas de padres.	5,41
12	El profesor debe ser un modelo de conducta reflexiva y mediador de conflictos.	5,33
13	Responsabilizar al alumno de tareas dentro de la propia aula y del centro educativo (delegados, deportes, festivales, organización de excursiones...).	5,33
14	Adaptar el currículo, la metodología y las tareas a las necesidades del alumno.	5,25

15	Favorecer la participación del alumnado en la elaboración y aplicación de las normas de convivencia, realización de asambleas para revisar el funcionamiento del grupo y de las normas.	5,25
16	Analizar su papel como educadores, qué y cómo se está haciendo en su centro. Conscientes de que el sistema de enseñanza y los propios docentes son factores que inciden en el éxito o fracaso escolar.	5,16
17	No compadecerse del alumno y sobrecompensar lo deficitario siendo más permisivos.	5,08
18	Utilizar los refuerzos sociales con las conductas adecuadas y evitar prestar atención a las conductas disruptivas.	4,75
19	Repasar y analizar con el niño su historia vital, utilizando por ejemplo la técnica "Libro de la vida". Buscando explicaciones y coherencia a episodios de su vida que a ellos les resultan incomprensibles o para los que tienen explicaciones irracionales o fantásticas.	4,08

Figura n.º 11. ¿Qué pueden hacer los centros educativos?

1.6. El nuevo perfil profesional de educador

Muchos profesores no se sienten educadores. Consideran que su función es dar clase de una materia pero no enseñar a los alumnos a ser mejores personas, más solidarios. Este papel se le atribuye más al profesor tutor, función que no goza de demasiado prestigio ni entre el profesorado ni por parte de la Administración. Sin embargo la realización de las tareas que acabamos de mencionar en el apartado anterior requiere un nuevo perfil de educador y no sólo de profesor. El profesor se centra más en la información y el educador en la formación de la persona del alumno.

Según el panel de expertos el nuevo rol de educador que tendrían que desarrollar los profesores se define por las características aportadas en la Figura n.º 12.

Ítems	Modelo de profesor – educador que necesitan los alumnos	Media
1	Capacidad para evaluar el propio trabajo y cambiar cosas, sin atribuir siempre la culpa a las características del alumno. Que aprenda a mejorar su práctica educativa a través de la reflexión sobre los éxitos y fracasos desde una perspectiva sistémica o global.	5,91

2	Profesores que se respeten entre ellos y respeten las normas de funcionamiento y estructura del centro educativo. Si no se respetan los profesores entre ellos, los alumnos no los van a respetar. El profesor debe ser un modelo de comportamiento reflexivo.	5,66
3	La relación más importante para los niños después de los padres y de sus pares son los maestros. Los profesores pueden ser adultos alternativos en situaciones familiares difíciles, no tienen que ser padres, pero para los niños la instrucción es más importante que la relación interpersonal. La instrucción es importante, pero más recuperable que la relación.	5,58
4	Con capacidad de motivación, buen transmisor de conocimientos, activo, implicado, flexible, respetuoso con los alumnos, dialogante, que valora más el factor humano que lo académico, con capacidad de trabajo en equipo.	5,58
5	Capacidad de escuchar, abiertos al contacto emocional, promoviendo momentos que permitan la confidencialidad. Respetuosos con las personas de los niños-adolescentes y con sus padres.	5,50
6	Un educador apasionado con su trabajo, bien formado, con inteligencia y madurez emocional, con habilidades sociales, demócrata, firme, asertivo, asequible, optimista, dinámico, investigador, que haga reflexionar y fomentar el espíritu crítico, que favorezca "aprender a aprender" con autonomía y pasión.	5,41
7	Profesionalmente preparado (buen profesional), tanto en la materia como en psicopedagogía: con recursos pedagógicos, metodología rica y variada, recursos motivadores, buen manejo de grupos y resolución de conflictos.	5,41
8	Un profesor que tenga claras las reglas o normas y las consecuencias establecidas si no se cumplen. Las actuaciones tienen que ser coherentes con los planteamientos.	5,08
9	Que procure la justicia y la equidad en las actuaciones por ser valores que los adolescentes consideran fundamentales.	4,83
10	Que se sientan profesores para realizar un sueño y ocupar la vida en intentar alcanzarlo.	4,18
11	Como sean los profesores no tiene la más mínima influencia en la formación de una personalidad (a no ser que hablemos de internados y aún así tendrían que ser muy peculiares).	1,3

Figura n.º 12. Nuevo perfil de educador.

El nuevo rol de educador quedaría definido por las siguientes características:

- Un **investigador en la acción** que reflexione sobre su práctica educativa para mejorarla.

- Un **modelo de conducta reflexiva** que se refleja en el respeto que los profesores observan entre ellos y a las normas, como modelo para los alumnos.

- La **relación interpersonal** es más importante que la instrucción. Son los adultos alternativos en situaciones familiares difíciles.

- **Apasionado** con su trabajo, motivador, dialogante, capaz de escuchar y trabajar en equipo, abierto al contacto emocional.

- **Buen profesional,** tanto en la materia como en psicopedagogía.

- Que tenga **claras las normas** y las aplique con coherencia y estableciendo las consecuencias.

- Que tenga **sueños** y los intente alcanzar como profesional.

1.7. ¿Qué pueden hacer las familias?

Según los expertos los padres y madres podemos ayudar a nuestros hijos aplicando un estilo educativo que se podría sintetizar en el siguiente principio: porque amamos a nuestros hijos establecemos normas y límites aplicando las correspondientes consecuencias y siendo nosotros modelos de conducta reflexiva.

Las estrategias más importantes para ayudar a los hijos son:

- Hablar con los hijos: escucharlos, fijarse en sus cambios, conocer al grupo de amigos.

- No "activar" al hijo: no chillar, no precipitarse, ser modelo de conducta reflexiva.

- Establecer normas unificadas y aplicar las consecuencias (premios y castigos).

- Transmitir valores de respeto y convivencia.

- Hablar con los profesores, orientador y otros profesionales.

- Aceptar los problemas del hijo, ayudarlo, mejorar las disfunciones familiares y pedir ayuda profesional, si es necesario.

- Desarrollar las cualidades no afectadas por el problema: ocio, deporte, música, cine, intereses profesionales.

- Favorecer la autonomía personal evitando la sobreprotección.

- Amor incondicional a los hijos, confianza en sus posibilidades, exigencia en sus obligaciones, empatía con sus problemas.

Ítems	¿Qué pueden hacer las familias por sus hijos?	Media
1	Dentro de casa: hablar con los hijos; escucharlos; fijarse si se notaron cambios relacionales o en otros aspectos de su vida: situaciones recientes de cambio de amigos, duelos familiares; unificación de criterios entre los padres, abuelos, etc.; normas claras, consistentes y aplicación de las consecuencias establecidas.	6,08
2	No "activar" al hijo con su comportamiento: no chillar, no dar demasiadas órdenes, no precipitarse. Ser modelo de conducta reflexiva.	6
3	Establecer adecuadamente los premios y castigos y aplicarlo, no criticar constantemente, actuar según lo establecido.	5,91
4	Transmitir valores éticos de respeto mutuo e convivencia social.	5,75
5	En el colegio: hablar con la profesora sobre los posibles cambios del alumno, contactos frecuentes con los profesores para unificar criterios, consultar con el profesional de orientación, sanidad o servicios sociales si es necesario.	5,75
6	Los padres tienen que hacerse conscientes del problema y aceptar que su hijo necesita ayuda profesional.	5,66
7	Afrontar y tratar de solucionar las disfunciones familiares y/o de la pareja.	5,58
8	Desarrollar las áreas no afectadas por el problema (ocio, deporte, amigos, música, cine, TV).	5,58
9	Favorecer la autonomía personal y la relación con el grupo de iguales, evitando la sobreprotección.	5,58

10	Coordinar el intercambio de información entre los diferentes servicios de atención a su hijo (educativos, sanidad, servicios sociales).	5,53
11	Solicitar consulta y colaboración de los profesionales especializados para que actúen de forma unificada sobre la problemática.	5,50
12	Amor incondicional, paciencia, dedicación constante y sin desmayo, confianza en los aspectos positivos de su singularidad, alto grado de exigencia en el cumplimiento de "sus obligaciones".	5,33
13	Confiar en los aspectos benévolos o positivos de la personalidad de su hijo.	5,25
14	Comprender al hijo, ponerse en su lugar, tener empatía y amor.	5,25
15	Dialogar en la infancia sobre las normas y límites, en la adolescencia ya es tarde para empezar este diálogo. Afrontar los desacuerdos de forma razonable, saber convivir con las diferentes opiniones.	5,16

Figura n.º 13. ¿Qué pueden hacer las familias?

1.8. ¿Qué modelo de padre y madre necesitan los hijos?

Admitiendo que no hay un perfil de madre o padre ideal, que funcione eficazmente en todos los contextos, el grupo de expertos prioriza las siguientes cualidades y conductas.

Ítems	Modelo de madre y padre que necesitan los hijos	Media
1	Dialogantes, afectuosos, capaces de ver lo positivo, firmes en sus decisiones y convicciones, decididos a mantener los límites básicos, con autoridad, sin autoritarismo ni permisivismo.	6,53
2	Aquella situación en la que cada miembro parental sabe su función, introduce al otro miembro delante del hijo y la madre o el padre no se inhiben, no hay usurpación de funciones ni descalificaciones mutuas, estableciendo un clima necesario para que se produzcan las identificaciones con la madre o el padre suficientemente saludables.	6,23
3	Personas con capacidad de escucha, sobre todo afectiva, en ningún momento castigar con la retirada del afecto.	6,16

4	Capaces de fomentar progresivamente la autonomía personal, escolar y social de sus hijos y ser capaces de trasmitir unos valores éticos de respeto y convivencia social.	6,15
5	Capaces de separar sus conflictos laborales, de pareja, familiares, de las relaciones con sus hijos, especialmente en familias rotas o recompuestas.	6
6	Padres con acciones coherentes con sus palabras, comunicándose dentro de un sistema con afecto y respeto, evitando descalificaciones emocionales.	6
7	¿Hay que ser casi perfecto o tener unas cualidades especiales para educar con éxito? Creo que no, es más creo que la única "cualidad" que hay que tener para educar a un hijo/a es la voluntad de educarlo, de transmitirle lo que aprendimos hasta ese momento. Para esta tarea no se trata de no tener defectos sino de ser coherentes, de dedicar tiempo a la comunicación, de cometer errores y ser capaz de aprender de ellos, de ser capaces de pedir perdón cuando nos equivocamos, de tener sentimientos y no ocultarlos. En definitiva de ser nosotros mismos y ser capaces de autocorregirnos cuando nos equivocamos. Así, transmitiremos responsabilidad, coherencia, afectividad, respeto por uno mismo y por los demás y capacidad para aprender de los errores.	5,75
8	Lo importante es crear un medio afectivo de intercambios propio de toda relación de amor y afecto, en donde la peculiaridad de cada uno sea compatible con el respeto y la afectividad.	5,61
9	Un modelo de padre/madre democrático, dialogante, que sepa escuchar, asertivo, firme, sereno, afectivo, justo, ecuánime, optimista, que confíe en su hijo, que le dé seguridad, responsable, solidario, empático y con inteligencia emocional, emocionalmente equilibrados.	5,58
10	Compartir tiempos formales e informales para la interrelación, diálogo y convivencia padres-hijos.	5,58
11	Padres que reivindiquen su propia individualización y que favorezcan la individualización de los hijos. Que les muestren lo importantes que son para ellos sin atribuirle la responsabilidad de sus sufrimientos.	5,50
12	Expresar el amor que se siente hacia los hijos, siendo honesto y sincero en las expresiones afectivas. Capaces de hacer que los hijos se sientan queridos.	5,50
13	Transmisores de valores positivos hacia la vida sana, los aprendizajes, la cultura, la solidaridad, la responsabilidad.	5,41

14	Aquellos que luchan a diario con ellos mismos y el resto de la familia contra el modelo de sentir y percibir a los hijos como proyecciones nuestras. Respetar y comprender aquello que los hace individuos diferentes de "nuestro modelo" independientemente de su edad.	5,41
15	No creo que haya un modelo único de padres, pues eso supondría la uniformidad de la especie humana y suprimir la diversidad.	4,41
16	Ser una persona carismática, un líder nato delante de su hijo, que lo cautive porque todo lo hace por amor a su hijo, que viva con él aventuras singulares e irrepetibles.	2,75

Figura n.º 14. Modelo de madre y padre que necesitan los hijos.

Podemos sintetizar este perfil deseable de padre y madre en los siguientes aspectos prioritarios:

* Dialogantes, afectuosos, capaces de escuchar y ver lo positivo, decididos en los límites, sin autoritarismo ni permisivismo.

* Respeto mutuo entre las funciones de cada miembro parental, sin inhibiciones ni usurpaciones o descalificaciones.

* Capaces de fomentar progresivamente la autonomía personal.

* Capaces de separar los conflictos laborales, de pareja o familiares de las relaciones con los hijos.

* Coherentes con sus ideas y palabras, evitando descalificaciones globales o emocionales.

* Con voluntad de aprender a ser mejores padres y madres cada día reflexionando sobre su experiencia.

* Luchar por no ver a los hijos como proyección de ellos, sino que respetan su propia individualidad, sin atribuirle la responsabilidad de los sufrimientos de los adultos.

1.9. Propuestas generales de mejora

El panel de expertos considera que se puede mejorar la atención que reciben los alumnos con problemas de conducta utilizando las siguientes estrategias de tipo general, priorizadas en la Figura n.º 15:

- Dotar de personal y recursos necesarios a los equipos de profesionales que trabajan en este campo.

- Favorecer la profesionalización y encuentros entre los profesionales que atienden esta problemática.

- Unificar los criterios de intervención para evitar actuaciones contradictorias entre profesionales, que puedan desatar una mayor angustia.

- Favorecer desde la Administración el funcionamiento coordinado de los servicios de Educación, Salud Mental, Servicios Sociales y Menores, más allá del voluntarismo.

- Restituir al niño el valor de su acto y su responsabilidad.

Ítems	Propuestas generales para atender mejor a los alumnos con problemas	Media
1	Dotar a los equipos de profesionales que trabajamos en este campo con el personal y los recursos necesarios.	6,23
2	Favorecer la profesionalización de las personas que atendemos esta problemática.	6,16
3	A nivel institucional (familia, escuela, sociosanitario) tener presente un criterio unificado y coordinado de intervención, para que el crío vea un punto de referencia claro y a donde acudir, sino hasta las intervenciones o no intervenciones pueden desatar una mayor angustia y ser negativas	6,16
4	Favorecer, desde el ámbito político, el funcionamiento coordinado de los servicios de Educación, Salud Mental, Servicios Sociales y Menores. No se puede funcionar de forma voluntarista o a golpe de ideas o sobrecarga de los profesionales que en estos momentos estamos trabajando en los correspondientes servicios.	6,15
5	Restituir al niño el valor de su acto y su responsabilidad (distinta a la culpabilidad). Que reconozca que su acto es importante, que tiene un valor y consecuencias, eso ayuda a que vea que su comportamiento alterado debe ser controlado y que puede modificar su conducta mediante la ayuda psicológica, escolar, familiar, etc.	6,15
6	Por parte de la Administración, facilitar, o por lo menos no entorpecer, encuentros entre profesionales que trabajamos en este campo.	6

7	Modificar, diversificar y flexibilizar el sistema de enseñanza que resulta homogéneo y desmotivador para los alumnos. La escuela, con un elevadísimo índice de fracaso escolar, solamente fomenta sentimientos de inutilidad y minusvalía de los jóvenes que no tienen éxito, y deberíamos cambiarlo para desarrollar las capacidades del alumno e integrarse en la sociedad según sus intereses. Nuestra experiencia nos dice que alumnos con conductas disruptivas en la ESO, cambian radicalmente cuando se integran en programas de garantía social y acaban sacando el Graduado de Adultos y superando la prueba de acceso a los Ciclos Formativos de Grado Medio, cuando antes no aparecían por el Instituto.	6
8	Formación específica del profesorado sobre estrategias para gestionar el aula, actuar ante los problemas de conducta y solucionar conflictos.	6
9	Los padres deben reconocer la función de los distintos profesionales de educación o sociosanitarios que trabajan con su hijo y trasmitírselo a él, si hay una descalificación de los mismos por parte de los padres, no hay nada que hacer. Reconocer los problemas es empezar a solucionarlos.	6
10	Que cuenten con los profesionales que están trabajando en la práctica de estos temas, no sólo con los teóricos y políticos, para la elaboración de programas, planificación, creación y modificación de estructuras de atención al menor.	5,91
11	Flexibilidad en la composición de los grupos de alumnos en la escuela, cambiar la rigidez en la configuración de las aulas por otros criterios más heterogéneos y flexibles, que puedan modificarse según la evolución del grupo.	5,91
12	Programas socio-sanitario-educativos de prevención. Prevención desde los primeros años por parte de todo los estamentos implicados (familias, pediatras, guarderías, escuelas,...).	5,69
13	Es necesario hacer estudios longitudinales para ver la evolución de los alumnos con problemas de conducta y constatar la eficacia de las distintas intervenciones, para poder tomar medidas de prevención e intervención integral.	5,58
14	Programas educativos dirigidos a las familias. Escuelas de padres para ayudar a las familias a reflexionar y aprender a llevar a cabo una serie de recursos para ayudar a sus hijos.	5,58
15	Horas dentro del horario lectivo escolar para coordinarse la tutoría y el equipo docente, atender a las familias y comunicarse con los servicios de apoyo externos.	5,58
16	Más medios y más diversificados en los centros educativos: programas de garantía social, aulas-taller, jardines, trabajos manuales, granja,...	5,58

17	No duplicar/multiplicar organismos en los que se soslayen/superpongan algunas funciones.	5,53
18	Evitar el "queme" de los educadores, padres, orientadores, psicólogos y psiquiatras; esto sería básico, aunque no sé cómo se hace.	5,38
19	Más recursos personales (profesores de apoyo) para realizar los apoyos a los alumnos con problemas de conducta.	5,33
20	Centros de atención interinstitucional en los que sea posible diseñar un plan integral tanto de enseñanza como sanitario para una atención individualizada a los alumnos y familias.	5,30
21	Como padres se debe tener presente que cuando los niños se enfrentan a ellos, lo hacen con la figura que representan no con la persona, si el adulto no separa estos aspectos, se puede entrar en una batalla en la que el ganador va a ser siempre el crío y el premio es el problema de conducta.	5,30
22	Mayor implicación de las familias en la solución de los problemas. Hay un consumo de servicios y delegación/inhibición de responsabilidades en general que también incluye a algunas familias. Tratan de que sean otros los que se hagan cargo y resuelvan la situación que les afecta, quedándose aparte.	5,15
23	Ante la incapacidad de los padres y el "descontrol" de la escuela, cada vez más padres buscan internados, pero casi todos son privados y no están al alcance de la mayoría de las familias que tienen problemas. Cada vez más la demanda de los padres es la siguiente: ¿usted cree que si lo mandamos a un internado, irá mejor? Faltan internados públicos, que desde una perspectiva interdisciplinar favorezcan la socialización de los jóvenes y la capacidad de la familia para establecer límites, evitando la institucionalización de los alumnos con problemas.	3,91

Figura n.º 15. Propuestas generales de mejora.

- Mejorar la atención a la diversidad y la flexibilidad curricular y organizativa del sistema educativo y escolar.

- Mejorar la formación específica del profesorado para resolver conflictos y ayudar a los alumnos con problemas de conducta.

- Por parte de los padres: aceptar el problema, respetar a los profesionales y no descalificarlos delante del hijo.

- Elaborar programas socio-sanitario-educativos de prevención contando con los profesionales que están en la práctica y no sólo con teóricos y políticos.

- Hacer estudios longitudinales para ver la evolución de los alumnos con problemas de conducta y la eficacia de las estrategias adoptadas.

- Mayor protagonismo de la tutoría y horario disponible en los centros educativos para unificar criterios y atender a padres y alumnos.

- Programas educativos dirigidos a las familias a través de las escuelas de padres.

- Dotar a los centros educativos de recursos más diversificados: programas de garantía social, iniciación profesional, aulas-taller, granjas, jardines,…

- Evitar que se "quemen" los padres, profesores y profesionales que atienden los problemas de conducta.

- Dotar a los centros educativos de más profesionales para atender la diversidad de los alumnos: profesores de apoyo, logopedas, cuidadores, trabajadores sociales.

- Crear centros interdisciplinares en los que se pueda prestar una atención socio-sanitario-educativa a los alumnos y sus familias.

- Crear centros públicos con internado y de integración que permitan la socialización de los jóvenes y la mejora del estilo de vida familiar, sin institucionalizar a los alumnos más que el tiempo necesario para introducir cambios en el sistema sociofamiliar y escolar.

1.10. Conclusiones de la técnica Delphi

Como conclusiones de la técnica Delphi, el grupo de expertos hizo una serie de observaciones que aparecen en la Figura n.º 16, ordenadas según su importancia. Destacamos los siguientes aspectos:

- Existe un notable incremento de las consultas por problemas de conducta en los servicios de salud mental, aunque hay una baja prevalencia de trastornos de conducta, muchos casos son llamadas de atención y poca capacidad de los adultos para contener esas conductas.

- Es muy importante diferenciar lo que es un trastorno de conducta como problemática de salud mental, de lo que es la conducta alterada como forma de capricho o de conseguir hacer lo que se quiere, en la primacía de que vale todo para tener lo que le place, que en este caso, precisa de medidas propias a las consecuencias de su acto y no medicalizar o psiquiatrizar el problema.

Ítems	Observaciones y reflexiones finales	Media
1	Los últimos estudios realizados por esta Unidad de Salud Mental indican una baja prevalencia de los trastornos de conducta, pero un notable incremento de las consultas con esta queja. Un elevado porcentaje de estos casos, más que problemas de conducta, son llamadas de atención ante el abandono afectivo y una muy escasa capacidad de aguante por parte de los adultos que rodean al niño o adolescente.	5,76
2	Es muy importante diferenciar lo que es un trastorno de conducta como problemática de salud mental, de lo que es la conducta alterada como forma de capricho o querer hacer lo que se quiere, en la primacía de que vale todo para tener lo que le place, que en este caso, precisa de medidas propias a las consecuencias de su acto y no medicalizar o psiquiatrizar el problema. Por eso es importante diferenciar lo que es arbitrario y ganancia de su acto, de lo que es sufrimiento, lo que es gratificante en lo que se hace, de lo que es sufrimiento y hace síntoma.	5,61
3	Hay que evitar la expulsión de los alumnos a otros centros educativos, como mero traspaso de problemas.	5,50
4	En los centros educativos ayuda mucho tener una Dirección fuerte, que sepa por donde tirar y, aunque no sea popular, intente cambiar algo dentro del centro educativo para que el adolescente pueda evolucionar positivamente, en vez de aplicar el reglamento de régimen interno y expulsar al alumno a otro Instituto.	5,41
5	El aumento de las conductas problemáticas puede deberse a los cambios familiares: niños educados por personas que no son los padres (abuelos, guarderías, cuidadores, servicios sociales); padres desorientados, culpabilizados y permisivos; discrepancias de criterios educativos entre los padres; aumento de las separaciones conflictivas entre las parejas; aumento de las familias monoparentales con la falta de dos puntos de referencia paterno y materno,...	4,91

6	El aumento de las conductas problemáticas puede deberse a los cambios escolares: tendencia a la uniformidad en la educación cuando cada vez los alumnos son más diversos; aumento de la presión escolar con numerosos contenidos y actividades; metodología inadecuada y poco individualizada; desmotivación del alumnado y profesorado.	4,58
7	Desde el entorno educativo tampoco hay que dramatizar este tema. Las cifras que se utilizan están exageradas y sobredimensionadas por los medios de comunicación y por los propios profesionales que trabajamos en este campo.	4,33
8	Los cambios vertiginosos de la sociedad actual nos afectan a todos, en especial a los niños. Por eso los problemas de conducta van a más en cuanto a frecuencia, precocidad e intensidad	4,16

Figura n.º 16. Observaciones y reflexiones finales.

- En los centros educativos es fundamental tener una Dirección eficaz que intente cambiar algo en el Centro para ayudar a los alumnos, evitando las expulsiones como mero traspaso de los problemas a otro Centro.

- El aumento de conductas disruptivas puede deberse a cambios familiares, escolares y sociales complejos.

- Desde el entorno educativo no hay que restarle importancia a este tema, pero tampoco dramatizar. Las cifras que se utilizan a veces están sobredimensionadas por los medios de comunicación. La agresividad o violencia escolar no es más que el reflejo de los hábitos violentos de una sociedad competitiva y consumista.

- Los cambios vertiginosos de la sociedad actual nos afectan a todos, especialmente a los niños, incidiendo en la frecuencia, precocidad e intensidad de los problemas de conducta.

2. PLAN INTEGRAL DE MEJORA DE LA CONVIVENCIA Y PREVENCIÓN DE LA VIOLENCIA ESCOLAR

La técnica Delphi nos ha permitido ver la complejidad de los problemas de conducta desde una perspectiva interdisciplinar coherente con el paradigma de la complejidad integradora creadora y constatar la apremiante necesidad de hacer planteamientos de prevención e intervención que integren a los distintos profesionales y administraciones que ayudan a los jóvenes con dificultades. Ésta es una necesidad sentida por los profesores, padres y administraciones, que ven la urgencia de implicar a toda la sociedad y la comunidad educativa en la elaboración y aplicación de un Planes Integrales de Mejora de la Convivencia y Prevención e Intervención en los conflictos y problemas de violencia.

2.1. El tsunami de violencia: la convivencia como finalidad educativa

Aprender a convivir es una finalidad esencial de la educación y representa uno de los principales retos para los sistemas educativos actuales. Es un aprendizaje imprescindible para la construcción de una sociedad más democrática, más solidaria y más pacífica.

Vivimos en una sociedad con múltiples manifestaciones de violencia. Un gran *tsunami* de violencia parece inundar nuestra cultura: violencia consumista, violencia de los adultos padres o profesores con los jóvenes, violencia entre iguales, violencia de género que muchas veces termina con la vida de la mujer maltratada, violencia racista y xenófoba, violencia del futuro o del pasado, violencia interiorizada, violencia sistémica.

Aprender a convivir y hacer más sostenibles nuestras familias, nuestras escuelas, nuestra ciudad y nuestro planeta es la gran competencia básica educativa del siglo XXI. Por ello la convivencia tiene un valor proactivo y preventivo en el desarrollo de la persona y no sólo reactivo cuando ya detectamos problemas de conducta.

2.2. La punta del iceberg de violencia

Además de los problemas de conducta mencionados por el panel de expertos en la técnica Delphi, desde nuestra práctica orientadora, queremos resaltar la importancia de ciertas manifestaciones de violencia que afectan cada vez más frecuentemente al sistema familiar y escolar. La violencia entre padres, entre padres e hijos, entre hijos y padres, entre alumnos y profesores, entre profesores y alumnos y entre profesores Nos centraremos en cuatro facetas que vienen a ser la "punta del iceberg de violencia" que tiene otras muchas manifestaciones sumergidas que es conveniente ir haciendo visibles.

2.2.1. Violencia familiar: violencia de género y maltrato a los hijos

La violencia familiar es la intimidación, mediante amenazas o conductas agresivas, para ejercer el poder y el control sobre otra persona. Existen distintas formas de violencia familiar según se dirija a los mayores, entre cónyuges, a los niños, a las mujeres, a los hombres, a los discapacitados. También puede darse una violencia cruzada entre distintos miembros del sistema familiar. La violencia más frecuente es la que se dirige hacia los más vulnerables: los niños y las mujeres. Puede ser física o psíquica y ocurre en todas las clases sociales, culturas y edades. La violencia aplasta lo invisible de cada persona para que no pueda desarrollarse y transparentarse, no permite crecer a las personas haciendo visible su lado más invisible que las diferencia y dignifica.

La violencia se mantiene con la ley del silencio, ya que quienes la padecen por lo general tienen reticencia a denunciar lo que ocurre por múltipes motivos: esperanza de un cambio espontáneo de quien agrede, aceptación de las disculpas típicas del agresor y creer las promesas de que no volverá a suceder, los prejuicios sociales, las creencias ético-religiosas, la dependencia económica, el miedo a las represalias, el sentimiento de culpabilidad de la propia víctima, la falta de confianza en la eficacia en la justicia. Todo ello lleva al mantenimiento del vínculo violento en el que se instala la dependencia psíquica que impide romper el tipo de relación y que con frecuencia termina con la muerte de la víctima, como desgraciadamente podemos comprobar casi todos los días en las noticias: "un hombre que llevaba años aterrorizando a su familia mata a tiros a su esposa y a su hija embarazada" (El País, 28-8-06).

Es urgente un cambio radical en esta sociedad machista, competitiva y violenta, para acabar con esta violencia estructural y sistémica y no permitir que esto vuelva a ocurrir ya que las nuevas leyes y sus órdenes de alejamiento no son suficientes para hacer variar esta dramática situación.

Los niños son el otro grupo más vulnerable del sistema familiar. Los mayores agresores de niños, hoy y en todo el planeta, son los Estados que hacen la guerra y provocan derrumbamientos económicos y sociales (Cyrulnik, 2002). Las cifras de la agresión son obscenas: 30 millones de huérfanos en la India, 5 millones de niños discapacitados y 12 millones de niños sin cobijo; estos datos provocan un embotamiento intelectual en un mundo en el que todo está interrelacionado y en el que la aparente distancia del crimen no puede inhibir nuestra empatía y solidaridad.

En el **Foro Internacional sobre Infancia y Violencia** (2007), se abordan las manifestaciones de la violencia con los niños a nivel planetario agrupados en cuatro grandes ámbitos:

- **Violencia, infancia y sociedad.** La prostitución infantil, tráfico de niños, niños de la calle, explotación laboral, pornografía infantil en Internet, mutilación genital femenina.

- **Infancia y conflicto armado.** Niños víctimas de la guerra, niños víctimas del terrorismo, niños refugiados y desplazados, niños soldados, niños sicarios.

- **Violencia, infancia y familia.** Maltrato físico y negligencia, maltrato emocional, abuso sexual, infanticidios, niños testigos de violencia doméstica.

- **Violencia, infancia e información.**

La violencia de Estado se extiende sobre el planeta, pero los niños sólo se derrumban cuando se derrumba su entorno (Cyrulnik, 2002). Si nos centramos en el ámbito familiar, aún hay padres que consideran justo el maltrato físico o psíquico como medida disciplinaria y educativa. También se constata que la mayoría de los padres maltratadores fueron maltratados en su propia infancia. Las formas más habituales de violencia contra los niños en nuestro contexto son (Bringioti, 2000): abandono físico, maltrato físico, maltrato emocional, explotación laboral, mendicidad y corrupción, incapacidad parental para controlar al niño, participación en conductas delictivas junto con los padres y el abuso sexual.

La violencia se enseña y aprende, no es algo natural o heredado, por lo que cobra un papel fundamental la formación de los padres para darles herramientas que les permitan desarrollar un estilo educativo en el que se integren el amor incondicional, las normas y la autonomía.

Ante la menor duda de la presencia de malos tratos a los alumnos en el ambiente familiar, los profesores, asesorados por el orientador del centro educativo, tienen la obligación moral y legal, de poner en conocimiento de los servicios sociales de base la situación y la sospecha de posibles malos tratos. El orientador, además de dar las pautas al profesorado para atender de forma personalizada al alumno, valorará la necesidad de ponerse en contacto con el médico de familia, pediatra o psiquiatra que atiendan al crío para que hagan la correspondiente evaluación y tomen las medidas que estimen necesarias para proteger al menor, haciendo posteriormente un seguimiento interdisciplinar de las actuaciones y la evolución del alumno. Debemos estar atentos para ver lo invisible, no hace falta que el niño nos haga un dibujo de su familia con todos de espaldas, sin atreverse a dibujar ninguna cara de frente, para que sospechemos que allí pasa algo que nadie se atreve a denunciar.

El niño de 4 años que al entrar en el aula de Educación Infantil agarraba a las niñas por el cuello y las empujaba contra la pared como única forma de relacionarse, no tenía ningún trastorno en su cerebro, sólo nos estaba pidiendo ayuda, haciendo visible lo que aún era invisible para la escuela y la sociedad: la violencia de su padre con su madre en el ámbito familiar.

2.2.2. Los hijos tiranos: el síndrome del emperador

La cifra de denuncias de padres contra sus hijos por amenazas y violencia física se ha multiplicado por ocho en los últimos cuatro años en España (Garrido, 2005). Los hijos tiranos buscan poder hacer lo que quieren y ser las personas que controlan, a través de la amenaza y el miedo, la convivencia dentro de la casa. Estos menores acaban siendo crueles, egocéntricos, manipuladores, parásitos y pasan de todo, incluidos los padres. Entre las causas de estas conductas violentas podemos citar: las características de la personalidad del niño, los padres sin tiempo y herramientas para poner límites, profesores sin autoridad y una sociedad hedonista y permisiva que valida la perspectiva profundamente egocéntrica que tienen estos niños. Una persona se convierte en un tirano cruel cuando no está acostumbrada a que se le contradiga y cuando tiene la facultad de poder utilizar un castigo severo contra aquel que ose oponérsele. El objetivo es tener privilegios y poder, sin admitir desafío alguno. La característica principal del niño tirano es su falta de conciencia y sentimiento de culpa, que pueden convertirlos en personas violentas verbal o físicamente y en posibles maltratadotes. Su egocentrismo absoluto le impide el desarrollo de emociones morales como la empatía, el amor, la compasión, la responsabilidad, la piedad. Su inteligencia destructiva se nutre de pensamientos simplificadores, emociones desintegradotas y conductas agresivas. Hay que evitar culpar exclusivamente a los padres por no ser extraordinarios educadores para solucionar algo en lo que todos hemos participado; en este sentido, es útil recordar el aforismo masai: "se necesita a toda la tribu para educar a un niño".

Desde la escuela podemos poner límites y normas de convivencia y ayudar a las familias, a través de la tutoría y las escuelas de padres, a establecer consecuencias adecuadas a las conductas de sus hijos y solicitando la ayuda profesional adecuada para mejorar el sistema familiar. Cuando llegamos demasiado tarde y estas medidas no son suficientes, o en casos de extremada violencia, a los padres sólo les queda acudir a la Fiscalía de Menores, en donde ya frecuentemente les tomó la delantera el hijo para denunciarlos antes a ellos por lo que él considera malos tratos, porque no le dejan hacer "lo que le da la gana".

2.2.3. Conductas disruptivas

En la Educación Secundaria aparecen cada vez más conductas disruptivas que dificultan poder dar clase y llevar a cabo el proceso de enseñanza. Se observa también un incremento de las agresiones entre iguales, creando una gran sensibilidad y alarma social que afortunadamente motivó en muchos casos la puesta en marcha de medidas preventivas y Planes de Mejora de la Convivencia.

Podríamos decir que la disrupción es el problema de convivencia más frecuente en las aulas. Aunque hay tantos conceptos de disciplina e indisciplina como profesores, podemos definir la disrupción como un comportamiento del alumno que busca romper el proceso de enseñanza al ir contra la tarea educativa. La disrupción afecta a todo el alumnado, mientras que los trastornos de conducta se estima que puede afectar a un 20%.

Del análisis de los partes de clase en las aulas de la ESO, podemos observar el tipo de conductas disruptivas más frecuentes (Uruñuela, 2006):

- **Conflictos de rendimiento.** Pasividad, desinterés, apatía, no traer el material, estar fuera de clase.

- **Molestar en clase.** Hablar y no guardar silencio, levantarse sin permiso, mirar atrás, no dejar explicar al profesor, interrumpir el trabajo con bromas o gamberradas, molestar a compañeros, comer durante la clase, robar o romper el material.

- **Absentismo escolar.** No asistir a clase, o cuando se asiste provocar la expulsión continuada.

Estas conductas de rechazo al aprendizaje denotan un desajuste entre los objetivos y los logros de los alumnos y la falta de unificación de criterios de actuación del profesorado ante estos problemas. La disrupción aparece relacionada con el fracaso escolar, por lo que solucionar el fracaso escolar es solucionar las conductas disruptivas. El currículo es una de las causas de la disrupción: se dan los contenidos como indiscutibles, no opinables. En la escuela nunca entra lo que "sé y me interesa" del alumno.

Lo que más preocupa al profesorado es que estas conductas no permiten dar clase, pero a lo mejor es que hay que explicar menos y hacer más trabajo cooperativo y cambiar la dinámica del aula. Siendo un problema importante la disrupción en las aulas, no conviene magnificarlo intencionadamente para justificar posturas y medidas neoconservadoras.

Como reconoce el Informe del Defensor del Pueblo (2000), en algunos casos las conductas disruptivas son una respuesta desajustada a la violencia sistémica de la escuela obligatoria hasta los 16 años con un currículo homogéneo lejos de los intereses de algunos alumnos, a las normas de convivencia no siempre suficientemente consensuadas, al estilo docente de algunos profesores que en algunos casos incluye prácticas poco respetuosas con la personalidad de los alumnos, etc.

Para hacer prevención e intervención en las conductas disruptivas, además de las medidas de tipo individual, tendremos que cambiar en el sistema elementos tan importantes como el currículo, la organización, el estilo docente, el sistema de evaluación y las relaciones interpersonales.

2.2.4. El lado oscuro de la micropolítica: síndrome burn out y mobbing

Existen también problemas de relación entre el profesorado que afectan al clima de convivencia en la comunidad educativa. El análisis de la micropolítica en los centros educativos, el "lado oscuro de la vida organizacional" (Hoyle, 1986), nos permite contemplar la imagen de las escuelas como "arena política" en la que funcionan las siguientes reglas de juego complejas y diversas (Bolman y Deal, 1984):

- La mayoría de las decisiones importantes en las organizaciones conlleva distribución de recursos escasos.

- Las organizaciones son coaliciones compuestas de individuos y grupos de intereses que difieren en sus valoraciones, preferencias, creencias, informaciones y percepciones de la realidad.

- Las decisiones que se toman en las organizaciones emergen de procesos de negociación, pactos y luchas.

- Tanto el poder como el conflicto son características centrales en la vida de cualquiera organización, ya que los recursos son escasos y las diferencias lógicas.

Investigaciones sobre el estrés en las organizaciones distinguen dos tipos de trabajadores o personas: tipo A y tipo B.

El **tipo A**, en el que situamos a las personas reproductoras o destructivas, está sumido en un combate continuo en competición perpetua consigo mismo y con los demás para obtener unos objetivos difusos y que debe alcanzar en el menor período de tiempo posible. Viven atenazados por el sentimiento crónico de urgencia. Se trata de hacer más y más en cada vez menos tiempo. Son abiertamente competitivos, con enormes problemas para cooperar con otros. Responde al lema: "yo gano si tu pierdes".

El **tipo B** no presenta esa urgencia o necesidad de compararse sistemáticamente con los demás, de competir o de vivir contrarreloj. Son capaces de disfrutar de su trabajo y de hacerlo relajadamente, sin sentirse culpables. Son cooperativos y colaboran con otros trabajadores. En este tipo B podemos incluir a las personas creadoras y recreadoras. Responden al lema: "yo gano si tú ganas".

Además de las características personales de los trabajadores y su grado de evolución personal y profesional, hay variables de la micropolítica y de la macropolítica educativa que favorecen un clima agradable de trabajo o, por el contrario, crean una atmósfera irrespirable en los centros educativos que afecta a la salud mental y laboral del profesorado y por extensión a toda la comunidad educativa.

a) El síndrome *burn out* o profesor quemado

El síndrome de *burn out* (quemado o desgaste profesional) hace referencia a un tipo de estrés laboral que padecen de manera especial profesionales que se relacionan de forma constante y directa con otras personas con las que establecen una relación de ayuda (médicos, enfermeras, profesores). Suele sucederles a profesionales con un elevado entusiasmo, ideas y despliegue de energía en su trabajo. Se desencadena cuando el profesional se siente frustrado por no poder alcanzar determinadas expectativas, excesivamente elevadas, que tenía sobre su trabajo asistencial. A esta frustración ayuda de forma decisiva la sobrecarga de trabajo, la ausencia de apoyo organizativo, la falta de dotación de recursos personales y materiales, el caos, la desorganización, la confusión de roles profesionales. A esto hay que añadir la tensión que genera para el trabajador ir asumiendo los problemas de los demás, ir "tragándolos" o haciéndolos propios, llevándolos a casa, sin poder resolverlos y sin alcanzar aquello que se propuso en su carrera profesional.

Las manifestaciones habituales del síndrome son: sensación de cansancio o agotamiento emocional, sentimiento de improductividad y falta de realización profesional, alteraciones emocionales, conductuales, psicosomáticas, familiares y sociales. El trabajador que padece *burn out* atravesó por cuatro fases en su vida laboral: entusiasmo, estancamiento, frustración y apatía. Los problemas de disciplina de los alumnos y de convivencia entre el profesorado son dos de los factores que más se relacionan con el síndrome del "profesor quemado".

En general sólo se aborda el problema como algo individual, entendiendo que quien tiene el problema es el profesor y no el sistema que coloca al profesional en una situación límite en la que es difícil sobrevivir. La administración educativa debe asumir su responsabilidad de proteger a los trabajadores de la enseñanza de los riesgos laborales que ponen en peligro su salud mental y no tolerar condiciones de trabajo que resultan amenazantes para su integridad psíquica.

Es lamentable que no exista prevención alguna para afrontar este problema, y cuando ya ha resultado afectada la salud del profesor, la intervención se limite a diagnosticar el síndrome ansioso-depresivo, o la dolencia física que somatiza el malestar emocional, y se le conceda una baja para seguir el tratamiento farmacológico en casa. Cuando el profesor regrese al centro de trabajo, aparentemente recuperado, y vuelva a encontrarse con los mismos riesgos laborales, probablemente no tarde en necesitar otra baja. La solución está en cambiar las condiciones laborales y no sólo en medicar al profesor.

Mientras luchamos por cambiar esta visión simplista, tendremos que utilizar algunas estrategias de supervivencia, como pueden ser:

- **Compartir el conocimiento.** El trabajo en equipo del profesorado y con otros equipos interdisciplinares es la mejor estrategia para mejorar la calidad de la educación, para mejorar nuestra formación y mantener a salvo nuestra salud mental. Casi siempre se empieza por una terapia grupal espontánea para pasar luego a temas más profesionales.

- **Mejorar la información y formación.** Para desarrollar el trabajo de forma satisfactoria.

- **Reestructuración de los modelos mentales y estrategias contextualizadas.** Establecer prioridades para hacer lo posible, a lo imposible nadie está obligado; en general, deben ir en primer lugar las cosas difíciles. Utilizar estrategias de manejo del tiempo como: respetarse por encima de todo e integrarse mediante la relajación, establecer prioridades en las urgencias diferenciando lo esencial de lo importante, centrarse en la tarea presente (la difusión mental crea tensión), utilizar varias fuentes de información (da más complejidad y seguridad), dejar tiempos específicos para las interrupciones, tomar decisiones y superar la indecisión (una vez debe ser siempre suficiente), evaluar el proceso y el producto, recompensarse con tiempo libre.

- **Reclamar los recursos necesarios.** Comunicar a la administración las necesidades y recursos adecuados para atender adecuadamente el trabajo.

- **Plantear los cambios necesarios de paradigma, estructura o personas**. Para hacer compatible el desarrollo personal e institucional.

b) El *mobbing* o acoso psicológico en el trabajo.

El término *mobbing* (acoso psicológico en el trabajo) viene de la etología y empezó a usarse para describir la reacción defensiva de un grupo de animales débiles que, ante la amenaza de un animal más fuerte, se unían para atacarlo.

El *mobbing* es un proceso de destrucción deliberado e intencional contra una persona, la víctima, que es seleccionada y resulta el objetivo de la agresión psicológica. Quien hostiga trata de destruir la confianza de la víctima en sí mismo, minar la autoestima y la resistencia psicológica, empeorar el desempeño de su trabajo y la degradación de la imagen pública, desestabilizar emocionalmente a la víctima buscando que "explote" (Piñuel, 2003).

El *mobbing* se explica por la interacción de cuatro factores fundamentales:

- La personalidad patológica de los acosadores.

- La forma de responder, afrontar y enfrentar las víctimas el hostigamiento.

- Los factores de la organización que resultan tóxicos y toleran o favorecen el acoso.

- La reacción del entorno y de los testigos del hostigamiento que mantienen la ley del silencio que permite que siga la agresión.

El móvil del "asesinato psicológico" tiene siempre que ver con la envidia, el miedo y la inseguridad que provoca en los acosadores la conciencia de su propia mediocridad, puesta en evidencia, muchas veces inconscientemente, por la conducta profesional ejemplar de la víctima. Estos comportamientos del acosador son patrones bastante fijos, lo que explica que en el pasado del individuo hostigador se encuentren los denominados "cadáveres en el armario", otros trabajadores que fueron anteriormente eliminados del trabajo mediante variados métodos de destrucción psíquica.

La filosofía básica de supervivencia del *mobbing* consiste en *hacer frente cuanto antes mediante una estrategia de contención temprana.* El acosador requiere para su actuación de la paralización y el aislamiento de la víctima. Las víctimas del *mobbing* no son enfermas. Los enfermos son los acosadores, auténticos "psicópatas organizacionales".

Tenemos que protegernos mediante las estrategias de contención, reforzando nuestras relaciones con el equipo de amigos o compañeros para no quedarnos solos y siempre debemos denunciar el acoso cuanto antes ante la Dirección del Centro, la Inspección o el organismo competente, para evitar que el efecto de "bola de nieve" del acoso nos acabe aplastando.

De nuevo nos encontramos con una forma exclusivamente clínica de abordar este problema complejo. La víctima se ve tan sola y sin salida que suele acabar con una baja por depresión. Muy pocas veces los compañeros se atreven o aciertan a contener al acosador. Muy raras veces la administración toma medidas eficaces para proteger la salud mental del profesorado y parar la eliminación en serie de sus mejores trabajadores. La mayoría de las víctimas, después de seguir un doloroso y costoso proceso terapéutico individual, han tenido que plantearse tales exigencias de crecimiento personal, que dicen salir como "personas nuevas" del proceso de recuperación del *mobbing*.

El *mobbing* instala el miedo y el psicoterror en la organización. Nadie puede aprender nada en un clima de terror. Por eso el *mobbing* es incompatible con las organizaciones que aprenden. Es recomendable sancionar y eventualmente excluir de la organización a aquellos que se dedican a destruir lo más valioso de una empresa: su capital intelectual. La responsabilidad sobre la salud laboral de los trabajadores, que es competencia de la organización, pasa por generar una política de **tolerancia cero** hacia el hostigamiento psicológico.

Es paradójico ver a profesores muy preocupados por el *bullying* o acoso entre alumnos, cuando entre ellos se da el mismo proceso, con mayor sofisticación e intensidad, el *mobbing* o acoso psicológico en el trabajo. No podemos dar nada que no tenemos. Tenemos que crear y cultivar un **cambio climático positivo** en los claustros y en las aulas que transforme la cultura individualista, competitiva y destructiva en otra más compleja, cooperativa y recreadora.

2.3. Caso práctico: observación en Educación Infantil y en la ESO

En la práctica educativa todos estos problemas no aparecen separados y tan claramente definidos. Con frecuencia los problemas de los alumnos y de los profesores interactúan de forma muy compleja, como se puede observar al entrar en las aulas, los pasillos, la sala de profesores o el patio de recreo de un centro educativo.

Tuve la suerte de poder observar un día un aula de Educación Infantil de 5 años. Los niños estaban en corro, sentados con la profesora en la alfombra, hablando sobre lo que habían hecho el fin de semana. Levantaban la mano para hablar, escuchaban a los compañeros, respetaban su turno y todos compartían lo que conocieran esos días. Felicitaron al compañero que cumplía años, le cantaron una canción y le hicieron un pequeño regalo, besos y abrazos. Terminado el corro se levantaron, cogieron su ficha y se pusieron a trabajar en sus mesas hexagonales, ayudándose en grupo ante las dudas o dificultades. Me pareció un ejemplo de parlamento digno de grabarlo y proyectarlo en el Congreso de los Diputados, para imitarlo.

Al día siguiente tuve que ir a un Instituto en donde solicitaran la intervención del especialista en trastornos de conducta para ver a un alumno con graves problemas disruptivos. El equipo directivo me informa de que tiene a tres profesores de baja por síndrome ansioso-depresivo. Como siempre entré en el aula, para ver el problema en su contexto, no me gusta sacar al alumno del aula, porque frecuentemente el problema desaparece al desaparecer el escenario que refuerza la conducta disruptiva. Me olvidé de preguntarle al profesor en dónde estaba sentado el presunto alumno problemático. Lo que allí observé fue un grupo de alumnos que no escuchaban la explicación del profesor sobre las ecuaciones de segundo grado, le tiraban aviones y tizas al profesor, chillaban, se levantaban, se insultaban entre ellos. Por supuesto no conseguí saber quién tenía problemas de conducta allí: **el sistema era el problema...**

Mientras observaba a los alumnos y al profesor, candidato a una baja por depresión, me preguntaba: ¿qué hacemos en el sistema educativo para transformar ciudadanos ejemplares de 5 años en insolidarios tiranos y crueles energúmenos de 15 años? Es cierto que hay variables atenuantes como la entrada en la adolescencia, que maleducan también la tele, la familia, la sociedad, pero ¿después de 10 años de escolarización, no podremos hacer algo más? Creo que estamos fabricando generaciones de "analfabetos conductuales" y que es necesario y urgente un cambio radical de paradigma educativo en el sistema escolar. El escenario observado en esta clase de 2.º de la ESO no es el más frecuente, pero se encuentra más de lo que uno pudiera esperar.

2.4. Ejes estratégicos del cambio de paradigma educativo

No podemos combatir esta gripe disruptiva atacando simplemente los **síntomas**, tenemos que actuar sobre las **causas**. Creemos que es necesario repensar, reinventar, recrear la educación para llegar a un cambio radical de paradigma educativo que se edifique entorno a los ejes estratégicos tratados en los siguientes apartados.

2.4.1. Currículo más complejo

Cambiar el concepto de "qué es lo esencial que tienen que aprender los alumnos". Dirigirse al **conjunto de la persona**, no seccionar conocimientos de afectos y conducta (Martín, 2006). Que todas las capacidades racionales, emocionales y conductuales estén en el currículo para desarrollar la inteligencia compleja recreadora. Iniciativas como la Educación para la Ciudadanía y los Derechos Humanos están bien para empezar, pero siempre que se impartan en todos los cursos y que la educación en valores no se limite a esta área, sino que sea un contenido transversal que se imparte implícitamente en todas las áreas a través del estilo educativo recreador del profesor. Un currículo que garantice el bienestar y el equilibrio emocional del alumno (Sánchez-Mata, 2006), que tenga como gran objetivo conseguir que las personas sean felices.

Un currículo que asuma la educación en valores, las relaciones prosociales y la resolución de conflictos como prioridades. Un currículo capaz de atraer a los "objetores" e "insumisos" de la escuela (Armas y Rey, 2000).

2.4.2. Organización escolar más flexible

Con el fin de permitir la atención a la diversidad del alumnado adaptando el currículo a sus características y ritmos de aprendizaje. La creación de grupos flexibles, dos profesores en el aula, los grupos de diversificación curricular y la posibilidad de poder escoger alternativas distintas especialmente a partir de los 14 años, sin que ello suponga discriminación alguna, son caminos experimentados que dan buenos resultados y que se deberían generalizar.

2.4.3. Estilo educativo recreador

Mantener el mágico equilibrio entre normas, diálogo y autonomía. Armonizar el control y el afecto. Los alumnos piden a gritos límites, que los profesores ejerzan el liderazgo compartido del grupo. Poner límites con afecto es decirle a los alumnos: "porque me importas no te dejo hacer lo que te da la gana". Necesitamos regularizar las conductas para evitar la perversión de la arbitrariedad. El éxito o fracaso se deben a aspectos modificables de nuestra conducta, no a lo que somos como personas.

2.4.4. Equipo docente unificado

Pasar de la visión del docente aislado o recluidos en sus "cuchitriles" departamentales a la visión de **equipo coordinado**. Para esto hay que cambiar la mentalidad del profesorado, abrirse al trabajo colaborativo con los compañeros y otros profesionales que atienden a los alumnos y establecer espacios y horarios para este trabajo interdisciplinar. Según se asciende en la escolaridad se pierden los espacios y tiempo de diálogo entre los profesores.

2.4.5. Cambio radical en la formación del profesorado

Es cruel formar al profesorado para realizar unas funciones y luego arrojarlo a un escenario que nada tiene que ver con el guión aprendido. Éste es un método estupendo para quemar a los más entusiastas. Podríamos proyectar la película de la observación de la clase de 2.º de la ESO a los alumnos que quieran ser profesores. A los pocos que quedaran en el aula al finalizar la proyección, les preguntaríamos: ¿queréis trabajar en esto? Si persisten, les deberíamos formar para trabajar en esa incertidumbre, para resolver conflictos, tomar decisiones apresuradas y con una información insuficiente. Los programas deberían elaborarlos expertos en estos temas, además de los departamentos universitarios, que a veces buscan sólo su protagonismo endogámico en el diseño de las carreras. También la formación permanente del profesorado debe arrancar de los problemas concretos y hacerla en los lugares de trabajo, implicando a todo el equipo docente.

2.4.6. Planes de Mejora de la Convivencia

Cada centro debe evaluar las necesidades que tiene de mejorar la convivencia e implicar a los alumnos, profesores, padres y profesionales que tengan algo que aportan en la atención al alumnado en la elaboración y desarrollo de un Plan de Convivencia. La creación de un Observatorio de la Convivencia en los centros educativos busca realizar una prevención e intervención integrales en los centros educativos desde una perspectiva interdisciplinar.

2.5. Líneas generales del Plan Integral de Mejora de la Convivencia

El MEC y la mayoría de las comunidades autónomas tienen elaborados **Planes de Convivencia** en los que se reconoce la complejidad de la convivencia escolar y la presencia de múltiples factores que inciden en la situación problemática actual (MEC, 2006):

- Factores derivados de la exclusión, marginación o diferencias interculturales y ciertas características de la sociedad actual como la permisividad, modelos emitidos en TV, el consumismo.

- Factores de carácter psicológico como la impulsividad, la escasa tolerancia a la frustración, las relaciones negativas con los adultos y las escasas habilidades sociales.

- Factores propiamente educativos como el tipo de enseñanza y de currículo que se imparte, la metodología, la organización de los centros, las relaciones y participación que se establecen entre alumnos, con los profesores y entre el Centro y la familia.

2.5.1. Objetivos de los Planes de Convivencia

Los objetivos que se buscan en estos planes son, entre otros:

- Impulsar la investigación sobre los problemas de convivencia en los centros educativos y los factores que inciden en su desarrollo.

- Fomentar la mejora de la convivencia desde una perspectiva integral.

- Abrir un foro de encuentro y debate sobre la convivencia y formas de promocionarla.

- Fomentar el intercambio de experiencias y el aprovechamiento de materiales y recursos utilizados por grupos de profesores y otras instituciones.

- Proporcionar orientaciones, estrategias y materiales para la puesta en práctica de la educación para la convivencia y el desarrollo de habilidades sociales.

2.5.2. Actividades

Las actividades que se proponen para alcanzar los objetivos señalados son las siguientes:

a) Para impulsar la investigación y fomentar la mejora de la convivencia:

- Crear el Observatorio de la Convivencia Escolar y de la Prevención de los Conflictos (ver 2.5.3.).

- Revisar la legislación básica relacionada con la convivencia.

- Favorecer la participación del alumnado y profesorado en la elaboración de la normativa de aula consensuada.

- Investigar sobre los efectos de la conflictividad en la salud mental del profesorado y tomar medidas para la prevención de riesgos laborales e intervención sistémica en enfermedades profesionales.

b) Para facilitar el intercambio de experiencias:

- Crear una página Web sobre convivencia.

- Poner en marcha el Teléfono y e-mail de atención para casos de acoso escolar.

- Elaborar protocolos de actuación ante los problemas de conducta: aco-so entre alumnos, acoso psicológico en el trabajo,…

- Revisar los cambios curriculares y organizativos necesarios para mejo-rar la convivencia en los centros educativos.

- Celebrar congresos sobre temas de convivencia.

- Convocar ayudas y premios para proyectos de fomento de la convivencia.

c) Para proporcionar estrategias, orientaciones y materiales:

- Elaborar una guía de "buenas prácticas" y materiales de apoyo.

- Organizar Cursos de formación para profesores y responsables sobre temas de convivencia.

- Incorporar los temas de convivencia y solución de conflictos en los programas de formación inicial del profesorado.

- Desarrollar de planes de convivencia en todos los Centros.

- Prevenir el absentismo escolar con programas de control de asistencia y comunicación a familias y de adaptación del currículo a los intereses profesionales de los alumnos de 14-16 años.

- Elaborar materiales de mediación y otras alternativas a los expedientes sancionadores: definir y poner en marcha estructuras de mediación.

- Incorporar al Proyecto Educativo el Plan de Convivencia en cada Cen-tro, dando pautas para su elaboración.

- Crear un Observatorio de la Convivencia en todos los Centros, dándole funciones de prevención, mediación y mejora de la convivencia. Tendrá una función asesora y no sancionadora, que corresponderá a la Dirección.

d) Acuerdos con otras organizaciones e Instituciones para un Pacto Social por la educación y el desarrollo y puesta en marcha del Plan de Convivencia.

2.5.3. El Observatorio de la Convivencia

La mejora de la convivencia escolar tiene que contemplarse desde una perspectiva global e interdisciplinar, por lo que debe implicar a todas las administraciones e instituciones para que incentiven y faciliten el trabajo colaborativo de los profesionales que trabajan en la atención del menor.

El escenario en donde se representa esta colaboración interinstitucional es el Observatorio de la Convivencia Escolar que, desde nuestra mirada interdisciplinar, tiene una estructura en cascada con varios niveles de actuación, los primeros con un matiz más político, que sería deseable complementar con más profesionales que trabajen en la práctica, y los últimos con carácter más profesional y contextualizado. Todos los niveles tienen los mismos objetivos fundamentales, con las peculiaridades propias del ámbito en el que desarrollan sus funciones: evaluar las necesidades y hacer propuestas de prevención e intervención integral en la mejora de la convivencia escolar. Sus funciones serían: recoger y analizar información periódica sobre los conflictos de convivencia en los centros educativos; recoger información sobre las medidas y actuaciones puestas en marcha para prevenir, detectar y erradicar la violencia escolar; realizar propuestas de actuación para mejorar la convivencia; elaborar y difundir un Informe Anual sobre la evolución de la convivencia y la efectividad de las medidas tomadas.

No obstante, la finalidad más inmediata es algo más prosaico: simplemente aspira a que la burocracia centralizadora deje de complicarle la vida a los profesionales que desde hace ya algún tiempo vienen trabajando de forma coordinada e interdisciplinar, sin tiempo ni lugares para hacerlo y bajo la sospecha de que puede resultar peligroso para el sistema que se hagan planteamientos globales. Mantener aislados e incomunicados a los profesionales parece ser una garantía para que todo siga igual, que no se pidan más recursos y que ni siquiera se rentabilicen los existentes. Con el Observatorio de la Convivencia tenemos la sensación de que al fin hemos conseguido elevar a ley la práctica profesional interdisciplinar diaria. Favorecer o al menos no entorpecer el que los profesionales de ayuda funcionen en red a todos los niveles.

Una posible estructura en cascada del Observatorio de la Convivencia facilitaría el trabajo en red de los distintos profesionales y administraciones que nos permitiría **pensar globalmente y actuar localmente**, y también **pensar localmente y actuar globalmente**, haciendo visible la invisible complejidad de la convivencia. Nuestra propuesta contempla un Observatorio de Convivencia en cinco escalones: autonómico, provincial, sectorial, municipal y escolar. En la práctica estos ámbitos se redujeron a tres en comunidades autónomas como la de Galicia, quedando configurado con los siguientes niveles y como posibles componentes, entre otros (Consellería de Educación, 2007):

- **Observatorio Autonómico de la Convivencia Escolar.** Presidido por la Consejera/o de Educación, en el que participarían representantes de las consejerías de Presidencia, Sanidad, Bienestar e Igualdad, Justicia, representante del Consejo Escolar Autonómico, Comisionado del Plan para las Drogas, representante del Consejo Escolar Autonómico, Fiscalía de Menores, representante de la Federación de Municipios, Defensor del Menor, representante de las Asociación de Directores Escolares, Asociación de Madres y Padres, Asociaciones de Alumnos, Centrales Sindicales, representantes de centros privados y tres expertos en convivencia.

- **Observatorio Provincial de la Convivencia Escolar o comisiones provinciales.** Presididas por el Delegado/a Provincial de Educación, en el que participarían: Inspector Jefe de Educación de la Delegación, Delegados provinciales de las Consejerías de Sanidad, Bienestar y Justicia, Especialista en trastornos de conducta del Equipo de Orientación Externo provincial, representante del Centro de Formación y Recursos, un representante de la junta provincial de directores, un representante de la Federación de Municipios y Provincias.

- **Observatorio de la Convivencia Escolar en el Centro Educativo.** Presidido por el director/a del Centro y en la que se integran el jefe/a de estudios, el orientador/a, un profesor/a tutor/a, un representante del alumnado, un representante de la AMPA, un representante del personal no docente. Estará abierta a la participación del profesor tutor/a relacionado con el tema que se analice y a profesionales de sanidad, servicios sociales y asociaciones del sector que puedan colaborar en la mejora de la convivencia escolar. Vemos importante deslindar el Observatorio de Convivencia de la comisión de convivencia del Consejo Escolar, que siempre ha tenido un matiz sancionador y de aplicación del reglamento de régimen interno. Nuevos conceptos requieren nuevos lenguajes y palabras nuevas.

Esta coordinación interinstitucional en cascada se complementa con la propuesta del MEC en la que se crea el Observatorio Estatal y la que surge en el marco institucional europeo con la creación en 1998 del Observatorio Europeo de la Violencia Escolar:

- **Observatorio Estatal de la Convivencia Escolar y la prevención de los conflictos.** Presidido por la Ministra de Educación, con el Secretario General como vicepresidente y con representantes de las distintas comunidades autónomas, uno de los cuales ocupará una segunda vicepresidencia con carácter rotativo.

- **Observatorio Europeo de la Violencia Escolar.** Creado en 1998, con sede en la Universidad de Burdeos (Francia), que da cabida a una red de grupos de investigación de distintos países que intercambian instrumentos, metodologías y resultados sobre la violencia escolar.

2.6. El Plan de Convivencia del Centro Educativo

El proceso de elaboración del Plan de Convivencia Anual (PCA) debe ser dinamizado por el Observatorio de Convivencia del Centro, desde el que diversos profesionales de educación, sanidad, servicios sociales y diversos colectivos de alumnos, profesores, padres y asociaciones, pueden elaborar una **visión global** de las necesidades y recursos para mejorar la educación en valores y hacer prevención e intervención en los conflictos. El proceso de elaboración implicará a toda la comunidad educativa y será aprobado por el Consejo Escolar, integrándose en el Proyecto Educativo de Centro.

El Plan debe caracterizarse por ser: proactivo, preventivo, contextualizado, posible, colaborativo, interinstitucional e instrumentalizado (que incluya protocolos de actuación coherentes con una visión compleja para actuar ante las situaciones conflictivas). Debemos aprovechar la experiencia de elaboración de los Proyectos de Centro: Proyecto Educativo y Proyecto Curricular para evitar que el Plan de Convivencia sea un documento más condenado a mandarlo a la Inspección y archivarlo en la Dirección para que nadie se acuerde de él. Tan importante como el producto final es el proceso de elaboración en el que se debe implicar a toda la comunidad educativa: alumnos, profesores, padres, personal no docente y profesionales del entorno que puedan ayudar a mejorar el clima de convivencia del centro educativo. Al final los Planes y Proyectos pueden quedar en mera burocracia si no nos ayudan a cambiar en la práctica el paradigma educativo: el estilo relacional profesor-alumno, alumno-alumno, escuela-familia.

En cada aula debe figurar una síntesis de normas de convivencia consensuadas entre profesores y alumnos que sinteticen la filosofía del Plan de Convivencia, en un mural elaborado por los alumnos y que se comentará al menos semanalmente en la sesión de tutoría.

La metodología para su elaboración puede incluir las siguientes etapas (Zaitegui y otros, 2006): sensibilización, diagnóstico, planificación, necesidades y plan de formación, seguimiento y evaluación, difusión del PCA y Anexos.

Los aspectos fundamentales que debe contemplar todo Plan son los siguientes:

- Diagnóstico o evaluación de necesidades desde una perspectiva que incluya la opinión de toda la comunidad educativa.

- Objetivos y actuaciones que afecten a los distintos sectores de la comunidad educativa (profesorado, alumnado, familias, personal no docente, entorno sociosanitario).

- Recursos tanto humanos como materiales del centro educativo y del entorno. Temporalización y responsables de las distintas actuaciones.

- Evaluación del Plan y propuestas de mejora: indicadores de calidad, seguimiento y sistema de evaluación del Plan.

2.6.1. Evaluación de necesidades

Para hacer una evaluación de necesidades o diagnóstico de clima de convivencia y conflictividad en el centro educativo podemos hacer una triangulación metodológica, integrando la información que recogemos con técnicas cuantitativas como los cuestionarios y técnicas más cualitativas como las entrevistas, análisis de documentos como los partes de clase, el número de expedientes sancionadores de alumnos, análisis de Actas del Claustro, informes del Observatorio de Convivencia.

La información recogida mediante los cuestionarios conviene que reúna distintas fuentes de información o puntos de vista. Es muy conveniente que respondan a los cuestionarios, semejantes en cuanto a contenido, tanto los profesores, como los alumnos y los padres para luego poder llegar a una visión global y comparada entre los distintos sectores de la comunidad educativa.

En el análisis de documentos como los partes de clase y expedientes sancionadores, se deben contemplar variables como las siguientes: número de partes y expedientes durante los últimos años; alumnos que acumulan mayor número de partes; cursos, aulas y áreas con más partes; meses, días de la semana y horas con mayor número de partes y expedientes.

En todo el proceso de evaluación de necesidades, además de detectar la valoración de la convivencia en el centro educativo, es importante recoger ideas y sugerencias para mejorar el clima escolar. Detectadas las necesidades prioritarias, nos marcaremos los grandes objetivos que satisfagan las necesidades sentidas por la comunidad educativa.

2.6.2. Objetivos prioritarios y actuaciones

Cada centro educativo tendrá que marcarse sus objetivos y actuaciones contextualizadas según las necesidades detectadas, pero sugerimos algunos que pueden servir como ideas eje:

- **Sensibilizar a la comunidad educativa sobre la importancia de la convivencia.** Una estrategia habitualmente eficaz suelen ser las charlas informativas a alumnos por parte del profesor tutor, a los profesores por parte de un especialista en convivencia o problemas de conducta y a los padres por parte del orientador del Centro. En ellas se puede preparar a la comunidad educativa para que respondan a los cuestionarios o comentar el resultado de ellos, si se hace con posterioridad a su aplicación, además de informar de programas, recursos y experiencias. Los contenidos que más suelen interesar a profesores y padres suelen centrarse en los estilos educativos y estrategias para prevenir e intervenir en los conflictos más frecuentes: conductas disruptivas, acoso escolar, negativismo desafiante, absentismo escolar.

- **Formar al profesorado sobre prevención y solución de conflictos.** Lo más eficaz suele ser solicitar un Proyecto de Formación en Centros al Centro de Formación y Recursos, sin descartar otras modalidades de formación práctica.

- **Elaborar normas de convivencia consensuadas entre profesores y alumnos.** Establecer normas consensuadas de aula y las consecuencias de su cumplimiento o incumplimiento, que podrían sintetizarse en unas normas de convivencia del Centro.

- **Favorecer el trabajo cooperativo de los alumnos y de los profesores.** Procurando integrar en el mismo grupo de trabajo a los alumnos o profesores que tengan menos relación o con posibles conflictos entre ellos.

- **Organizar grupos de mediación de conflictos.** Implicar a los alumnos, profesores y padres en la formación para actuar de mediadores en los conflictos.

- **Evaluar la convivencia en las juntas de evaluación.** Incluir en las sesiones de evaluación la valoración de la convivencia en el grupo de aula.

- **Complejizar el currículo.** Revisar la educación en valores, para la ciudadanía y en habilidades sociales con carácter transversal en todos los niveles educativos. Establecer las medidas organizativas flexibles necesarias para atender la diversidad del alumnado.

- **Mejorar la acción tutorial.** Llenar de contenido las horas de tutoría colectiva e individual tanto con alumnado como con profesorado y familias, apoyada por el Departamento de Orientación.

- **Incentivar el funcionamiento de las Escuelas de Padres.** Colaborar con los ayuntamientos y otras entidades en los programas de formación de padres en temas relacionados con la convivencia.

- **Buscar alternativas para solucionar el absentismo escolar.** Desde el control de asistencia y comunicación inmediata a la familia hasta la oferta de alternativas curriculares de más interés para el alumnado.

- **Elaborar protocolos de actuación ante los problemas.** Reelaborar de acuerdo con una visión compleja de los conflictos los protocolos de actuación, en casos como: incidentes que motivan partes de clase ineficaces, acoso entre alumnos, conductas disruptivas y negativismo desafiante, protocolo de actuación ante el acoso psicológico en el trabajo.

- **Crear y revisar el funcionamiento del Observatorio de la Convivencia Escolar.** Integrado por distintos profesionales que puedan elaborar una visión compleja de la convivencia escolar.

2.6.3. Recursos, responsables, temporalización

Es muy importante detallar los recursos de los que se dispone para llevar a cabo el Plan de Convivencia y solicitar la dotación de los nuevos recursos necesarios tanto de tipo material como personal. De lo contrario todo puede quedarse en "papel mojado". Concretar los responsables y la temporalización de cada actuación ayuda a la eficacia y facilita la posterior evaluación del grado de consecución (**Anexo XIV**).

2.6.4. Evaluación del Plan y propuestas de mejora

Periódicamente el Observatorio de Convivencia elaborará un breve informe para valorar la mejora de la convivencia en el centro educativo, teniendo como indicadores de calidad al menos los siguientes parámetros:

- Aulas en las que se consensuaron normas de convivencia.

- Nivel de satisfacción y mejora con las normas consensuadas.

- Aulas en las que se lleva a cabo el trabajo cooperativo.

- Evaluación de los cambios experimentados con la cooperación.

- Número de partes en el trimestre.

- Número de expedientes sancionadores.

- Grupos de mediación y su funcionamiento.

- Reuniones de la comisión de convivencia y su satisfacción.

- Número de actividades formativas del profesorado sobre conflictos.

- Utilidad y satisfacción de estas actividades formativas.

- Charlas informativas a padres y nivel de satisfacción.

- Actividades formativas para alumnos sobre convivencia.

- Reuniones, intercambio de información y colaboración entre los distintos profesionales de educación, sanidad y servicios sociales.

- Valoración de la satisfacción de las relaciones interinstitucionales.

- Valoración global del grado de consecución de los objetivos del Plan de Convivencia y propuestas de mejora.

Realizado este acercamiento interdisciplinar a los problemas de conducta y a la necesidad de elaborar un Plan Global de Mejora de la Convivencia y Prevención de la Violencia, nos centraremos en el próximo capítulo en el análisis detallado de los problemas de conducta más frecuentes y en las estrategias para abordarlos.

Capítulo III

Problemas de conducta más frecuentes

Vamos a centrarnos ahora en los **problemas de conducta más frecuentes** que detectamos en el capítulo anterior, definiendo cada uno de ellos y tratando de concretar las estrategias más útiles de prevención e intervención en el ámbito familiar y escolar.

Nuestra descripción de los problemas será funcional, evitando una terminología excesivamente técnica, para que resulte más asequible a las familias y profesores. Nuestro objetivo no es ayudar a poner una "etiqueta" que explique o justifique el fracaso de los alumnos o hijos, sino describir las necesidades educativas especiales que presentan para poder ayudarles a desarrollar al máximo sus capacidades con los recursos y estrategias adaptados a sus características personales diferenciadoras.

1. DÉFICIT DE ATENCIÓN CON HIPERACTIVIDAD

Lo que hoy entendemos por déficit de atención con hiperactividad, es un síndrome que recibió varias conceptualizaciones y denominaciones durante los últimos años. Inicialmente se utilizó el término de **Disfunción Cerebral Mínima.** Al no poder aislar un cuadro neurológico claramente definido, aunque fuera leve, fue sustituido por el término **hiperactividad,** dando especial importancia a la incontinencia motriz.

En 1980 nació el término **Trastornos de la Atención** (TDA), a raíz de la publicación del DSM-III. Este manual de la Asociación Americana de Psiquiatría definía el TDA como trastorno que provocaba "signos de inatención e impulsividad". Diferenciaba la hiperactividad como un signo que sólo se asocia a un determinado porcentaje de casos. Por primera vez se habla de dos tipos de alteración: TDA y el TDA-H. En el DSM-IV-TR, la revisión de este manual hecha en 1987, se habla del TDAH como síndrome que agrupa los trastornos de la atención y los trastornos del comportamiento.

El **trastorno por déficit de atención con hiperactividad** (TDAH) es el término actual con el que se conoce el síndrome caracterizado por deficiencias atencionales, impulsividad y un excesivo grado de actividad. Los ejes principales sobre los que incide el TDAH son dos: el déficit de atención y la hiperactividad-impulsividad.

1.1. Definición

Los criterios específicos que se incluyen en el Manual Diagnóstico y Estadístico de los Trastornos Mentales (DSM-IV-TR), (APA, 1994) para el diagnóstico del TDA-H, y en el Sistema de Clasificación Internacional de los Trastornos Mentales (ICD-10 o CIE-10) de la Organización Mundial de la Salud (WHO, 1992), para el diagnóstico del trastorno hipercinético (THC), recogen un listado similar de 18 síntomas referidos a conductas de inatención, hiperactividad e impulsividad, coincidiendo también en la necesidad de que los síntomas se mantengan a lo largo del tiempo y a través de distintas situaciones. Además los desajustes deben ser clínicamente significativos y manifestarse al menos en dos contextos diferentes (ver Figura n.º 17).

Desatención	Hiperactividad	Impulsividad
• Tiene dificultades para mantener la atención hasta terminar una tarea. Comete muchos errores, no se fija en los detalles. • Parece no escuchar. • Tiene dificultades para organizar las tareas y evita las que requieren esfuerzo mental sostenido. • Pierde objetos. Es olvidadizo. • Se distrae por estímulos irrelevantes. Es muy descuidado en las actividades.	• Mueve en exceso manos y pies. • Se levanta continuamente. • Corretea por todos los lados. • Tiene dificultades para jugar tranquilamente. • Excesivo movimiento (DSM-IV-TR). • Habla en exceso (DSM-IV-TR). • Está activado como si tuviera un motor. • Cuando está sentado sigue moviendo manos y pies.	• Habla en exceso (ICD-10). • Responde de forma precipitada a las preguntas. • Tiene dificultades para guardar el turno. • Interrumpe a los otros en los trabajos, juegos o conversaciones. • Utiliza un tono de voz excesivamente alto o chillón.

Figura n.º 17. Conducta del niño con hiperactividad.

Hay que diferenciar entre niños que pueden tener algún rasgo de hiperactividad y los que tienen TDAH, en los que los síntomas están generando un grado de desadaptación, deterioro e incapacitación para desarrollarse en un contexto ordinario.

Una característica específica del ICD-10, no compartida por el DSM-IV-TR, es la exigencia de la presencia de al menos seis síntomas de inatención, tres de hiperactividad y uno de impulsividad para el diagnóstico positivo del TDAH. Sin embargo el DSM-IV-TR considera que tanto las dificultades de atención como la hiperactividad-impulsividad pueden llevar a un **diagnóstico positivo.** Plantea la existencia de tres subtipos diferenciados de TDAH:

• **Subtipo predominantemente inatento.** Presenta problemas atencionales como ser lentos, perezosos, despistados, descuidados, apáticos, inactivos, callados y con tendencia a ser soñadores. Muestran una incapacidad para mantener y cambiar deliberadamente y adecuadamente el foco de atención, afectando en la mayoría de los casos al rendimiento escolar. La dificultad para memorizar la tabla de multiplicar y la resolución de problemas son ejemplos concretos de las dificultades escolares. Sin embargo estos niños no acostumbran a tener comportamientos disruptivos, guardan silencio y se portan bien, por lo que suelen pasar desapercibidos en el aula.

- **Subtipo predominantemente hiperactivo-impulsivo.** Manifiestan un exceso de actividad motriz y escaso autocontrol. Parecen incansables, excesivamente inquietos, experimentan dificultades para permanecer sentados. Cuando logran estar sentados mueven continuamente las manos y las piernas, manipulan objetos. A medida que los niños crecen se suaviza esta excesiva actividad motriz y persiste un sentimiento de inquietud en la adolescencia y vida adulta. Por otra parte la impulsividad se refleja en las dificultades para demorar las gratificaciones, respetar los turnos y seguir las normas del aula y de la casa. Son impacientes y no piensan en los peligros, por lo que con frecuencia sufren accidentes. Se frustran fácilmente y con frecuencia tienen estallidos emocionales. Este escaso autocontrol repercute negativamente en las relaciones, provocando discusiones y peleas continuas. En la escuela dan respuestas incorrectas antes de que el profesor termine de hacer las preguntas, realizan las tareas escolares de forma precipitada y descuidada.

- **Subtipo combinado.** Manifiestan tanto síntomas de inatención como de hiperactividad-impulsividad, por lo que plantean una problemática más severa. Sus déficits afectan negativamente tanto al comportamiento como al aprendizaje. Pueden experimentar dificultades en el ajuste sociopersonal futuro.

La mayoría de los niños con hiperactividad, además de los síntomas centrales del trastorno, presentan otros problemas asociados como dificultades en el aprendizaje a nivel perceptivo-cognitivo, relaciones sociales conflictivas, manifestaciones oposicionistas desafiantes, alteraciones de la conducta, síntomas de ansiedad, déficit de autoestima, inestabilidad y labilidad emocional, escasa tolerancia a la frustración, tics.

En síntesis, el TDAH es un problema importante para el niño que lo sufre y para las personas de su entorno, sobre todo padres y profesores, por las implicaciones que conlleva en el funcionamiento cognitivo y social del sujeto, por la asociación que mantiene con la conducta disocial y por la naturaleza crónica. La conducta cotidiana del niño con hiperactividad en la clase, en la casa y fuera de ella se caracteriza a grandes rasgos por la impulsividad, la desatención y la inquietud excesiva, que obviamente tienen repercusión negativa en el rendimiento escolar. Aunque a nivel general los chavales con hiperactividad tienen un desarrollo cognitivo normal para su edad, frecuentemente van acumulando un retraso escolar que hace necesario tomar medidas de refuerzo o adaptación del currículo.

El TDAH tiene un efecto de ***bola de nieve.*** Cuanto más se tarde en evaluar e intervenir, mayor número de problemas va acumulando. Los problemas de atención, impulsividad e inquietud motriz son incompatibles con el buen rendimiento escolar y el comportamiento exigido en las escuelas. El rendimiento escolar influye de forma decisiva en la autoimagen y autoestima del alumno. A medida que avanzan los años, los niños con hiperactividad que no son tratados adecuadamente van acumulando inadaptación escolar, problemas de conducta y autoestima negativa. Uno de los factores de mejor pronóstico de la hiperactividad es la detección precoz y la intervención temprana. En la escuela, la época en la que resulta más fácil detectar la hiperactividad es cuando empiezan la educación infantil con tres años.

Si bien no todos los niños con hiperactividad tienen un problema de comportamiento, se puede decir que muchos de ellos tienen conductas desajustadas. El déficit de atención con hiperactividad y los problemas de conducta coinciden aproximadamente en un 50%.

1.2. Causas del TDAH

Aunque no hay un acuerdo total entre los investigadores sobre cuáles son las causas exactas del TDAH, no cabe duda que constituye un trastorno neurobiológico ocasionado por una amplia variedad de factores biológicos y hereditarios. Las variables ambientales no tienen un rol causal, pero aumentan o reducen la vulnerabilidad de un sujeto con hiperactividad, así como modulan la severidad del trastorno.

Entre los factores biológicos no genéticos que se señalan como causas del TDAH destacan la prematuridad con escaso peso; complicaciones prenatales, perinatales y postnatales; la hipoxia, consumo materno de alcohol, drogas o tabaco durante el embarazo; la toxicidad con altos niveles de plomo;

el retraso en la maduración neurológica o lesiones cerebrales que repercuten negativamente en el control cerebral de actividades relevantes; algunas alergias alimentarias.

Desde el punto de vista **neuroquímico**, la respuesta positiva de los niños con hiperactividad a los fármacos estimulantes, apoyan la hipótesis de una deficiencia en la producción reguladora de importantes transmisores cerebrales: la dopamina y la noradrenalina. El metilfenidato y la dextroanfetamina facilitan la acción de la dopamina y liberan noradrenalina lo que se traduce en la mejora de la atención y una reducción de la hiperactividad motriz.

Tanto los investigadores como los clínicos observaron reiteradamente que el TDAH tiene un componente genético substancial. La mayoría de los niños con hiperactividad tienen algún pariente afectado en mayor o menor medida por este trastorno. Los hijos de padres con TDAH tienen hasta un 50% de probabilidades de sufrir el mismo problema. En las entrevistas que tenemos con las familias, los padres frecuentemente corroboran esto cuando tratan de restarle importancia al problema del hijo diciendo: "yo de pequeño era mucho peor que él".

Las variables del entorno no son causa del TDAH pero contribuyen significativamente a su desarrollo y al pronóstico de los problemas comportamentales e interpersonales. Así la falta de pautas, límites y normas de conducta en el ambiente familiar; el pobre ejercicio de la paternidad; la psicopatología de los padres o el estrés psicosocial de la familia, tienen una gran importancia en la modulación de la hiperactividad.

Por otra parte en la sociedad actual se están creando condiciones de socialización que intensifican aún más los síntomas del TDAH: el trabajo sedentario que exige una concentración prolongada, la gratificación instantánea de la sociedad de consumo, la falta de un estilo educativo adecuado tanto en la familia como en la escuela, el estrés de las familias en donde trabajan los dos padres y tienen poco tiempo para dedicar a los hijos.

1.3. Prevalencia de TDAH

El TDAH es uno de los trastornos infantiles más frecuentemente diagnosticados. La prevalencia de este trastorno se estima en un 5% de los niños en edad escolar. En poblaciones psiquiátricas puede ascender el porcentaje a un 30% y un 50%. En base a estas estimaciones, cabe esperar que en un aula ordinaria podamos encontrar de 1 a 2 alumnos con TDAH.

Existe una mayor incidencia del TDAH en varones que en mujeres. Algunos estudios llegan a establecer la proporción de 5 a 1, de 9 a 1 (DSM-IV-TR, 1995), incluso de 10 a 1 (Orjales, 1999). En nuestro trabajo tenemos constatado una proporción de 8-9 niños con hiperactividad por 1-2 niñas con TDAH.

1.4. Detección de los primeros síntomas

En el ámbito escolar, muchos de los niños con hiperactividad/impulsividad que tienen asociados problemas de conducta, por lo general, son detectados en cuanto empiezan la escuela en Educación Infantil, a los tres años, cuando se observa su incapacidad para permanecer sentados, prestar atención y respetar las normas básicas del grupo.

En nuestro país, dado que el conocimiento y difusión del TDAH aún es relativamente reciente, podemos encontrar adolescentes y jóvenes con síntomas de hiperactividad sin diagnosticar. En estos casos el diagnóstico debe ser diferencial, ya que en estas edades es posible que el TDAH sea un trastorno menor que acompañe a otros más severos como el negativismo desafiante o el trastorno disocial.

1.5. Estrategias de intervención

Educar a un niño con TDAH es muy difícil. Son críos agotadores, que necesitan una supervisión constante a edades que tendrían que ser más autónomos y responsables. Parece que no responden a los castigos ni a los premios. La duda eterna para muchos padres y profesores es: ¿lo hace a propósito o es que no puede controlarse? Los niños con hiperactividad tienen esas conductas no para fastidiarnos sino porque todavía no están capacitados para actuar de una forma más reflexiva y responsable. Los niños con TDAH pueden estar malcriados, pero no dejan de tener la hiperactividad.

La forma de educar a un niño con hiperactividad puede contribuir a moderar la intensidad de la manifestación de los síntomas hasta que, con la madurez, se suavicen como para poder considerar que se trata más bien de un "rasgo de personalidad" que de una patología. De la misma forma, una mala actuación escolar y familiar, junto con la falta de apoyo social, puede potenciar los síntomas hacia una patología más severa.

Los niños con hiperactividad tienen muchas cualidades positivas, como la iniciativa y creatividad, sobre las que poder levantar un proyecto de vida satisfactorio, no podemos dejar que las dificultades nos impidan ver las potencialidades. La hiperactividad no la consideramos una "enfermedad que no se cura", como sostiene algún manual, sino como una necesidad educativa especial que precisa de recursos y aprendizajes excepcionales. Basta con recordar algunas de las figuras de personajes con hiperactividad reconocida como Einstein.

No hay "fórmulas mágicas" para ayudar a los críos con hiperactividad, mas que la de aplicar pautas, normas y límites desde un amor incondicional y con una constancia y esfuerzo sin límites. La intervención tendrá que ser siempre con unificación de criterios entre los miembros de la familia y de la familia con la escuela y los demás profesionales que participen en la ayuda del chiquillo con hiperactividad.

1.5.1. Orientaciones a las familias

Los padres, madres o tutores, tienen que ayudar a su hijo con hiperactividad aplicando de forma coordinada las siguientes estrategias:

- Proporcionarle una estructura y supervisión diaria. Tener un horario y unas rutinas.

- Captar su atención. Establecer contacto visual, dar instrucciones claras y sencillas, pedirle que las repita para comprobar que las entendió.

- Fijar unas normas y sus consecuencias sobre los aspectos más importantes para el funcionamiento familiar. Cuando no se cumplan, actuar en consecuencia, manteniendo la calma.

- Programar las tareas con antelación suficiente para que no haya disculpas. Por ejemplo, preparar la mochila para el colegio la noche anterior.

- Darle advertencias y un margen de tiempo.

- Aplicar contingencias inmediatas.

- Dar refuerzos positivos frecuentes cuando se lo merezca.

- Utilizar la recompensa más que el castigo.

- Esforzarse por ser consistente y persistente.

- Cambiar las frases «tú» por frases «yo»: "Tú siempre me enfadas" por "yo me enfado porque no me gusta lo que haces, ¿cómo podemos arreglar esto?"

- Mantener una perspectiva de discapacidad: "El niño hace eso porque no puede o no sabe hacer otra cosa".

Cuando el joven con hiperactividad entra en la adolescencia, pueden intensificarse las conductas problemáticas. Entonces tenemos que adaptar las estrategias de intervención a las características de la adolescencia:

- Seguir usando refuerzos positivos y negativos.

- Hacer compatibles el diálogo y la disciplina positiva para poner límites.

- Ajustar las expectativas y asumir el problema, contemplando también las cualidades y aspectos positivos de su personalidad.

- Divertirse juntos.

- Negociar compromisos y ofrecerle alternativas.

- Despersonalizar los problemas: hablar de las discrepancias en frío, sin culpabilizar, buscar el momento para hablar tranquilamente y no hacerlo cuando estalla la crisis.

- Interrumpir la conversación en momentos de crisis y alejarse un momento del lugar para volver a retomarla cuando se han calmado los ánimos.

- Mantener una buena comunicación, asumir que el hijo puede tener buenas intenciones.

- Evitar mensajes negativos inconscientes y estimular la expresión de los sentimientos.

- Conocer los factores que influyen en su conducta.

- Negociar un contrato de conducta para mejorar en aspectos puntuales.

- Trasmitirle expectativas positivas hacia su comportamiento y el futuro.

- Continuar siendo su supervisor en los aspectos fundamentales y dejándole autonomía para que se responsabilice progresivamente de su conducta.

- Estimularlo para que dé lo mejor de sí mismo.

1.5.2. Orientaciones para los centros educativos

En los centros educativos hay que realizar una tarea de sensibilización e información del profesorado sobre este problema. En general los profesores tienden a ver a estos alumnos como mal educados y culpabilizan a la familia de sus conductas disruptivas. Mayoritariamente, los profesores agradecen la información sobre estos temas, reconocen su desconocimiento sobre esta problemática y se muestran especialmente interesados cuando se les da una visión interdisciplinar en la que también se incluye el diagnóstico y tratamiento prescrito por salud mental. Algunos de ellos reconocen sufrir un problema semejante en su entorno próximo. Cuando comprenden que los niños tienen esas conductas no porque quieran fastidiarnos, sino porque no pueden o saben hacer otra cosa por ahora, entonces están en condiciones de ponerse a trabajar para ayudar.

Algunas orientaciones prácticas para que los profesores ayuden a los niños con hiperactividad pueden sintetizarse en las siguientes:

- **¿Qué clase?** Sería deseable que el alumno con hiperactividad estuviera en una clase con un número reducido de alumnos, ambiente positivo de trabajo y sin estímulos que le distraigan.

- **¿Qué perfil de profesor?** Un profesor o profesora que cree en el aula un clima de orden, trabajo y solidaridad, con las normas claras y las correspondientes consecuencias, con respeto y afecto hacia los niños y adaptando el currículo a las necesidades educativas especiales de los alumnos.

- **¿En dónde debe sentarse?** Debe sentarse en la primera fila, enfrente de la mesa del profesor, para que le pueda prestar una atención más continuada, y rodeado de los alumnos más tranquilos. Se evitará la proximidad a las ventanas o puerta para eliminar en lo posible las distracciones.

- **¿Qué puede tener en la mesa?** Un alumno con hiperactividad debe tener en la mesa sólo lo necesario para realizar la tarea que le ocupa. De vez en cuando hay que estar limpiando la mesa de cosas innecesarias, con las que puede montar "un taller" utilizando las "herramientas" del "almacén" que suele llevar en sus bolsillos o mochila, a la que no le vendría mal una limpieza de vez en cuando.

- **¿Cómo recordar las normas?** El profesor explicará y expondrá en el corcho de la clase las normas básicas consensuadas con el grupo de alumnos, recordándolas al comienzo de la jornada escolar y revisándolas al finalizar las clases.

- **¿Cómo hay que adaptar las tareas?** Pueden utilizarse las siguientes estrategias: frases cortas, focalizar la atención en los conceptos claves, presentar la idea principal al comienzo, estrategias de categorización y formación de imágenes mentales de conceptos, proporcionarle la tutoría de un compañero que le ayude a revisar y comprender el trabajo, dividir la tarea en subtareas más breves y reforzar la finalización de cada una de ellas. Para mantener la atención durante las explicaciones puede ser útil: mantener el contacto ocular frecuente, hacerle preguntas y darle refuerzo positivo, permitir el despliegue de la actividad motriz realizando pequeñas tareas en el aula como borrar la pizarra, ir a buscar folios o distribuir el material.

- **¿Cómo lograr que obedezca las órdenes?** Pueden utilizarse las siguientes técnicas: mantener las rutinas en el aula, evitar dar órdenes complejas, escribirlas en la pizarra, utilizar señales visuales o auditivas para avisar que se va a cambiar de actividad.

- **¿Cómo hay que plantear las actividades?** Las instrucciones deben ser cortas y directas. Establecer períodos cortos de tiempo de atención a la tarea para ir incrementándolos poco a poco. Establecer divisiones de la tarea en subtareas para adaptar la duración y dificultad a la capacidad del alumno. Las tareas complejas deben segmentarse por fases, marcando un tiempo prudente para terminar cada una. Alabarlo cada vez que consiga el objetivo marcado y pedirle que continúe con el siguiente. Es conveniente que el profesor pasee por la clase para comprobar lo que está haciendo el alumno y suministre retroalimentación sin molestarlo.

- **¿Cómo pueden adaptarse los exámenes y los trabajos?** Hay que procurar que las pruebas/exámenes no sean demasiado largos. Es mejor hacer pruebas cortas con cierta frecuencia que pocas pruebas de larga duración. En ocasiones es preferible hacer los exámenes oralmente debido a las dificultades de escritura que algunos manifiestan. El formato de las pruebas debe evitar las distracciones por lo que se recomienda presentar solamente una o dos preguntas por página.

- **¿Cómo ayudarles a ser más ordenados y organizados?** La agenda escolar es muy útil como recordatorio de las tareas que debe hacer en la casa y del horario de clase del día siguiente. Si es necesario, puede ser firmada diariamente por el profesor tutor y por la familia.

  En la clase debe figurar además de las normas generales a seguir, un horario que le recuerde al alumno las diferentes actividades de cada día de clase.

  El profesor puede demostrar que valora el orden, dedicando cinco minutos para que los alumnos organicen sus pupitres, cuadernos, estanterías, mochila. Se puede dar un premio de "pupitre limpio" para la fila o estudiante más limpio.

- **¿Cómo ayudarles a manejar su comportamiento?** Recordando y explicando con frecuencia las normas del aula. Potenciando la participación de los alumnos con TDAH en responsabilidades del aula como borrar la pizarra, recoger los cuadernos. Elogiar y no sólo recriminar. Utilizar un tono de voz firme y monótono, con frases cortas y simples, evitando el tono emocional duro y las descalificaciones globales. Ayudarles a que aprendan a esperar cuando no les toca el turno. Cuando dice palabrotas con la intención de provocar una reacción, no hay que perder los estribos, decirle claramente que no es aceptable e ignorarlo hasta que hable con respeto. No admitir que nos manipule diciendo que tiene TDAH y por lo tanto no puede trabajar más, ni mejor. Explicarle que puede necesitar más tiempo o ayuda para realizar la tarea, pero que tiene que esforzarse por terminarla.

- **Mejorar su autoestima e integración con el grupo de iguales**. Tan importante o más que los conocimientos son las emociones. Muchos niños con TDAH son marginados o estigmatizados por los compañeros y las continuas correcciones minan su autoestima. Tenemos que destacar y desarrollar sus capacidades, y facilitar su integración y aceptación entre los profesores y los compañeros.

- **Coordinación del centro educativo con la familia**. Hay familias que trabajan en casa constantemente con el niño que tiene hiperactividad, algunos reciben apoyo por parte de psicólogo o profesor particular y se interesan porque lleve hechos los deberes y mejore su conducta. Sin embargo no es frecuente que los centros educativos y las familias consigan actuar de forma coordinada y a veces las contradicciones acaban dificultando la eficacia de los recursos. El profesor tutor u orientador del Centro deberían favorecer el funcionamiento coordinado de todos los apoyos para ayudar al niño y a la familia.

- **¿Es necesaria una adaptación curricular individualizada?** Cuando el alumno con hiperactividad acumula un retraso escolar significativo, que no le permite seguir el currículo del grupo en el que está escolarizado, se valorará por parte del equipo docente la conveniencia de elaborar una adaptación curricular individualizada, que adaptará los contenidos, la metodología y los criterios de evaluación a las necesidades del alumno, siempre con la información, consentimiento y colaboración de la familia.

1.5.3. Intervenciones interdisciplinares

Los niños con rasgos de hiperactividad con frecuencia son derivados a salud mental a petición de la familia o del centro educativo, a través del médico pediatra.

La intervención de salud mental aporta a la visión global de la hiperactividad los siguientes aspectos fundamentales:

- Clarificación del diagnóstico.

- Intervención farmacológica, si fuera necesaria.

- Intervención terapéutica con el alumno

- Apoyo psicológico al sistema familiar y escolar.

El tratamiento clínico de la hiperactividad consiste básicamente en la administración de fármacos (fundamentalmente estimulantes: metilfenidato y dextroanfetamina), y la psicoterapia con la aplicación de técnicas psicoeducativas, conductuales y/o cognitivas.

El metilfenidato se conoce bajo los nombres comerciales más frecuentes de Rubifén (Ritalín o Ritalina en otros países), o Concerta, en una reciente versión que permite la liberalización progresiva de dos dosis con una sola toma.

Lo que sabemos sobre la efectividad de los psicoestimulantes en estos casos, puede sintetizarse en los siguientes aspectos:

- Plano cognitivo. La atención experimenta un incremento significativo en niños con hiperactividad cuando se les administra metilfenidato. También son positivos los resultados relacionados con la memoria, aunque menos consistentes que los relativos al dominio atencional.

- Plano académico. El rendimiento académico no mejora sensiblemente con los efectos de la medicación. Sin embargo, en estudios sobre la eficiencia académica, se comprobó que el metilfenidato produce mejoras en la ejecución de tareas escolares como la lectura de palabras, comprensión de textos y problemas de matemáticas.

- Plano comportamental. El metilfenidato mejora significativamente la calidad de las interacciones sociales de los niños con hiperactividad, en relación con sus padres, profesores y compañeros, y disminuye la conducta disruptiva y oposicionista.

En síntesis, está comprobado que la utilización de estimulantes para niños con TDAH, reporta unos beneficios directos e inmediatos, al menos en un 70 % de los casos, en los siguientes aspectos (Orjales, 2005):

- Mejora el estado de alerta.

- Reduce la fatiga cuando la tarea es prolongada.

- Mejora el rendimiento en las tareas, ya que favorece la acción de la memoria de trabajo.

- Reduce la hiperactividad motriz.

- Reduce la impulsividad cognitiva.

Otros autores consideran que el porcentaje de sujetos que responde favorablemente al tratamiento con metilfenidato oscila entre el 70% y el 90%. Entre las variables moduladoras que influyen en los resultados están: la edad, el subtipo concreto de TDAH (los niños inatentos responden menos favorablemente que los que tienen impulsividad/hiperactividad), en los chavales con respuestas agresivas asociadas se produce una reacción positiva al metilfenidato; el tiempo de administración del psicoestimulante es otra de las variables moduladoras a tener en cuenta.

- **Efectos secundarios.** Los psicoestimulantes pueden ocasionar efectos secundarios como los siguientes: reducción del apetito, problemas para conciliar el sueño, dolor de cabeza y de estómago, tics, efecto rebote, sobrefocalización de la atención, aparición de la tolerancia a largo plazo lo que haría necesario aumentar la dosis para conseguir el efecto terapéutico inicial, posible incidencia en el crecimiento del crío.

- **¿Qué papel cumple la escuela en el tratamiento farmacológico?** No existe una dosis única de psicoestimulantes eficaz para todos los niños, es necesario adecuarla a las características de cada niño. Por lo tanto es necesario comprobar minuciosamente la eficacia de la medicación a través de diversas medidas de rendimiento. La mejor información se obtiene en la escuela y en la casa. El proceso de seguimiento de la medicación podría ser el siguiente:

  - El médico receta la medicación y determina el orden y tiempo de las diferentes dosis.

  - Los padres administran la medicación de acuerdo con las dosis establecidas.

  - Se observa diariamente el efecto de la medicación en diferentes dominios (rendimiento, comportamiento, interacción social) tanto por parte de la familia como del centro educativo.

  - Se valora si se producen cambios significativos con alguna dosis y en qué dominios del comportamiento.

  - Se determina cuál es la dosis más baja que produce mayores cambios y menos efectos secundarios.

  - Se informa al medico de los resultados para que determine si la mejoría que produce la medicación supera cualquier posible efecto no deseado y cuál es la dosis más adecuada para cada niño.

Todas las decisiones sobre la medicación estarán tomadas exclusivamente por el médico correspondiente que atienda al crío.

En cualquier caso, el abordaje del TDAH debe hacerse desde una **perspectiva interdisciplinar,** que supere planteamientos simplificadores y reduccionistas. El metilfenidato no "cura la hiperactividad", ni le da al niño estrategias para mejorar su conducta. La tarea del aprendizaje de nuevas habilidades sociales es la más importante y para eso todavía no hay "pastillas". El metilfenidato puede darnos algo más de tiempo y mejores condiciones para que la familia y la escuela trabajemos mejor las estrategias del pensamiento reflexivo, el control de la impulsividad y la conducta responsable, pero **sin la educación la medicación resuelve muy poco.** Muchas veces los profesores muestran unas expectativas excesivas sobre la medicación, y los padres son más reticentes a que su hijo tan joven tenga que estar medicado. La necesidad de tomar o no medicación debe ser valorado exclusivamente por el psiquiatra infantil, teniendo en cuenta todas las informaciones de los distintos ámbitos.

En algunos casos el ambiente sociofamiliar está especialmente afectado, por lo que resulta necesario que los servicios sociales hagan una intervención en el ámbito familiar para garantizar unas condiciones de vida que hagan posible el desarrollo positivo de los críos. Frecuentemente esta intervención se orienta a establecer normas, límites y pautas de relación familiar en las que se respeten los roles de los distintos miembros de la familia.

La atención interdisciplinar del TDAH en la que se coordinan las actuaciones de salud mental, educación y servicios sociales, es la mejor estrategia para ayudar de forma eficaz a los niños y apoyar en su tarea educadora a los sistemas familiar y escolar.

1.6. Casos prácticos: "los niños maleducados"

Los niños con trastorno por déficit de atención con hiperactividad están empezando a detectarse a edades más tempranas, porque la información en familias y profesores es cada vez más abundante y precisa. En cuanto entran en la escuela, a los tres años, la profesora percibe las características diferenciadoras del alumno y es consciente de que necesita más formación y recursos para atender al chiquillo/a con hiperactividad. Se lo comunica al orientador del centro educativo que hace un informe psicopedagógico y da orientaciones a la familia y a los profesores sobre la modalidad de escolarización, los apoyos educativos necesarios, la adaptación del currículo y las estrategias contextualizadas para mejorar la atención, controlar la impulsividad y el exceso de actividad motriz. Si lo estiman necesario el orientador y la familia, se derivará al chiquillo a Salud Mental a través del médico de familia o médico pediatra para realizar el diagnóstico y establecer el tratamiento farmacológico y/o terapéutico necesario, coordinando siempre las actuaciones educativas y sanitarias. En los casos en los que se necesita un punto de vista más específico y externo al Centro, se puede pedir la colaboración del especialista en trastornos de conducta del Equipo de Orientación Externo, si en la estructura de la orientación educativa se contempla esta especialidad.

Lo más frecuente es que inicialmente se produzcan dificultades de entendimiento y comunicación entre la familia y la escuela. Lo mayoría de los profesores suelen decir que el niño no tiene ningún problema más que estar maleducado, que se le consiente todo y no tiene normas ni límites. La familia dice que hace lo que puede y que los profesores no entienden el problema y no saben adaptar el trabajo a las necesidades del hijo. Algunas veces estos enfrentamientos llegan a las denuncias ante la Administración o en los medios de comunicación. Este enfrentamiento en los adultos da alas al chiquillo para hacer todo lo que "le da la gana", culpabilizar a los adultos y manipularlos a su antojo, sin que los mayores le ayuden a poner límites y pautas unificadas a su conducta.

El orientador es el profesional que está en la posición ideal para unificar los criterios de actuación entre los profesores, la familia y los profesionales de salud mental o servicios sociales que estén ayudando a la familia y al crío. Casi siempre la familia necesita ayuda de tipo psicológico para unificar las pautas entre los adultos que conviven en la casa y perseverar en su aplicación coherente, sin caer en el desánimo o la depresión. Algunos de los profesores también pueden necesitar un nuevo profesor de apoyo en su aula y orientaciones metodológicas y de estrategias para controlar su estrés y no acabar padeciendo el "síndrome del profesor quemado".

Las entrevistas periódicas de la familia con el profesor tutor y la comunicación diaria entre la escuela y la casa mediante una agenda escolar son dos estrategias muy útiles para coordinar las distintas intervenciones y apoyarse mutuamente. Es bueno que las entrevistas estén programadas y en ellas se digan también las cosas buenas y progresos del crío, evitando estar llamando por teléfono a la familia cada vez que el niño comete una "travesura".

No todas las familias son iguales, ni tienen la misma aceptación del problema, recursos e implicación. Pero tampoco todos los centros educativos son iguales. Hemos visto chiquillos con hiperactividad que han pasado por tres o cuatro centros educativos, hasta que llegan a uno, en donde el profesorado tiene una actitud comprometida con la atención a la diversidad y se dotan de la formación y estrategias adecuadas para que el alumno pueda terminar su escolarización con el Título correspondiente e integrado socialmente con sus compañeros.

La mayor parte de los chiquillos con hiperactividad tienen un nivel de desarrollo intelectual normal para su edad, aunque vayan acumulando cierto retraso escolar por las características específicas de su estilo de aprendizaje, pero también hemos vista a niños con hiperactividad asociada a la deficiencia mental y a las altas capacidades o sobredotación. Las pautas generales para abordar la hiperactividad son válidas para todos los casos, adaptándolas siempre al nivel de comprensión de los críos.

Algunos alumnos con acusada hiperactividad pueden entrar en crisis. Los profesores que presencian una crisis en la que el crío empieza a tirar todo, se golpea contra la pared, quiere saltar por la ventana o se retuerce en el suelo, con frecuencia manifiestan que el niño además de hiperactivo tiene algo más, sobre todo por la mirada que asusta a compañeros y profesores. La contención de las crisis resulta violenta y agotadora para muchos profesores. Una profesora de Educación Infantil, cuando el niño con hiperactividad empezaba a tirar los tacos de construcciones a la cabeza de los demás, se ponía delante para proteger a los demás alumnos. Mejor estaría que abrazara al chiquillo por la espalda para sujetarle los brazos, de lo contrario probablemente ella acabará en el centro de salud. En la contención hay que evitar que los niños y profesores sufran daño, después, cuando el alumno se calme, ya educaremos.

Recuerdo un adolescente con hiperactividad asociada a un nivel de desarrollo intelectual límite que finalizó su escolarización en Educación Primaria en un centro educativo ordinario con una atención individualizada ejemplar del profesorado. Dada la grave problemática familiar y las características y recursos de los centros de secundaria, optamos por escolarizarlo en un internado con el consenso de familia, orientador y psiquiatra. Los profesores del centro de educación especial no estaban muy de acuerdo con su escolarización en su Centro. Las crisis eran muy frecuentes. En algunas ocasiones tuve que participar en las contenciones de sus aparatosas crisis, el alumno acababa tumbado en el suelo, el director del colegio sujetándolo por las manos y yo por los pies con cuidado y sin hacer daño, casi media hora. Al irse calmando se le daban las instrucciones sobre lo que tenía hacer cuando se levantara, si se negaba y volvía a la crisis, volvíamos a la contención física. Al final se calmaba. Nunca se le permitió hacer lo que quería cuando empezó con la crisis, o que dejara de hacer lo que se negaba a hacer cuando explotó la crisis. De lo contrario tendríamos crisis continuamente, porque el alumno entendería que con la crisis conseguía lo que quería. Tenía que comprobar que la crisis no servía para nada. Las crisis duraron más de lo previsto, ya que en la casa se le permitía hacer lo que quería cuando estallaban las crisis. Al mejorar las pautas familiares, también en el colegio mejoró con rapidez. También empezaron a premiarse las conductas alternativas positivas, cuando pedía las cosas de forma adecuada.

Se le concedió un profesor de apoyo en el aula para ayudar a la profesora tutora. Al final de curso, cuando revisé la modalidad de escolarización, Rocío, la entusiasta y ejemplar profesora tutora de aquel Centro de Educación Especial, que luchaba contra un cáncer desde hacía años, me dijo que no cambiara de colegio al alumno, porque era el mejor del centro educativo. Todos lo estaban esperando para su papel protagonista en el festival de fin de curso.

2. TRASTORNO NEGATIVISTA DESAFIANTE

La desobediencia y conducta agresiva en la infancia son dos de las principales quejas de los padres y educadores en la clínica infantil. En general son conductas que tienden a desaparecer con la edad, siendo más propias de ciertas etapas evolutivas. Para establecer la borrosa línea entre lo normal y lo patológico, tenemos que analizar la **frecuencia, intensidad** y el **grado de deterioro** que provocan en el funcionamiento familiar y escolar. Cuando la conducta de desobediencia es extremadamente grave, recibe el nombre de **trastorno negativista desafiante.**

2.1. Definición

El trastorno negativista desafiante se caracteriza por la existencia de un patrón recurrente de comportamiento negativista, desafiante, desobediente y hostil, dirigido contra las figuras de autoridad. Acostumbra a manifestarse de forma gradual en el ambiente familiar desde la primera infancia hasta los ocho o diez años de edad, generalizándose con el paso del tiempo a otros ambientes, siendo frecuentes los conflictos con los padres, profesores y compañeros. Es importante ser cautos en el diagnóstico para no confundirlo con comportamientos negativistas transitorios o los propios de ciertos estadios del desarrollo. Los criterios para el diagnóstico del trastorno negativista desafiante pueden sintetizarse en los siguientes (DSM-IV-TR): presencia durante 6 meses de cuatro (o más) de los siguientes comportamientos con frecuencia y persistencia:

- Encolerizarse e incurrir en pataletas.

- Discutir continuamente con los adultos.

- Desafiar activamente a los adultos y rehusar cumplir sus demandas.

- Molestar deliberadamente a otras personas.

- Acusar a otros de sus errores y mal comportamiento.

- Ser susceptible y fácilmente molestado por otros.

- Ser colérico y resentido.

- Ser rencoroso y vengativo.

Se cumple un criterio sólo si el comportamiento se presenta con más frecuencia de la observada típicamente en sujetos de edad y nivel de desarrollo comparable. El trastorno de conducta provoca deterioro significativo en la actividad familiar, académica, social y laboral.

La diferencia clave con el trastorno disocial es la ausencia de violación de los derechos fundamentales de los demás, como el robo, la crueldad, la intimidación, el ataque y la destrucción.

2.2. Prevalencia, comorbidad y consecuencias

Hay una gran variabilidad de la prevalencia, según los estudios y métodos utilizados. La prevalencia del negativismo desafiante se sitúa entre un 2 % y un 16%. Los varones son diagnosticados con este trastorno tres veces más a menudo que las mujeres. Se suele iniciar antes de los 8 años y no más tarde del comienzo de la adolescencia. Lo frecuente es que los síntomas aparezcan en el ambiente familiar y se generalicen posteriormente a otros ambientes.

En ocasiones aparecen vinculados el trastorno negativista desafiante con el TDAH, en algunos estudios se habla de aproximadamente la mitad de los casos. Las madres de niños con TDAH, que suelen asumir mayor protagonismo en las entrevistas de evaluación y en las estrategias de intervención que los padres, manifiestan significativamente más estrés, ansiedad y depresión especialmente cuando se da una **comorbidad** con el negativismo desafiante.

2.3. Factores causales y de mantenimiento

Como ya mencionamos hablando de los trastornos de conducta en general, las causas del negativismo desafiante son múltiples. Entre ellas podemos destacar las relativas a la personalidad del niño, como son el temperamento, déficit de habilidades sociales, cognitivas y del campo académico. Las variables familiares (factores psicológicos de los padres, habilidades para ser padres y estilo educativo de los adultos de la familia), así como factores relacionados con la escuela (interacción alumno-profesor, relaciones con el grupo de iguales, ratio profesor-alumno, normas y métodos de trabajo, adaptación del currículo) son causas y variables que ayudan a mantener el negativismo desafiante o a que evolucione favorablemente.

2.4. Intervención

Las estrategias de intervención sobre el negativismo desafiante intentan atender y ayudar a las distintas partes afectadas: entrenamiento a padres y profesores, y las intervenciones centradas en el propio joven afectado. El crío con negativismo desafiante tiene que aprender habilidades cognitivas, especialmente la **solución de problemas.**

Con el fin de transformar las conductas de desobediencia y agresividad, hay que trabajar para cambiar las consecuencias de estas conductas en el ambiente familiar y escolar, siendo generalmente los padres y profesores los encargados de esta tarea. Para esto lo primero es adoptar una actitud tranquila y serena, pues el enfado o perder los nervios no hará más que dificultar la solución y reforzar positivamente las conductas negativas.

Para conseguir mejorar estas conductas se acostumbran a utilizar las **estrategias operantes:** reforzamiento, extinción, tiempo fuera y economía de fichas o contratos de conducta.

- **Estrategia de elogio y retiro de la atención.** Con el fin de reforzar las conductas positivas y extinguir las negativas tanto en el ámbito familiar como escolar.

- **Extinción de conductas negativas.** Eliminar la atención que actúa como reforzamiento positivo, provocará que el niño se dé cuenta de que comportándose de esa forma ya no obtiene la recompensa de la atención por parte de los adultos, por lo que cabe esperar que de forma gradual deje de hacer esas conductas. No prestar atención a la **conducta-problema** supone no mantener ningún tipo de contacto verbal o visual con él. Sermonear, intentar razonar o el contacto físico son reforzadores. En muchos casos se debe dejar sólo al niño en la habitación y volver cuando pare de llorar o gritar. Se debe aplicar la extinción durante un tiempo suficiente, la reducción de la frecuencia de la conducta-problema será paulatina.

  Puede que los primeros días se produzca un incremento de la conducta-problema en frecuencia, intensidad y duración (las pataletas pueden ser más violentas). Esto, paradójicamente, es positivo, pues indica que el crío es consciente del cambio que se está produciendo en su entorno. El niño intenta, con esa reacción, volver a controlar el medio. Si los padres se dan por vencidos en ese momento, harán empeorar las cosas. Cuando se inicia un proceso de extinción hay que ser constantes en todas las ocasiones en que surja la conducta problema. Una vez extinguida una conducta no deseada, puede volver a presentarse aún sin reforzarla. Si ocurre esta recuperación espontánea se debe volver a aplicar la extinción. Resulta muy adecuado combinar la extinción de la conducta negativa con el reforzamiento positivo de conductas alternativas deseables.

- **Estrategia de reforzamiento positivo.** En conductas constructivas del niño y que queremos que aumente la probabilidad de que ocurran. El elogio del profesor, un beso de la madre, aumentarán la probabilidad de participación en el aula o colaboración en la casa. Los tipos de reforzadores pueden ser: reforzadores sociales (elogios, felicitaciones, frases de ánimo, sonrisas, abrazos, caricias, besos, palmaditas en la espalda, escuchar con atención, caminar juntos); reforzadores materiales (productos comestibles, discos, juguetes, ropa, que tengan valor gratificante para el niño); reforzadores de actividad (ver la televisión, ir al cine, salir con los amigos), reforzadores de fichas o dinero (establecer una paga para que aprenda a responsabilizarse de sus gastos). Deben utilizarse con más frecuencia los **reforzadores sociales** y **emocionales** que los materiales.

- **Coste de respuesta.** Está indicado para cuando la conducta-problema se presenta con intensidad elevada y no podemos ignorarla (el niño arremete físicamente contra un hermano o compañero). Supone la pérdida de un reforzador positivo como consecuencia de la conducta inadaptada, con el objetivo de eliminar esta conducta. Ejemplos cotidianos de esta respuesta es la pérdida del tiempo de recreo por mal comportamiento en la clase o no dejarle ver el programa preferido de televisión en casa ante un mal comportamiento. Debe aplicarse de forma inmediata después de la conducta no deseada, sin "sermones", con pocas palabras, pero claras, pensando muy bien el tiempo que se va a retirar el refuerzo positivo, para no cambiar de idea después.

- **Tiempo fuera.** Supresión de la oportunidad de obtener reforzamiento positivo durante un tiempo. Es el aislamiento social: el niño es enviado a un medio restringido, menos reforzante, como la habitación de los padres o un cuarto vacío, durante unos minutos. Supone hacer salir al crío de la situación social, pasando a un sitio lo más neutro posible, en donde no estando incómodo no tenga nada con que distraerse (televisión, música, revistas, compañía de hermanos). El tiempo fuera debe tener las siguientes características:

  - El lugar de aislamiento no debe ser atractivo para el niño ni debe estar alejado para que esté solo, seguro e ignorado.

  - La duración del tiempo fuera debe ser relativamente breve: entre cinco y veinte minutos. Una regla orientadora puede ser: "un minuto de tiempo por año que tenga el niño".

- Hay que evitar cualquiera reforzamiento a la ida, a la vuelta y durante la estancia en la área de tiempo fuera.

- Hay que reforzar positivamente conductas alternativas adecuadas.

Cuando el tiempo fuera se aplique en el colegio, se evitará que el chiquillo se vaya al pasillo o a la Dirección, en donde consigue llamar la atención con un protagonismo importante. Se buscará una tutoría en donde esté observado por un profesor pero que no interaccione con él, que lo ignore. No es el momento de escuchar o aconsejar al alumno, sino de lograr que se aburra de tal forma que acabe deseando regresar al aula, para lo que tendrán que respetar las normas de convivencia.

- **Entrenamiento en habilidades sociales.** Cuando las razones del comportamiento agresivo están determinadas por la falta de repertorios prosociales para establecer relaciones con los compañeros o adultos, la estrategia adecuada consiste en ayudarles a superar ese déficit.

Esta intervención se realizará en la clínica, en el ambiente familiar y en la escuela de forma coordinada.

Los programas de habilidades sociales y autocontrol incluyen elementos a trabajar como los siguientes: escuchar, iniciar y mantener una conversación, formular preguntas, dar las gracias, presentarse, presentar a otras personas, pedir ayuda, participar, dar instrucciones, disculparse, expresar los propios sentimientos, comprender los sentimientos de los demás, enfrentarse con el enfado del otro, resolver el miedo, autorrecompensarse, pedir permiso, negociar, ayudar a los demás, compartir algo, hacer frente a las presiones del grupo, definir los problemas y discernir las causas, resolver los problemas según la importancia y priorizando, tomar decisiones y concentrarse en una tarea.

- **Intervención interdisciplinar.** Cuando probamos de forma unificada y constante estas estrategias y el problema se cronifica o aumenta de intensidad, debemos solicitar la intervención de un profesional especialista. Podemos seguir dos caminos:

  - **Vía educativa.** Solicitar a través del profesor tutor una evaluación psicopedagógica al orientador del centro educativo.

- **Vía sanitaria.** Pedir una consulta en salud mental, a través del médico de familia, para clarificar el diagnóstico y valorar la necesidad del tratamiento psicoterapéutico y/o farmacológico, así como el apoyo psicológico en el ámbito familiar.

- **Servicios sociales.** Si existe una grave problemática sociofamiliar se debe solicitar la intervención de los servicios sociales de base de cada ayuntamiento.

La colaboración entre los distintos profesionales que ayudan a los niños y a sus familias es la mejor estrategia de **intervención interdisciplinar** para abordar los problemas desde una **visión ecosistémica**. Actualmente aún no ha cristalizado esta visión compleja de los problemas de conducta en ninguna estructura organizativa, por lo que esta labor de integración de la información tiene que realizarla la familia o/y los distintos profesionales con inquietud por optimizar la prevención e intervención integral.

2.5. Casos prácticos: "se niega a trabajar e insulta a la profesora"

Las manifestaciones más habituales del negativismo desafiante son las conductas disruptivas tales como negarse a abrir el libro, negarse a trabajar y hacer las tareas, no traer el material, molestar continuamente, provocar e insultar a los profesores, negarse a salir de clase cuando el profesor así lo indica, amenazar al profesor con pinchar las ruedas del coche o esperarlo a la salida del colegio.

Las estrategias de contención más útiles son: ignorar las conductas que son llamadas de atención y no entorpecen la marcha de clase. No entrar en su juego e interrumpir la clase, pudiendo quedar para hablar sobre ese tema individualmente al terminar la clase. No ponernos a su nivel y demostrar que somos adultos que nos tomamos con sentido del humor sus desafíos. No "activarlo" y adelantarnos a sus estallidos de cólera cambiando de actividad o de lugar. Hablar con el grupo de clase para que no le rían las gracias e ignoren sus llamadas de atención. Adaptar el currículo a su nivel de competencia curricular y hacer atractiva la tarea. Encargarlo de responsabilidades: ser el responsable del orden en clase o ser elegido delegado, en algunos casos supuso un cambio radical en el comportamiento provocador y desafiante.

Pero si interrumpe la clase constantemente, tendremos que aplicar el "tiempo fuera". Saldrá de clase a una tutoría en donde un profesor estará pendiente de él, pero no le hablará, lo ignorará de tal forma que se aburra y desee volver al grupo respetando las normas. Si se va al pasillo, a la dirección o a jugar al patio o con el ordenador, lo pasará mejor que en la clase, estaremos premiando sus conductas desafiantes y favoreciendo que las repita.

Si el alumno se niega a salir al "tiempo fuera", tendrá que venirlo a buscar alguien que sea respetado por el alumno: el jefe de estudios, director, orientador. Pero nunca deberemos permitir que el alumno siga en el aula por su propio bien y por el de los demás. Tampoco debemos caer en su provocación y recurrir a la fuerza para que salga. El desafío del alumno es una forma de pedir que alguien le ponga límites.

Los profesores deben evitar caer en el error de cubrir partes de clase, relatando la menor incidencia de los alumnos. Es mejor arreglar las cosas hablando al terminar la clase. Habría que variar el modelo de partes y además de relatar la conducta del alumno, detallar las estrategias utilizadas por el profesor y los resultados obtenidos. Un parte de incidencias debería tener al menos los siguientes apartados para ayudarnos a observar y reflexionar: qué actividad se está realizando, conducta problemática de alumno, respuesta dada por el profesor, reacción del grupo de clase, consecuencias de la conducta problemática, conclusiones del profesor. En definitiva que pasa antes, durante y después de la conducta problemática.

Recuerdo dos reacciones muy distintas de dos profesoras de la ESO que reciben el mismo insulto grave por parte de dos alumnos que las llaman "putas". Una de ellas expulsa al alumno de clase, lo manda a la dirección y lo pone en el parte. El alumno va tres días para casa y vuelve peor de lo que fue, su ambiente sociofamiliar es muy malo. Sigue escribiendo el insulto en el cristal del coche de la profesora.

La otra profesora ni siquiera lo pone en el parte. Llama al alumno a su mesa, delante de los compañeros de clase. Le pregunta si conoce el significado de la palabra que dijo. Le dice que considera que no habló con propiedad, pero que lo va a comprobar haciendo un estudio monográfico sobre la prostitución por las tardes en la biblioteca y que lo expondrá a toda la clase. También tendrá que pensar en las medidas de reparación del daño causado si finalmente habló sin propiedad. Se comunica a los padres el motivo del trabajo de su hijo. Este alumno, tuvo que soportar las ironías de su profesora y compañeros, además de un trimestre en la biblioteca las tardes libres. Al finalizar su extenso trabajo y la exposición, tuvo que participar en los trabajos de las campañas a favor del lenguaje limpio, la igualdad de género y el maltrato a la mujer. No volvió a utilizar ese insulto al referirse a la profesora. Esta excelente profesora no necesitó cubrir partes de clase.

3. TRASTORNO DISOCIAL

Las conductas características de los jóvenes con trastorno disocial manifiestan una agresividad frecuente: insultos, peleas, robos, provocación de incendios, holgazanería extrema y continuo quebrantamiento de las normas del hogar y de la escuela.

3.1. Definición

En el CIE-10 se define como una forma persistente y reiterada de comportamiento disocial, agresivo o retador. Las formas de comportamiento en las que se basa el diagnóstico pueden ser del tipo siguiente: grados excesivos de peleas o intimidaciones, crueldad hacia las personas o animales, destrucción grave de pertenencias ajenas, incendio, robo, mentiras reiteradas, faltas a la escuela y fugas del hogar, rabietas graves frecuentes y persistentes. Cualquiera de estas categorías, si es intensa, es suficiente para el diagnóstico, pero los actos disociales aislados no lo son. La valoración de la presencia del diagnóstico del comportamiento antisocial debe tener en cuenta el nivel de desarrollo del joven. Son desviaciones más graves que la simple "maldad" infantil o rebeldía adolescente.

Otras categorías diagnósticas del trastorno disocial son: trastorno disocial limitado al contexto familiar (F91.0), trastorno disocial en niños no socializados (F91.1), trastorno disocial en niños socializados (F91.2).

Para su diagnóstico, el DSM-IV-TR considera que se debe manifestar la presencia de tres (o más) de los siguientes criterios durante los últimos 12 meses y por lo menos de un criterio durante los últimos seis meses:

a) **Agresión a personas y animales:**

   – A menudo fanfarronea, amenaza e intimida a los otros.

- A menudo inicia peleas físicas.

- Utilizó un arma que pueda causar daño físico grave a otras personas (bate, botella rota, navaja, pistola).

- Manifestó crueldad física con personas.

- Manifestó crueldad física con animales.

- Robó enfrentándose con la víctima.

- Forzó a alguien a una actividad sexual.

b) Destrucción de la propiedad:

- Provocó deliberadamente incendios con intención de causar daños graves.

- Destruyó deliberadamente propiedades de otras personas.

c) Fraudulencia o robo:

- Violentó el hogar, la casa o automóvil de otra persona.

- A menudo miente para obtener bienes o favores o para evitar obligaciones ("tima").

- Robó objetos de cierto valor sin enfrentamiento con la víctima (robo en tiendas, falsificaciones).

d) Violaciones graves de normas:

- A menudo permanece fuera de la casa de noche, a pesar de las prohibiciones paternas, iniciando este comportamiento antes de los 13 años de edad.

- Se escapó de casa durante la noche al menos dos veces o una sin regresar durante un largo período de tiempo.

- Acostumbra a hacer novillos en la escuela, iniciando esta práctica antes de los 13 años.

El trastorno disocial provoca un deterioro significativo de la actividad social, académica y laboral.

3.2. Prevalencia

El trastorno disocial parece ser uno de los **trastornos más frecuentes en la población infantil y adolescente,** afecta entre un 5% a 16% de los chicos y entre un 1% a un 9% de las chicas. Se observan niveles de concurrencia superiores a lo esperable por azar entre el TDAH, el negativismo desafiante y el trastorno disocial.

3.3. Factores de riesgo y protección

El trastorno disocial es un **fenómeno multicausal.** El estudio de factores de riesgo, permitió identificar una gran diversidad de variables relacionadas con la aparición del trastorno o con su evolución. Las más importantes son las siguientes: aspectos genéticos y constitucionales relacionados con la presencia del trastorno en la familia, anormalidades psicofisiológicas y/o de los sistemas de neurotransmisión, el género, el temperamento, variables cognitivas, concurrencia de TDAH y negativismo desafiante, soporte familiar inadecuado, nivel socioeconómico, grupo de iguales (Caseras y otros, 2002).

Aportan protección para la realización de la conducta disocial en presencia de factores de riesgo, las siguientes variables: un CI elevado, temperamento no conflictivo, capacidad para relacionarse con otros, hábitos de trabajo en la escuela, una buena relación con al menos un progenitor o algún adulto de referencia, compañeros prosociales, atmósfera escolar basada en la responsabilidad y autoexigencia.

3.4. Prevención

Hay que distinguir entre *prevención primaria* y *secundaria*. La **prevención primaria** se realiza para prevenir el desarrollo de trastornos psicológicos y proporcionar bienestar a las personas que aún no están afectadas por el problema. La prevención secundaria se centra en aquellas personas que ya muestran algún signo precoz, leve o moderado de disfunción o presentan alto riesgo de sufrir problemas. Entre los programas de prevención de conducta disocial podemos citar:

- **Intervención precoz con los padres y la familia.** Está dirigida hacia las influencias anteriores al nacimiento del crío y a sus primeros años de vida. Se centran en la reducción de los factores de riesgo. Así, un programa fue diseñado para mejorar los hábitos de salud prenatal de las madres, los cuidados infantiles, el apoyo social, el uso de los servicios de la comunidad, la educación y el trabajo para depender menos de los subsidios. La atención a la salud de la madre y la reducción de los trastornos de la infancia (nacimientos prematuros y escaso peso al nacer) tiene amplios efectos preventivos.

- **Prevención basada en la escuela.** Incluye programas como los que se pueden llevar a cabo para ayudar a niños con alto riesgo de fracaso escolar, programas para reducir las conductas antisociales basadas en el trabajo cooperativo, desarrollo de habilidades sociales y solución de conflictos.

- **Prevención basada en la comunidad.** Cada vez existe una sensibilidad mayor en los ayuntamientos y barrios de ciudades para articular propuestas en las que se implica a la mayor parte de las instituciones para ofertar alternativas a los jóvenes en su tiempo libre. Así, colaboran los ayuntamientos, centros educativos, centros de salud, empresas, comercios y asociaciones para hacer prevención en problemas como el absentismo escolar, peleas, salidas nocturnas y otras conductas problemáticas.

3.5. Intervención

Los tratamientos actuales de la conducta disocial se centran mayoritariamente en el niño o adolescente de forma individual. Intentan cambiar las conductas del joven con terapia de grupo o individual, terapias conductual o cognitiva, y farmacoterapia. Otra serie de tratamientos, en menor cantidad, intentan introducir cambios en la familia y escuela desde una perspectiva sistémica. El problema del joven antisocial se considera en el contexto de los procesos dentro del sistema familiar y/o escolar. El tratamiento se orienta a cambiar los patrones de interacción domésticos y escolares con técnicas como la terapia familiar, los cambios curriculares y organizativos de la escuela, o el entrenamiento conductual de padres y/o profesores. Otros enfoques ecosistémicos incorporan la influencia terapéutica del contexto de la comunidad. Dan un mayor peso al contacto directo y relación de los jóvenes con compañeros y servicios comunitarios prosociales.

Los enfoques más prometedores para el tratamiento del trastorno disocial pueden sintetizarse en los siguientes:

- **Técnicas de modificación de conducta.** Las conductas disociales son aprendidas y reeducables mediante nuevas experiencias de aprendizaje. El principal método consiste en aplicar incentivos sobre las conductas prosociales y suprimirlos o establecer consecuencias negativas para las conductas antisociales. Hay que recordar la importancia de los **aprendizajes por observación,** los padres deben ser ejemplo de conducta reflexiva.

- **Entrenamiento en estrategias de resolución de problemas.** Entre las que podemos incluir: mantener la calma; definir el problema; pensar soluciones alternativas y posibles consecuencias; elegir la solución con más beneficios y menos costes; decidir qué, quién, cómo, cuándo hacer; evaluar los resultados y revisar las posibles soluciones.

- **Entrenamiento conductual para padres.** El tratamiento se realiza principalmente con los padres, normalmente no hay intervención directa del terapeuta con el joven. Se entrena a los padres para que identifiquen, definan y observen la conducta problemática. Las sesiones de tratamiento abarcan procedimientos que van desde el castigo suave (menos refuerzo, pérdida de privilegios) hasta la negociación. Las sesiones proporcionan ocasiones para que los padres vean como se realizan las técnicas. En definitiva se busca desarrollar habilidades sociales en los padres que alteren el patrón de intercambio coercitivo familiar, reforzando la conducta prosocial. Esto requiere ejercitar conductas en los padres como: establecer reglas claras para que los hijos las sigan, proporcionar refuerzo positivo para la conducta adecuada, poner formas suaves de castigo para suprimir la conducta inadecuada, negociar acuerdos. La terapia familiar funcional puede ayudar a cambiar los patrones de interacción y comunicación familiar de forma que se consolide una conducta más adaptativa en el sistema familiar.

- **Intervención en el sistema educativo.** Desde una visión sistémica del aula y el centro educativo, se intentan introducir cambios que mejoren la evolución de los problemas de conducta y absentismo escolar que suelen presentar los alumnos con trastorno disocial. Se necesita cambiar el paradigma educativo con las siguientes estrategias: hacer más complejo el currículo introduciendo las habilidades sociales para superar el "analfabetismo emocional", adaptar el currículo a las necesidades de los alumnos, entrenar a los profesores en la solución de conflictos, aplicar una metodología activa y cooperativa en la que los alumnos que se "llevan mal" trabajan en el mismo equipo, hacer grupos flexibles de alumnos para superar las dificultades de aprendizaje, mejorar el funcionamiento de las tutorías y la atención individualizada de los alumnos.

- **Tratamiento basado en la comunidad.** El tratamiento se realizará en la comunidad, beneficiándose de los recursos del entorno habitual que pueden apoyar la conducta prosocial. Estos programas acostumbran a llevarse a cabo en locales recreativos o centros juveniles en donde las actividades ya están en curso. Los enfoques comunitarios enfatizan la necesidad de integrar y tratar a los jóvenes antisociales y a sus compañeros prosociales juntos. La segregación de jóvenes con trastornos en régimen de residencia les proporciona modelos de conducta más desviada. Sin embargo el enfoque comunitario deja algunas preguntas sin responder. Por ejemplo, no está claro que jóvenes extremadamente antisociales, como se ven en ambientes hospitalarios, puedan beneficiarse o siquiera permanecer en tratamientos basados en la comunidad. Aún así, el enfoque comunitario parece prometedor y representa una alternativa enriquecedora de prevención e intervención.

- **Apoyo farmacológico.** Siempre indicado por el servicio de salud mental correspondiente. A diferencia de lo que sucede en el caso del TDAH, son escasos los trabajos llevados a cabo con pacientes que presentan el trastorno disocial sobre la eficacia de las intervenciones farmacológicas.

- **Intervención interdisciplinar.** Viene a sintetizar la integración de los tratamientos anteriormente citados. La intervención integral supone la coordinación de las actuaciones de salud mental (farmacológica, psicoterapéutica, entrenamiento de padres), la intervención en el sistema escolar (entrenamiento de profesores, cambios curriculares y organizativos, tutoría entre iguales, contratos de conducta), y las actuaciones de servicios sociales (apoyo familiar, incluyendo si es necesario la actuación de educadores sociales en el escenario familiar, actuaciones basadas en la comunidad).

3.6. Casos prácticos: "¿Qué será de nosotros, los malos alumnos?"

Cada vez se incrementa más el número de alumnos de la ESO que no quieren ir al Instituto, que quieren dejar de estudiar y ponerse a trabajar. El fracaso escolar llega al 30% y la relación entre conductas disruptivas y fracaso escolar es muy estrecha. Los llamados insumisos u objetores de la escuela caen en el absentismo escolar o bien siguen yendo a clase para buscar directamente la expulsión con sus conductas disruptivas, provocadoras, desafiantes, agresivas (Marchesi, 2004).

Más que un problema de conducta de los alumnos es un problema del **sistema educativo** que no tiene los recursos necesarios para atender la diversidad de intereses y estilos de aprendizaje de los alumnos.

Para combatir el absentismo está bien informar a las familias de forma inmediata de las faltas de asistencia, está bien que cubramos el protocolo de absentismo escolar y que los servicios sociales hagan lo posible para que los adolescentes estén escolarizados, pero es totalmente insuficiente y frecuentemente todo se queda en papeleo burocrático y el joven sigue sin pisar el centro educativo.

Desde hace unos años, cuando los alumnos comprendidos entre 14-16 años presentan problemas de conducta, retraso escolar significativo y manifiestan que quieren dejar de estudiar y ponerse a trabajar, les ofrecemos la posibilidad de incorporarse a los Programas de Garantía Social, modalidad B, que les permiten estar dos días en el centro educativo y tres en la empresa del perfil profesional que escogen por sus intereses. La evolución es extraordinariamente satisfactoria para el alumno. La mayor parte de ellos sufren una transformación sorprendente: hacen uno o dos programas de garantía social, se presentan a la prueba de Graduado de la ESO en la modalidad de adultos cuando se lo permite la edad y casi el 90% aprueba la prueba de acceso a los Ciclos Formativos de Grado Medio y realiza un Ciclo frecuentemente relacionado con el Programa de Garantía Social inicial. Alumnos que no querían oír hablar del Graduado en su Colegio, cambian radicalmente de actitud al cambiarle el sistema escolar en el que se encontraban como prisioneros. Si esperamos a que cumplan los

16 años para que puedan entrar en una alternativa curricular más práctica, la mayor parte de ellos abandonan definitivamente el sistema educativo el día de su cumpleaños. Una vez más comprobamos que para mejorar la conducta de las personas hay que cambiar los sistemas.

Está bien la escolarización obligatoria hasta los 16 años, pero la experiencia de estos años nos ha demostrado que es un error mantener el currículo homogéneo en los últimos cursos. Es necesario diversificar el currículo y que todos los caminos lleven al mismo título, que permita a los alumnos acceder al mundo laboral en igualdad de condiciones. De lo contrario pronto tendremos que llegar a medidas como la de Francia, de adelantar la edad de empezar a trabajar a los 14 años, para evitar que esa bolsa de marginación que se forma con los insumisos de la escuela y del sistema, acabe poniendo en peligro la propia supervivencia de nuestra sociedad del bienestar.

Recuerdo un alumno con problemas de agresión a iguales, interrupciones continuas en el aula y sobre todo amenazas de suicidio reiteradas, que tenían al profesorado angustiado. En su casa, la madre cedía siempre al chantaje de la amenaza de suicidio y no podía establecer normas tan básicas como apagar la televisión y acostarse a una hora determinada. Lo derivamos a Salud Mental para que hicieran un diagnóstico y valoraran especialmente el posible riesgo de suicidio. Cuando le comunicamos al profesorado que el diagnóstico era de trastorno disocial con conductas manipuladoras como la amenaza de suicidio, con escasas probabilidades de pasar al acto; el claustro se tranquilizó y nos pudimos centrar en los aspectos educativos: la adaptación del currículo, las estrategias de contención, encargarlo de responsabilidades que le dieran el protagonismo que estaba buscando y se le adelantó su incorporación a un Programa de Garantía Social relacionado con sus intereses profesionales.

Dimos pautas a la familia para no dejarse manipular por sus amenazas y solicitamos el apoyo de servicios sociales en el contexto familiar para que una educadora social se desplazara al domicilio familiar diariamente hasta consolidar unas normas básicas. Al curso siguiente se incorporó a un nuevo instituto para cursar dos Programas de Garantía Social, más tarde obtuvo el Graduado de Adultos, realizó la prueba de acceso a los Ciclos Formativos de Grado Medio y finalizó el Ciclo de Administración. Sólo en una ocasión nos volvieron a llamar del nuevo instituto para consultar con nosotros la conveniencia de una expulsión temporal por un incidente, que desaconsejamos para no volver a repetir la experiencia negativa del anterior Centro.

4. VIOLENCIA ENTRE IGUALES

La violencia entre iguales está preocupando cada vez más a los padres, centros educativos y servicios sociosanitarios por las terribles consecuencias que provoca en los jóvenes agredidos, especialmente cuando se relacionan con casos de suicidio. Noticias como las que reproducimos a continuación deberían hacernos reaccionar a todos para tomar medidas preventivas eficaces.

4.1. Casos reales

A continuación relatamos dos casos paradigmáticos de violencia entre iguales.

4.1.1. "Suspendía para que no se metieran con ella"

Los padres de una escolar de 16 anos denunciaron el "constante acoso" de tres compañeras del colegio. Su expediente académico era excelente, hasta en los últimos días en que "suspendió los dos últimos exámenes para que no se metieran con ella, y ser como las otras". Las presuntas acosadoras se reían de sus buenas notas, llamándola "empollona". Su madre la definía como una joven responsable, estudiosa y muy madura. Era agredida por las compañeras fuera del colegio, causándole lesiones que provocaron la denuncia de la familia en Comisaría y la comunicación de los hechos a la dirección del centro escolar.

4.1.2. Discriminación por el físico

Lucas tiene 11 años, es obeso, este año no escuchó una sola vez su nombre y sí "bola de grasa", "el pelota". Es muy tímido, reaccionaba al principio llorando. Ahora está solo en el patio durante el recreo. El año pasado lo desnudaron en el lavabo, le agacharon la ropa y le vaciaron la mochila. Viene al colegio porque no se atreve a decirle a su padre lo que le pasa. El otro día el profesor de gimnasia le gritó en clase: "corre gordo, hay que bajar la tripa". Lucas se culpabiliza de lo que le pasa. Hay una profesora que sabe lo que sufre, pero no se toman medidas en el Centro. Él se esfuerza en agradar pero su actitud causa el efecto contrario y cada día soporta más golpes, codazos y empujones.

Todo comenzó hace unos años cuando empecé a tener mis ideas claras y tener mi forma particular de vestir. Al principio sólo eran miradas de desprecio hacia mí y risas. Luego llegaron las palabras como "guarro", "casposo de mierda". Y los dos últimos años fueron ya "collejas" todos los días en el autobús camino del instituto, algún tortazo y cabezazo. Las amenazas eran del tipo de "te vamos a matar", "te vamos a arrancar el piercing de cuajo", "aquí van a caer muchos dientes". Cada cosa que pasaba (por ejemplo un destrozo o una pintada) la culpa era siempre mía. Mis amigos y yo fuimos siempre la "escoria". Yo sentía miedo. Tuve muchas veces miedo a ir al instituto e incluso a salir a la calle. Sentí impotencia al ver que no podía hacer nada ni defenderme. Si le respondía a uno, sabía que no iba a ser el sólo el que viniera a por mí después. Lo último que me pasó fue una agresión grave hace tres semanas, aún estoy mal y queda tiempo hasta que me cure.

4.2. La intimidación y la ley del silencio

El fenómeno del *bullying* o intimidación puede definirse como la violencia mantenida, mental o física, guiada por un individuo o por un grupo y dirigida contra otro individuo que no es capaz de defenderse a sí mismo en esa situación, ante el silencio del grupo de espectadores que asiste pasivamente a la agresión, que se desarrolla en el ámbito escolar.

La intimidación, según el diccionario significa causar o infundir miedo, puede presentar varias formas:

- **Física.** Atacar físicamente a los demás, robar o dañar sus pertenencias, dar empujones, patadas, puñetazos, agresiones con objetos.

- **Verbal.** Poner motes, insultar, contestar con tono desafiante o amenazador, resaltar de forma constante un defecto físico o acción.

- **Psicológico.** Acciones encaminadas a minar la autoestima y fomentar la inseguridad y temor. La componente psicológica está en todas las formas de maltrato.

- **Social.** Pretende aislar al individuo respecto al grupo, lo que se consigue propagando rumores peyorativos y con la propia inhibición contemplativa del grupo. Estas acciones se consideran **bullying** "indirecto".

La intimidación surge de la interacción de cuatro factores:

- Una víctima que sufre la agresión o acoso.

- Un matón, abusón o chulo que hace la intimidación.

- Unos espectadores pasivos que presencian la agresión sin hacer nada.

- Un contexto familiar, escolar o social que ignora o permite la intimidación.

No hay un determinado perfil de víctima con problemas o deficiencia de habilidades sociales. Cualquier característica diferenciadora es suficiente para que el agresor ataque: ser el más nuevo en la clase, sacar mejores o peores notas, ser la más guapa de la clase, haber fallado un penalti.

Los distintos roles de agresor, víctima o espectador pueden desarrollarse con algunas variaciones. Así el agresor puede ser cabecilla que organiza o dirige el grupo o seguidor que apoya y ayuda a la agresión. Los espectadores pueden ser pasivos, defender a la víctima o incluso animar la agresión. La víctima puede ser pasiva o provocadora.

En la intimidación surge el miedo, que favorecen que el grupo se inhiba casi en su totalidad. El mayor aliado de los agresores es la "ley del silencio". Sólo algún sujeto aislado se atreve a criticar la situación pero rara vez intercede por la víctima. Las situaciones de agresividad en el aula encuentran apoyo en el grupo, que, en cierta medida, las genera y mantiene.

Suele producirse en locales y ocasiones en donde no hay adultos: en el patio, los baños, autobús escolar. También puede ocurrir fuera del ámbito escolar: en el barrio, salas de juegos, en los enfrentamientos entre pandillas.

Los casos de intimidación entre iguales, generalmente tardan en descubrirse hasta que se manifiestan bajo formas como que el adolescente se niega a ir al colegio sin motivo aparente. Finge dolencias que justifiquen ante sus padres la no asistencia antes que declarar que un grupo de compañeros le está haciendo la vida imposible.

Los efectos da victimización son duraderos y provocan altos niveles de ansiedad. Es una experiencia traumática y horrible ya que la víctima sufre daño moral y físico. Algunos de los síntomas que presentan pueden ser: alta tensión nerviosa, dolor de estómago y de cabeza, pesadillas, ataques de ansiedad, trastornos en el comportamiento social (rabietas, negativismo, timidez, fobias y miedos a la escuela, absentismo escolar o fugas). La intimidación afecta a la capacidad de concentración y aprendizaje en general. Las víctimas sienten que sus vidas están amenazadas y no saben cómo salir de esa situación, lo que provoca un estado de miedo, que experimentan a veces incluso fuera del colegio. Cada vez es menor la interacción con el resto de los compañeros, por lo que va incurriendo en el aislamiento cuando no en el rechazo.

La agresión continuada puede tener tres tipos de consecuencias dramáticas: que el agresor dañe físicamente a la víctima, que la víctima se deje llevar por la sed de venganza y ataque físicamente al intimidador, o que la víctima se sienta tan sola y humillada que acabe deseando desaparecer.

4.3. Incidencia de la violencia

El primer proyecto de investigación sobre el comportamiento bullying se llevó a cabo por Dan Olweus en Suecia en los años 70 (Olweus, 1993). Posteriormente se incrementaron las investigaciones en Alemania en los años 70, en el Reino Unido a partir de los 80, en Italia (Genta et al., 1996), en Holanda (Mooij, 1992,1994), en EE.UU. (Harachi et al., 1999; Berthold e Hoover, 2000).

En España destacan los estudios de la Dra. Ortega (1999) con el proyecto Andalucía Anti-Violencia Escolar, y la Dra. M.ª José Díaz-Aguado con el "Programa de educación para la tolerancia y prevención de la violencia en los jóvenes" (2004), así como el Informe del Denfensor del Pueblo (2000). Actualmente cada vez se multiplican más los estudios sobre la intimidación y la desgraciada actualidad de casos de acoso en los medios de comunicación social está creando una mayor sensibilidad en la sociedad hacia este problema, que ojalá se traduzca en medidas de prevención e intervención integrales contra la violencia.

Del Informe del Defensor del Pueblo (2000), basado en una investigación dirigida por la Dra. Esperanza Ochaíta con alumnos de la ESO, destacamos los siguientes datos:

Cruzando la información aportada por las víctimas, agresores y espectadores se concluye que el maltratado observado es predominantemente de tipo verbal (30%): "me insultan", "hablan mal de mí", "me ponen motes". En el caso del maltrato indirecto, lo más frecuente (20%) es "me agachan cosas" o la exclusión social (14%): "me ignoran". De menor incidencia son los robos (6%), la agresión física (4%). Más baja es la incidencia del acoso sexual, obligar a hacer cosas o amenazar con armas (entre 1 y 0,6%). En líneas generales hay una coincidencia en este enfoque de la violencia tanto en las víctimas, como en los agresores y espectadores.

Sobre el lugar del maltrato, la clase es el escenario más habitual para el insulto, poner motes, acciones contra la propiedad o romper cosas. El patio es lugar escogido para las agresiones físicas y de exclusión activa.

Las variables de género y curso influyen de distinta forma. Los chicos son víctimas y agresores en intimidaciones del tipo de "no dejar participar", "poner motes" y "amenazar para meter miedo". Las chicas realizan y reciben más agresiones del tipo "hablar mal de mí".

En cuanto a la variable curso, 2.º de la ESO es el grupo en el que se concentran más las agresiones.

Mayoritariamente el maltrato recibido sólo se comunica a los amigos, un porcentaje importante lo comunica a la familia, y menos, al profesorado. En cuanto a la ayuda prestada, ésta viene prácticamente sólo de los amigos. Los profesores ayudan sobre todo en tres tipos ocasiones: robo, agresión física y amenazas para intimidar a las víctimas. Casi nadie ayuda en los casos de chantaje (obligar a hacer algo) y en la exclusión social.

Sobre la incidencia del acoso escolar en nuestro país las cifras son muy dispares. Desde el alarmismo provocado por el Informe de la Fundación Cisneros del año 2006 que dice que uno de cada cuatro niños sufre acoso escolar en nuestras escuelas, hasta puntos de vista más moderados que sitúan su incidencia del 1% al 4%. Habría que definir claramente qué entendemos por bullying y cómo lo medimos para tener una visión más realista y compleja de la realidad. Nuestra experiencia en recibir consultas de los centros educativos nos hace ver como excesivo el porcentaje del 25% de niños acosados y nos situamos más cerca del 5%, que para nosotros sigue reflejando una situación igualmente preocupante y que pide urgentemente tomar medidas de prevención e intervención eficaces.

4.4. Causas de la violencia escolar

La violencia escolar es un fenómeno multideterminado por numerosos factores, entre otros: la personalidad o educación recibida, la familia, la relación entre iguales, la cultura del centro educativo, factores demográficos entre los que destacan el status socioeconómico, el género y la edad.

a) Factores personales

Entendemos que la conducta agresiva se produce por el déficit o dificultades en la adquisición de habilidades cognitivas, emocionales y sociales. Entre las variables psicológicas que se relacionan con la conducta agresiva destacamos cuatro:

- Impulsividad. Falta de control en el impulso que lleva a actuar y decir cosas sin pensar.

- Empatía. Respuesta en la que se reconoce el estado emocional de la otra persona, llega a sentirse un estado emocional similar y a ser capaz de ponerse en la piel de la otra persona. A mayor empatía menor agresividad.

- Control interno o externo. Las personas que tienen un control interno de su conducta muestran menor agresividad que las que predomina un control externo.

- Factores relativos al género y edad. Los chicos presentan conductas agresivas en un porcentaje superior a las chicas. En cuanto a la edad, los alumnos pequeños emplean más las estrategias físicas de agresión, mientras que las verbales e indirectas predominan en los mayores.

b) Factores familiares

Los factores familiares que tienen una influencia directa en el desarrollo de patrones de conducta agresiva son:

- Actitudes emocionales negativas de los padres durante los primeros años de vida.

- La permisividad y tolerancia hacia la conducta agresiva del crío, sin establecer límites claros.

- La disciplina autoritaria. El castigo físico y las explosiones emocionales negativas, pueden estimular la conducta agresiva en los hijos.

La exposición a una violencia crónica en la familia origina reacciones agresivas y antisociales en los hijos. En general, los niños que sufren malos tratos se manifiestan más agresivos en sus interacciones con los compañeros y tienen más problemas de conducta.

c) Las relaciones con el grupo de iguales

Las relaciones entre iguales pueden llevar a cambiar la **perspectiva egocéntrica** por una **perspectiva de reciprocidad** o **descentración.** Entender que el otro tiene los mismos derechos que yo, que lo que yo hago me lo pueden hacer a mí, o que si me hacen un favor yo debería devolverlo, son actos de reciprocidad.

En el grupo de iguales se producen procesos de aprendizaje espontáneo muy potentes. Por una parte la observación de agresiones que llevan a cabo otros niños favorece un **aprendizaje vicario.** Por otra parte el refuerzo de conductas agresivas que hace el grupo de iguales prestando atención, apoyando o animando las conductas que los divierten condiciona la respuesta individual.

La amistad es uno de los escudos protectores más relevantes frente al estrés en niños y adolescentes. Tener amigos protege contra recibir agresiones y la victimización.

d) El centro escolar

El clima o atmósfera del centro educativo es crucial en el proceso de cambio de las conductas agresivas. Hay factores de tipo organizativo que favorecen el ambiente de agresividad: desorganización de espacios y horarios, masificación, espacios de clase pequeños, pocos lugares para recreo, edificios descuidados, la dirección ineficaz, malas relaciones entre el profesorado, escasa participación del alumnado, ausencia de normas claras de convivencia.

Algunas de las características de los centros escolares que tienen incidencia positiva en la prevención de la violencia escolar, son las siguientes:

- Cohesión interna del claustro de profesores; respeto mutuo, implicación personal en la marcha del Centro.

- Existencia de normas de convivencia claras y consensuadas entre profesorado y alumnado para contener la violencia e impulsar el trabajo académico cooperativo.

e) **Los medios de comunicación**

La posible influencia de los medios de masas en la conducta violenta de los críos puede sintetizarse en tres grandes efectos (Goldstein,1999):

- Efectos sobre la agresión. Incremento de la imitación de conductas violentas.

- Temor a ser víctimas de agresiones. Incremento del temor, desconfianza y búsqueda de autoprotección.

- Efecto espectador. Incremento de despreocupación y frialdad por los hechos violentos que contemplamos.

El **efecto espectador** es una habituación a la violencia frecuente e indiscriminada presente en los medios. La imitación de las conductas violentas que se ven en las películas influye en los comportamientos en un período de tiempo inmediatamente posterior. Su influencia a medio y largo plazo depende de otras variables que unan sus efectos. Sin embargo hay jóvenes más vulnerables en los que esta influencia puede producirse con más facilidad.

Los profesores desde educación infantil deberían enseñar hábitos para ver la TV críticamente, intentar, junto con las familias y otros medios, influir en la reducción de la violencia al menos en las programaciones locales.

Los padres tienen que implicarse en la educación para ver de forma crítica la TV con los hijos, pudiendo utilizar las siguientes estrategias:

– Planificar los programas que va a ver el niño, evitando los violentos.

– Ver algunos programas con los hijos, haciendo preguntas u observaciones humorísticas sobre los personajes o acciones violentas y contrastarlos con la realidad.

– Proporcionar actividades interesantes alternativas, especialmente el juego con otros niños.

–Explicar la falsedad de los anuncios comerciales exagerados.

f) Factores contextuales

En **contextos deprimidos,** los niños y adolescentes pueden estar expuestos a múltiples estresores y también a experiencias violentas que pueden tener influencia en la aparición de conductas violentas individuales. Para los educadores, cambiar las condiciones socioeconómicas que estresan a la familia es prácticamente imposible, pero sí podemos facilitarle el acceso a recursos, redes de apoyo e información sobre otras ayudas que puedan incrementar su calidad de vida.

g) Factores culturales

Los valores de la cultura competitiva y consumista tienen que ser progresivamente sustituidos por los de una nueva cultura solidaria y cooperativa.

4.5. ¿Qué podemos hacer los profesores como prevención? El clima de clase

El mejor tipo de intervención es la prevención. Hay cosas que todos podemos hacer antes de que la violencia se instale en nuestras casas, escuelas, barrios y ciudades.

Una vez más tenemos que retomar el **enfoque global** para reconocer que si la violencia es multicausal, tendremos que incidir sobre los múltiples factores que la provocan para prevenir su aparición. El ámbito escolar es un buen escenario para tratar de diseñar un plan de mejora de la convivencia.

La prevención de la violencia escolar no puede limitarse a una serie de medidas o sanciones tomadas con urgencia y de forma individual para corregir las conductas disruptivas. La prevención eficaz necesita ser concebida como un plan integral de mejora de la convivencia en el que se implique a toda la comunidad educativa y el contexto del centro educativo. Las fases para la elaboración de un **Plan de Covivencia Anual,** son las indicadas para todo proyecto, ya mencionadas en el apartado 2 del Capítulo II.

El **Plan de Acción tutorial** debe ser el ámbito en el que se integren las distintas actuaciones de mejora de la convivencia y prevención de la violencia. El profesor tutor tendrá como uno de los objetivos fundamentales de su acción tutorial el crear un clima de clase en el que se favorezca el **aprendizaje cooperativo** de las habilidades sociales. Los profesores deben hablar del tema del maltrato en la clase. Hacerle ver a los alumnos que los observadores pasivos no son "inocentes". Que los que callan bien podrían decirle al agresor: "¡Vale ya! ¿Te gustaría que alguien te hiciera lo mismo?" También pueden ofrecerse a acompañar a la víctima, a hablar con sus padres o con los profesores, orientador o director/a. En definitiva a pasar de ser un espectador pasivo y silencioso a prepararse para ser un mediador de conflictos.

Es muy importante mantener controlados y supervisados minuciosamente los escenarios preferidos para la intimidación: patios de recreo, servicios, autobuses. Algunos consejos útiles para la víctima en los momentos de crisis pueden ser: que intente estar en las áreas del colegio que sean seguras, decirle que vaya a casa acompañado y que varíe la ruta, hablar con el conductor del autobús para que lo siente cerca, que no lleve objetos valiosos ni dinero a la escuela, y que actúe con confianza porque cuenta con el apoyo de los profesores.

Una de las estrategias, más reconocida en todos los planes de prevención, para mejorar el clima de clase es la de consensuar normas de convivencia con los alumnos, que deben figurar en carteles en las aulas y en los escenarios de posibles intimidaciones. También se puede dar una copia a los alumnos y familias. Algunos ejemplos de normas contra la intimidación, para las distintas etapas educativas, pueden ser:

- **De 6 a 8 años:**

  – No hagas a otros niños nada que no quieras que te pase a ti.

  – No toques a otro niño si no quiere que lo toques.

  – Si estás enfadado habla. Los golpes, las patadas y los arañazos no solucionan nada.

  – No está bien visto reírse de otros niños, quitarles las cosas o excluirlos.

- **De 8 a 12 años:**

  – No juzgues a nadie por su aspecto.

- Si te llamas a ti por tu nombre, no pongas motes a los compañeros.

- No excluyas a nadie de una actividad porque sea diferente.

- No chismorrees ni ridiculices a otros.

- No maltrates a otros, ni física ni mentalmente.

- No le hagas caso a un intimidador. Si el intimidador no deja de intimidar, díselo al profesor.

- Si estás siendo intimidado, habla de ello en la casa, no lo mantengas en secreto.

- Los recién llegados suelen ser intimidados. Dales la bienvenida y ayúdalos.

- **De 12 a 16 años:** se pueden incluir, además, las siguientes:

  - No insultes a nadie.

  - No te precipites en sacar conclusiones.

  - No unas fuerzas para ridiculizar a otros.

  - No amenaces a nadie.

4.6. Intervención en crisis. Tolerancia cero con la intimidación

No valen las excusas de que es una broma o sólo es un juego. Hay que manifestar una **tolerancia cero** hacia cualquier forma de intimidación por incipiente que sea. El propósito fundamental de la intervención en la intimidación debe plantearse un doble objetivo: controlar eficazmente las conductas agresivas y enseñar patrones de comportamiento que lleven a una mayor interacción social de todos los miembros implicados en la relación educativa.

Las estrategias que se mencionan a continuación se refieren a intervenciones en crisis de violencia, aunque también podrían ser útiles como medidas preventivas. No son tratamientos clínicos, sino que intentan ser intervenciones sistémicas que impliquen a las distintas personas que interaccionan en el sistema escolar: víctima, agresor, espectadores, profesores y familias (Armas Castro y Armas Barbazán, 2005; Armas Castro y Armas Barbazán, 2006).

4.6.1. La entrevista evaluadora

El primer paso a dar en el centro educativo ante la sospecha de que puede existir acoso entre iguales es la realización de entrevistas individuales del profesor tutor u orientador con cada uno de los alumnos presuntamente implicados. Es frecuente utilizar el **método Pikas** (Pikas, 1989) o de **preocupación compartida,** en el que se empieza entrevistando a los posibles agresores y se termina por la víctima. Es mejor hacerlo durante una sesión de clase sin que tengan posibilidad de hablar previamente entre ellos durante un recreo. Se busca cruzar información para detectar si existe acoso y pedir a cada uno de los implicados que hagan propuestas para reparar el daño causado y facilitar la integración de la víctima en el grupo. Con ello tendremos una batería de ideas constructivas que llevarán a cabo los posibles agresores y espectadores pasivos, antes de pensar en otras posibilidades sancionadoras, que contemplaríamos si fracasan las medidas integradoras.

4.6.2. Tutoría y mediación entre iguales

Ayudar supone beneficios tanto para el que ayuda como para el que está necesitado de ayuda. Se trata de trasformar a los espectadores atemorizados con la ley del silencio, en **mediadores de conflictos.** Se puede realizar una selección de alumnos con perfil de mediador y formarlos para que desarrollen la mediación con los compañeros (Torrego, 2001).

4.6.3. Programa de trabajo con la víctima

Se buscará un entrenamiento en habilidades sociales con el objetivo, no sólo de que cese la intimidación, sino de que aprenda a ser "resiliente", a desarrollarse en condiciones adversas y que funcione adecuadamente en el grupo. El programa irá encaminado a:

- Proporcionar estrategias de autoprotección.

- Desarrollar habilidades que favorezcan el trabajo en grupo.

- Crear un clima de confianza en donde se pueda expresar abiertamente la situación conflictiva.

- Incrementar la autoconfianza y la autoestima, enseñar a la víctima a no serlo sin por ello convertirse en agresor.

- Usar grupos de apoyo para la víctima, puede procurársele un observador de las situaciones para ofrecerle información y protección. Procurar que la víctima no se quede sin amigos.

- No descartar a posibilidad de cambiar de grupo o centro educativo al agresor y si esto no fuera posible, sólo entonces, evaluar la posibilidad de cambiar de grupo a la víctima.

Un decálogo para que la víctima sepa protegerse de la intimidación podría sintetizarse en las siguientes estrategias: ignorar al agresor y sus seguidores; responderle con tranquilidad y sentido del humor; intentar dialogar y llegar a acuerdos con el intimidador; decírselo a los profesores y familia; hacer nuevos amigos; buscar otros intereses y proyectos; aprender a resolver problemas de convivencia; desarrollar habilidades sociales; hablar con los padres para no asistir al Centro hasta que se tomen medidas; en caso agresión con heridas acudir al médico o a la policía.

Este trabajo con la víctima solo es efectivo si se lleva a cabo al mismo tiempo que el cambio de actitudes por parte del agresor y del grupo clase. Sin un cambio simultaneo de los tres agentes, el cambio solo sería superficial y por lo tanto temporal.

4.6.4. Programa de trabajo para el agresor

El programa para el intimidador se centra en "desaprender", es decir, entrenarlo para superar los mecanismos de respuesta habituales y posteriormente sustituirlos por conductas deseadas. El trabajo con el agresor tiene un triple objetivo:

- Comprender y aceptar el código de conducta en donde las conductas agresivas no están permitidas.

- Ofrecerle modelos de conducta social apropiados, que posiblemente no tenga.

- Asumir que necesita un esfuerzo para cambiar su actitud y conducta.

- No descartar el cambio de aula o de centro educativo. Si al final hay que cambiar de grupo o colegio a alguien, éste tendrá que ser el agresor y no la víctima, que resultaría de nuevo castigada al separarlo del grupo de amigos.

El programa de trabajo cubre dos áreas: supervisión y sanción por un lado, y desarrollo de una conducta social apropiada por otro. La estrategia del **contrato de conducta** puede ser apropiada. En este contrato se detallan las conductas prosociales a desarrollar y los beneficios que obtendrá con ellas o las consecuencias negativas de no cumplirlas. Lo firman los padres, el profesor tutor y el alumno.

4.6.5. Programa de trabajo conjunto para el agresor y la víctima

Cambiar la **dinámica agresión-victimización** supone un cambio de la forma de ver los roles que juega cada uno, en el que la víctima y el agresor puedan encontrarse, evitando alusiones a la culpabilidad y con el propósito de encontrar una solución para ambas partes. Las pautas para conseguir un cambio de conducta pueden concretarse en las siguientes:

- Que ellos sugieran objetivos concretos de cambio.

- Hacer una lista de conductas que necesitan ser cambiadas y enumerarlas por orden de prioridad. Por ejemplo, que la víctima deje de lloriquear y el agresor de intimidar.

- Redactar un contrato escrito que implique a ambas partes.

- Recompensar cada mejora.

- Seguir un programa gradual desde la conducta inicial hasta alcanzar la conducta deseada.

- Realización conjunta de alguna tarea escolar lúdica, trabajar en el mismo equipo o realizar alguna actividad conjunta fuera del ámbito escolar.

4.6.6. Intervenciones con el grupo-clase

La respuesta más frecuente de los alumnos que observan la agresión es la de mantener una **actitud pasiva** tanto entre los que desaprueban la violencia escolar como entre los que la aprueban. Una **actitud activa** unida a la **desaprobación** es la que contribuye a crear un clima de rechazo hacia la agresión y a la vez es capaz de intervenir en situaciones conflictivas. El objetivo principal del trabajo con el grupo-aula es el de incrementar la cohesión de todos los miembros, unida a una actitud activa de desaprobación. Para ello son muy útiles las sesiones de planteamiento, discusión y búsqueda de actitudes alternativas, coordinados por el profesor tutor, que pueden cristalizar en unas normas de convivencia consensuadas por el grupo-clase, con un control periódico de las conductas a nivel individual y grupal.

4.7. ¿Qué podemos hacer los padres?

La ley del silencio que permite la intimidación entre iguales no es fácil de romper. Los niños tardan demasiado en decir a los adultos, padres o profesores, lo que está pasando. La observación de los posibles cambios y la conversación y diálogo son los mejores termómetros para detectar la temperatura de la posible intimidación. Algunas estrategias útiles para ayudar a nuestros hijos pueden ser las siguientes (Voors, 2005).

4.7.1. Si mi hijo es intimidado

Si su hijo no quiere ir al colegio porque es intimidado por un agresor o matón, es porque sabe que no puede enfrentarse a la situación, por lo tanto, no lo obligue a ir hasta que se tomen medidas para que pueda sentirse seguro. Pida hablar con el profesor tutor, orientador o director del Centro para que conozcan el problema y pongan las soluciones adecuadas. El retorno a la clase tiene que producirse cuando el agresor y los compañeros que permanecían pasivos ante la agresión, se comprometan a hacer todo lo posible para acompañar, jugar e integrar en el grupo a la víctima que sufrió la agresión, siempre con la escrupulosa supervisión del profesorado. Si no existe este compromiso tendrán que tomarse medidas disciplinarias en el centro educativo que van desde una advertencia por escrito hasta cambiar al intimidador de grupo o de centro educativo. Pero antes hay que agotar otras alternativas como: citar a los padres, adjudicarle un trabajo social al intimidador, reparar el daño causado acompañando y ayudando a la víctima. Si hay que cambiar a alguien de clase o de centro, será al intimidador y no al agredido. Si alguien tiene un trastorno es el intimidador, no la víctima.

Si las agresiones producen lesiones, hay que pedir responsabilidades y establecer consecuencias, valorando la necesidad de acudir al médico, policía o servicios sociales.

Tenemos que enseñar a los hijos a respetarse a sí mismos y hacerse respetar por los demás. Ayudarles a mejorar su autoestima aprendiendo a ser ellos mismos sin dejarse manipular y alentándoles a ser "resilientes", es decir, capaces de desarrollarse en condiciones adversas.

Sin embargo los críos y adolescentes que fueron víctimas de la intimidación muestran una imagen demasiado negativa de sí mismos y poca capacidad para relacionarse con los demás.

Algunos pueden manifestar otro tipo de señales como desesperanza, pérdida de interés por sus actividades favoritas, incapacidad para disfrutar, aburrimiento persistente, falta de energía, culpabilidad, sensibilidad extrema hacia el rechazo y fracaso, hostilidad, quejas frecuentes de enfermedades (dolor de cabeza, de estómago, náuseas,..), problemas de sueño, preocupación sobre la muerte.

Los expertos de todo el mundo recomiendan ante estos síntomas la consulta inmediata con un profesional (pediatra o médico de cabecera, psiquiatra, psicólogo). Aunque ya pasara la época del maltrato, la psicoterapia individual permitirá hablar de lo que siente, teme e imagina.

Si su hijo presenta estos síntomas y/o llega a verbalizar su deseo de querer desaparecer, tómelo en serio y pida ayuda profesional para realizar el correspondiente diagnóstico y establecer, si es necesario, el tratamiento farmacológico y/o terapéutico oportuno.

4.7.2. Si mi hijo es un intimidador

Pensar que uno tiene un hijo violento no es fácil de digerir. Para algunos padres las bromas pesadas a los compañeros forman parte de los juegos infantiles y adolescentes. Si descubre que su hijo intimida a otros, se preguntará qué puede hacer para cambiar sus conductas. Si se trata de actos graves, tal vez, lo más conveniente sería consultar a un profesional especializado.

Sin embargo hay ciertas estrategias que podemos aplicar a diario en casa:

• Si usted dice que se avergüenza de él, su hijo repetirá la mala conducta. Es importante cortar la cadena de confirmaciones negativas.

• Cuando hable con él, no chille, aunque su hijo lo haga. Ejerza como modelo de conducta reflexiva, sin humillarlo.

- Dialogue. Elogie los esfuerzos más que la búsqueda rápida de resultados.

- Unifique los criterios de actuación en casa y con el colegio.

- No ponga etiquetas desvalorizadoras a los comportamientos como: "eres un desastre", eso favorece que siga portándose mal.

- Ayúdele a controlarse. Por ejemplo, enséñele a respirar profundamente antes de actuar.

- Respételo para que sepa respetar.

- Hable en positivo, en lugar de negar.

- Deje claras unas pocas normas precisas y justas, aplicando las consecuencias.

- Proporciónele alternativas para que pueda reparar el daño causado, por ejemplo, hacer la compra, acompañar a los hermanos, hacer algún regalo a los demás.

4.8. Intervención integrada

Cuando detectamos la presencia de la intimidación debemos actuar de forma coordinada integrando las distintas estrategias que hemos dado hasta ahora entorno a los siguientes ejes estratégicos:

- Comunicarlo al profesor tutor y/o a la Dirección del centro educativo para que se establezcan las medidas oportunas.

- No obligar a que el alumno asista a clase hasta que introduzcamos los cambios necesarios para que se sienta seguro e integrado en el grupo.

- Solicitar la intervención de los profesionales de ayuda: orientador del centro educativo, salud mental, servicios sociales, para realizar una evaluación e intervención interdisciplinar y global.

- Intervenir con el agresor, el grupo de espectadores, la víctima, el profesorado y la familia.

- Aplicar las medidas para contener la intimidación y mejorar el clima de convivencia en el centro educativo.

- Cuando se haya presentado una denuncia por agresiones graves a través de la policía o/y el médico que atendió al alumno, el centro educativo colaborará con la intervención de la Fiscalía de Menores para los alumnos agresores lleguen a percibir que se establecen consecuencias a sus conductas delictivas, contemplando las actuaciones educativas y judicial como complementarias.

4.9. Caso práctico: cuando la víctima quiere desaparecer

Cuando un alumno está tan asustado y atemorizado que se niega a ir al colegio, no debemos obligarle a ir hasta que hayan cambiado las cosas en el centro educativo y el crío pueda sentirse seguro. El orientador del centro educativo debe realizar una evaluación psicopedagógica de los alumnos afectados y de la situación de acoso que se está viviendo en las aulas y el centro educativo. El orientador, si lo estima necesario, podrá solicitar una evaluación complementaria de salud mental para que clarifique el diagnóstico, establezca el tratamiento terapéutico y farmacológico necesario y se pronuncie sobre la conveniencia o no de que el alumno asista al centro educativo.

En los casos más graves, el psiquiatra podrá valorar la posibilidad de que excepcionalmente el alumno no asista al Centro hasta que su evolución así lo aconseje. El orientador, en base al informe de salud mental, podrá solicitar la modalidad de escolarización en régimen de asistencia domiciliaria y temporalmente el profesor tutor orientará y evaluará el proceso educativo en el domicilio del alumno. Siempre se tendrá como referente la normalización y escolarización del alumno en un centro educativo en cuanto sea posible.

Al tiempo que se sigue el tratamiento individualizado del alumno víctima, es urgente hacer una terapia del sistema escolar para que deje de ser una organización tóxica y pase a ser un lugar saludable, con tolerancia cero a la intimidación. Hay que establecer consecuencias a la intimidación: modificar la conducta del acosador y tomar medidas organizativas como el cambio de grupo o centro, si no repara el daño causado. Implicar al grupo de iguales en la contención de las conductas agresivas y la mediación en conflictos. Sensibilizar al profesorado con el problema y unificar medidas de control y reeducación. Coordinar las actuaciones de la escuela con la familia y salud mental. De esta forma la víctima podrá regresar a un centro educativo más seguro, que aprendió a mejorar a partir del problema de acoso. El acoso debe evaluarse dentro de una perspectiva global de la persona y del sistema escolar. A veces el acoso viene asociado con otros problemas de tipo personal o social más amplios, del que la intimidación tan sólo es una manifestación y requiere de intervenciones más globales.

5. TRASTORNOS DE ANSIEDAD. MIEDOS Y FOBIAS

La ansiedad es una respuesta que surge cuando la persona se siente amenazada o en peligro, sea éste real o imaginario. Es una respuesta normal y adaptativa que prepara al organismo para actuar ante una situación de peligro. La ansiedad se convierte en un problema cuando surge en momentos en los que no hay peligro real, o cuando continúa después de desaparecer la situación de estrés. Los trastornos de ansiedad más frecuentes en la clínica infantil y en las escuelas son las fobias específicas, especialmente la social y escolar; la ansiedad de separación, el retraimiento social con aversión a hablar en público, el mutismo selectivo y la ansiedad ante los exámenes.

Los críos experimentan diversos miedos a lo largo de su desarrollo, muchos de ellos son transitorios, de intensidad leve y específicos de la edad. Podemos llamarlos **miedos evolutivos.** Entre estos miedos podemos citar el miedo a la separación de los padres o ante los desconocidos, característicos de los seis y los ocho meses de edad. De los cuatro a los ocho años son frecuentes los miedos a la oscuridad, a los animales, a los ruidos intensos, que dejan paso posteriormente a los relacionados con las situaciones interpersonales.

Los **miedos comunes** son aquellos que continúan más allá de la edad considerada normal, y que sin llegar a la intensidad de la fobia, dificultan la adaptación del crío y lo hacen sufrir.

La **fobia** es un miedo ante una situación que va mucho más allá de la precaución razonable ante el peligro; que no puede ser ni explicada ni razonada, estando fuera del control voluntario que conduce a la evitación o huida de la situación temida. Las fobias son **patrones desadaptativos** de respuestas de ansiedad de los tres sistemas (motor, fisiológico y cognitivo) ante estímulos específicos (oscuridad, relación social, escuela). La respuesta ya no sirve como mecanismo protector, por contra se convierte en incapacitante y desadaptativa.

Los miedos desproporcionados e irracionales podrían explicarse como el resultado de la unión de la vulnerabilidad de la persona (estilo educativo, valores del medio social, determinantes biológicos) y los factores de condicionamiento de aprendizaje (acontecimientos vitales que vivió el niño u observó en otros).

Los tratamientos más frecuentes para los trastornos de ansiedad en la infancia son: desensibilización, exposición prolongada, modelado, manejo de contingencias, autocontrol, relajación, entrenamiento en grupo y formación a padres y educadores.

Siguiendo la clasificación del DSM-IV-TR (APA, 2000), hablaremos de los trastornos de ansiedad más frecuentes que observamos en las escuelas: las *fobias específicas.*

Las **fobias específicas** se caracterizan por la presencia de ansiedad clínicamente significativa como respuesta a situaciones u objetos específicos temidos (oscuridad, ruidos, espacios abiertos, relaciones sociales, la escuela), o bien cuando anticipa su aparición, o que da lugar a comportamientos de escape o evitación. Generalmente el nivel de ansiedad varía en función del grado de proximidad al **estímulo fóbico** y el grado en que la huida se ve limitada.

Los criterios para el diagnóstico de la fobia específica según el DSM-IV-TR son:

- Temor acusado y persistente que es excesivo e irracional, desencadenado por la presencia o anticipación de un objeto o situación específico (volar, animales, administración de inyecciones, visión de sangre).

- La exposición al estímulo fóbico provoca invariablemente una respuesta inmediata de ansiedad, que puede provocar una crisis de angustia situacional.

- La persona reconoce que el miedo es excesivo e irracional. En los niños este reconocimiento puede faltar.

- La situación fóbica es evitada o se soporta a costa de una intensa ansiedad o malestar.

- Los comportamientos de evitación, la anticipación ansiosa y el malestar provocados, interfieren acusadamente en la rutina normal de la persona, en las relaciones laborales, académicas o sociales, o bien provocan un malestar clínicamente significativo.

- En los menores de 18 años la duración de estos síntomas debe ser de seis meses como mínimo.

5.1. Fobia escolar

Es un trastorno poco frecuente pero son de los que más se reciben en la clínica infantil, por la repercusión que tienen sobre el aprendizaje escolar y el funcionamiento social del niño. La fobia escolar es un patrón desadaptativo de respuestas de ansiedad a situaciones escolares. Hay que considerar los tres sistemas de respuesta de la fobia:

- Sistema motor. El niño evita ir a la escuela o se escapa de ella. Expresa verbalmente su negativa a ir a la escuela. Se queja de dolores y enfermedades. Muestra una conducta negativista: no se viste, no desayuna, no encuentra la mochila y los libros. Si los padres lo llevan a la escuela a la fuerza, llora, chilla, tiembla, se agarra a ellos, pide volver a casa.

- Sistema fisiológico. Aparece un importante incremento de la actividad vegetativa con respuestas como sudoración, tensión muscular, taquicardias, sensaciones de mareo o desmayo, malestar estomacal, vómitos, diarrea, urgencia urinaria. Con frecuencia el niño presenta dolores de cabeza o trastornos de la alimentación o sueño.

- Sistema cognitivo. El niño tiene pensamientos e imágenes negativas sobre la escuela: el profesor le va a chillar, los compañeros se van a reír de él, el examen va a ser muy difícil, que puede vomitar o tener ganas de orinar, representa imágenes de escape/evitación de la clase o de la escuela.

La fobia escolar se adquiere por medio de experiencias negativas directas o por observación de experiencias adversas de otros en situaciones escolares. Puede ser facilitada por eventos estresantes a nivel escolar, familiar o personal, como los siguientes: cambio de escuela, enfermedad prolongada, problemas en las relaciones de los padres y en las relaciones de los padres con los hijos.

Las respuestas fóbicas a la escuela se mantienen por **reforzamiento negativo** (evitación de la ansiedad y disminución de las responsabilidades escolares) y por **reforzamiento positivo** (atención de los padres, realización de actividades agradables).

Recibimos consultas sobre fobias escolares en los distintos niveles educativos: sobre todo en Educación Infantil y en la Educación Secundaria. Nos suele llegar la demanda cuando hay un **absentismo escolar** reiterado y el alumno lleva sin ir al colegio una temporada importante. Aunque la evaluación e intervención tienen características diferenciadoras según la etapa educativa y las características de cada caso, podemos destacar los buenos resultados que estamos alcanzando con las estrategias de intervención interdisciplinar:

- **Intervención en el ámbito escolar.** Con frecuencia es necesario algún cambio en el sistema escolar. Entre los más frecuentes aconsejamos: mejorar la acogida del alumnado con unas relaciones más próximas e integradoras; facilitar el acceso al currículo con medidas de atención individualizada; unificar criterios de actuación entre el profesorado y la familia; contemplar el posible cambio de aula del alumno que conllevaría el cambio del profesor "temido" por el alumno; el cambio de ciclo formativo por otro que le sea más motivador y en el que tenga más éxito; el cambio de centro educativo... Además se establece en el propio centro educativo un sistema para que cuando aparezcan las crisis o se disparen los síntomas psicosomáticos de ansiedad, el alumno pueda salir de la clase y hablar con el orientador, que lo acompañará hasta que se encuentre mejor y pueda volver a clase, superando así la evitación que lo llevaría a marchar para casa ante el primer síntoma de ansiedad. Es muy importante que todo el equipo docente tenga unificados los criterios de actuación con el alumno, le adapten el currículo a sus necesidades educativas especiales y favorezcan la integración con el grupo de iguales.

- **Cambios en el ámbito familiar.** Utilizando estrategias que mejoren la autoestima y autonomía de los hijos. Con los niños de Educación Infantil muy apegados a la familia, superado el período de acogida, los padres deben evitar acompañarlos hasta la puerta del colegio, ni quedarse a la puerta por si llora, ni ir a buscarlos al terminar la clase;

procurarán que vayan acompañados por una persona adulta o con sus compañeros; no cederán al chantaje emocional y a la manipulación de los hijos; establecerán normas claras y rutinas para ir al colegio sin sobreprotegerlos; unificaran pautas de actuación entre la familia y la escuela. Si decidimos que nuestro hijo no vaya al colegio hasta que se encuentre bien, le costará mucho más volver a la escuela. Superar la evitación supone volver al colegio cuanto antes, debidamente atendido por los profesionales de educación y salud mental.

- **Consulta en salud mental.** Cuando los síntomas psicosomáticos de la ansiedad deterioran o incapacitan al crío para poder pensar y actuar adecuadamente, es necesaria la consulta en salud mental para establecer el oportuno tratamiento farmacológico y/o terapéutico, coordinado con las actuaciones en los ámbitos familiar y escolar.

5.2. Trastorno de ansiedad por separación

En el trastorno de separación, el niño experimenta ansiedad cuando se separa real o supuestamente de sus seres queridos, especialmente de los padres. Aparece cuando el niño se tiene que alejar de los padres, lo que ocurre al tener que ir al colegio. También se produce esta respuesta cuando los padres tienen que salir de viaje, o el niño tiene que ir de excursión o a la casa de un amigo. Así, en la fobia escolar el hecho temido es la escuela y en la ansiedad por separación el hecho temido es la propia separación de sus padres.

Entre los criterios para el diagnóstico de la ansiedad por separación según el DSM-IV-TR, figuran:

- Malestar excesivo y recurrente cuando ocurre o se anticipa una separación respecto del hogar o de las principales figuras vinculadas.

- Preocupación excesiva y persistente por la posible pérdida de las principales figuras vinculadas, que sufran un posible daño o acontecimiento adverso.

- Resistencia o negativa persistente a ir a la escuela o a cualquiera otro sitio por miedo a la separación.

- Resistencia o miedo persistente excesivo a estar en la casa sólo o sin las principales figuras vinculadas.

- Negativa y resistencia persistente a ir dormir sin tener cerca una figura vinculada importante o ir a dormir fuera de la casa.

- Pesadillas repetidas con temática de separación.

- Quejas repetidas de síntomas físicos (cefaleas, dolores abdominales, náuseas) cuando ocurre o se anticipa la separación de figuras importantes de vinculación.

La duración del trastorno es por lo menos de cuatro semanas. El inicio se produce antes de los 18 años. La alteración provoca malestar clínicamente significativo y deterioro social, académico o de otras áreas importantes de la vida personal.

5.3. Fobia social. Trastorno de evitación

Los niños con fobia social pueden llorar, tartamudear, quedarse paralizados, abrazarse a familiares y abstenerse de mantener relaciones con los demás, y presentar aversión a hablar e incluso mutismo selectivo cuando la ansiedad es muy intensa. No hay que confundir la fobia social con la timidez, retraimiento o introversión, que son características personales evolutivas.

5.3.1. Clarificación de términos

Las fobias sociales acostumbran a comenzar en la adolescencia y giran entorno al miedo a ser enjuiciado por otras personas en el seno de un grupo comparativamente pequeño (a diferencia de las multitudes) y suelen llevar a evitar situaciones sociales determinadas (CIE-10). Algunas de las fobias sociales son **restringidas** (a comer en público, a hablar en público, a escribir en público, a encuentros con el sexo contrario), otras son **difusas** y abarcan casi todas las situaciones cotidianas fuera del círculo familiar. Las fobias sociales acostumbran a acompañarse de miedo a las críticas y de una baja estimación de uno mismo. Pueden manifestarse como preocupación a ruborizarse, a tener temblor en las manos, náuseas o necesidad imperiosa de micción. Los síntomas pueden desembocar en crisis de pánico. La conducta de evitación acostumbra a ser intensa y en casos extremos puede llevar a un aislamiento social casi absoluto.

Para el diagnóstico de la fobia social deben cumplirse las condiciones siguientes (CIE-10):

- Los síntomas psicológicos, comportamentales y vegetativos, son manifestaciones primarias de la ansiedad y no secundarios a otros síntomas.

- Esta ansiedad se limita o predomina en situaciones sociales concretas o determinadas.

- La situación fóbica es evitada cuando es posible.

5.3.2. Cómo se origina la fobia social

Las fobias sociales pueden originarse por tres grandes formas de aprender a sentirse incómodo y ansioso en situaciones sociales, que acostumbran a combinarse de forma peculiar e irrepetible en cada persona (Pastor y Sevillá, 2000):

- **Problemas de habilidades sociales.** No saber cómo actuar: cómo presentarse, iniciar una conversación, negar un favor, hacer una crítica o declarar su amor.

- **Por ansiedad condicionada.** Se da cuando los miedos sociales empezaron de forma súbita a partir de acontecimientos en los que se pasó muy mal y se asoció ese malestar con la situación social concreta.

- **Por creencias disfuncionales.** Personas que por su educación llegaron a profesar una serie de ideas que los condenan a interpretar las situaciones sociales como de alto riesgo, como situaciones peligrosas en donde van a ser juzgados y castigados por los demás. Predomina el foco de evaluación externo sobre el interno.

Los estilos educativos productores o favorecedores de la fobia social acostumbran a combinar estos tres elementos, haciendo más énfasis en uno de ellos. Por ejemplo: un adolescente que aprendió que es crucial lograr el agrado de todo el mundo (creencia disfuncional), probablemente le costará más decir que no (inhabilidad social) y si un día hace el ridículo será mucho más fácil que la ansiedad se desborde (ansiedad condicionada).

5.3.3. Cómo se mantiene la fobia social

Cuando salimos de casa, cerramos la puerta y bajamos en el ascensor, al llegar a la calle puede asaltarnos una duda: ¿cerré bien la puerta? Tratamos de convencernos de que sí, pero tenemos dudas y al final acabamos subiendo de nuevo a casa para comprobar que la puerta está cerrada. Esta conducta repetida con frecuencia e intensidad deteriora nuestra vida. Sería mejor no caer en la trampa de la *conducta de seguridad* y no subir de nuevo y arriesgarse a dar un paseo sin tener la "seguridad", comprobada indefinidamente, de que la puerta está cerrada.

La fobia social se mantiene primordialmente por el poderoso efecto de las *conductas de seguridad*. El fóbico social tiende a creer que las conductas de seguridad son positivas y le sirven para manejar el malestar, en realidad, son una maquiavélica trampa, porque:

- A medio y largo plazo mantienen y aumentan la fobia social, se fortalece la conexión entre situaciones temidas, pensamientos catastróficos, malestar físico y conductas de escape o evitación.
- A corto plazo, se convierten en fuente de malestar psicológico.
- Reducen la eficacia social, aumentando las posibilidades de llamar la atención del interlocutor.

5.3.4. Tratamiento: sistema terapéutico integrado

Existen distintos planteamientos teóricos y terapéuticos para tratar estos problemas. Nuestra propuesta se centra más en el **enfoque conductista de sistemas,** respetando los demás planteamientos, como el de la psicoterapia psicoanalítica. El profesional especializado estimará la conveniencia del tratamiento farmacológico que se integrará con la terapia emocional, cognitiva y conductual.

- **Terapia emocional: la relajación.** La regulación o control de las reacciones psicosomáticas nos ayuda para poder afrontar el cambio de pensamientos y la exposición a situaciones de fobia social en condiciones de poder transformar nuestros modelos mentales fóbicos. Mientras estamos secuestrados por el miedo, no podemos hacer más compleja nuestra forma de ver las cosas. Primero tenemos que regular el desequilibrio emocional, mientras seguimos angustiados por los síntomas psicosomáticos resulta muy difícil poder pensar y actuar de forma constructiva. La *relajación profunda* es la estrategia más adecuada para controlar las reacciones psicosomáticas como la sudoración, la taquicardia, el temblor, tartamudeo o ruborización, que pueden acompañar a la fobia social y poder reestructurar los pensamientos para actuar sin miedo, lo que acrecentará la seguridad en uno mismo para enfrentarse a situaciones similares.

- **Terapia cognitiva: cambiar los pensamientos irracionales.** Los pensamientos del fóbico social se caracterizan por el miedo a la evaluación externa y el convencimiento de ser juzgado negativamente por los demás. Estos pensamientos distorsionados, irracionales y simplistas tienen las características siguientes: son negativos, automáticos o involuntarios; son creíbles, pueden contener imágenes como verse ruborizado; no se basan en la evidencia o en datos empíricos o científicos; producen altas emociones; no son útiles; deterioran nuestra vida; se expresan en un lenguaje rígido, dicotómico y exagerado.
  Tenemos que aprender a cambiar los pensamientos catastróficos por un pensamiento más complejo, racional y positivo. Aprender a hacer complejo lo simple. Los pasos a seguir podrían ser: aprender a identificar los pensamientos negativos automáticos que son siempre juicios de valor sobre los hechos, pero no son los hechos. Discutir, racionalizar y relativizar esos pensamientos pasando de un pensamiento lineal y simplista a un pensamiento más complejo y racional. Ejemplo: pensar que si me ocurre "eso", podrá ser incómodo o doloroso para mí pero nunca "catastrófico". Cambiar el juicio de valor externo por un juicio de valor interno, cambiar lo "que pensarán o dirán" los otros por lo que pienso y quiero yo. Se trata de cambiar la imaginaria escala de valores de los otros que nos autoimponemos por nuestra escala de valores presidida por el amor y respeto a uno mismo.

- **Cambiar la forma de actuar.** Cambiar la conducta significa primero no huir o evitar el estímulo temido, exponerse a las situaciones que suscitan el malestar (ir a la escuela, hablar en público), ir eliminando las *conductas de seguridad* mediante experimentos conductuales y sustituirlas por conductas recreadoras. Es un proceso de liberación del miedo de los pensamientos irracionales y las conductas de seguridad por la libertad del pensamiento racional, la esperanza del amor incondicional y la serenidad de las estrategias contextualizadas. La Figura n.º 18 puede ejemplificar los pasos a dar con las estrategias de exposición y experimentos conductuales.

La fobia social probablemente redujo el ámbito de relaciones sociales y profesionales de la persona. La vida es demasiado bella como para empobrecerla y reducirla a una sola faceta. Debemos aumentar el ámbito de relación social, implicarse en actividades diversas, tener múltiples proyectos, hacer algo de deporte, tener aficiones como el cine, la música. Es posible que volvamos a tener alguna caída sin importancia (una conducta de evitación) o una recaída (volver a pensar en términos catastróficos, sentir los cambios fisiológicos de la ansiedad y sobre todo evitar o escapar de situaciones sociales). Cada pequeña crisis debe ser un aliciente para dar un salto hacia delante y decidirnos a regalarnos una mirada más compleja y recreadora al sentirnos merecedores de la felicidad, liberándonos de la esclavitud de la fobia que nos limita y silencia.

Temor	Conductas de seguridad	Experimento conductual o exposición
Sudar	• Llevar mucha ropa (para que no se vea el sudor). Llevar ropa muy ligera (para no sudar). • Beber bebidas frías o no beber para no sudar. • Refrescarse en el baño. • Mantener los brazos pegados al cuerpo. • No dar la mano por estar sudada. • Decir que hace calor.	• Usar ropa acorde con la temperatura ambiente y los gustos personales. • Tomar bebida normal, a temperatura ambiente. • No ir al baño para refrescarse la cara o las manos. • Moverse con naturalidad. • Estrechar la mano con naturalidad. • No dar excusas ni justificación.
Temblar	• Coger ciertos objetos con las dos manos: vasos, tazas de café. • Apretar fuertemente los músculos de los brazos y de las manos. • Beber cuando no nos miran. • Pagar en efectivo para no tener que firmar. • Evitar comer con la gente.	• Coger con una mano los objetos: vasos, tazas de café. • Relajar todo el cuerpo, especialmente los músculos implicados, en vez de tensarlos. • Beber justo cuando nos están mirando. • Usar tarjeta de crédito. • Quedar a comer o cenar con otras personas.

Figura n.º 18. Ejemplos de experimentos conductuales
(Pastor y Sevillá, 2000).

5.4. Mutismo selectivo

En el CIE-10, el **mutismo selectivo** se incluye dentro de la categoría de los trastornos del comportamiento social de comienzo habitual en la infancia y adolescencia (F94). El mutismo selectivo (F94.0.) es un trastorno caracterizado por una notable selectividad de origen emocional en el modo de hablar, de tal forma, que el niño demuestra su capacidad lingüística en algunas circunstancias, pero deja de hablar en otros contextos definidos y previsibles. El DSM-IV-TR lo define como un trastorno de la infancia caracterizado por la incapacidad persistente para hablar en situaciones sociales, con afectación del rendimiento escolar y de la comunicación social, con una duración mínima de un mes y que no se explica por ninguna otra causa orgánica o paidopsiquiátrica que lo justifique. Su estudio suele encuadrarse bien en los problemas de lenguaje o en los trastornos de ansiedad/fobias.

Los criterios de diagnosis de mutismo selectivo según el DSM-IV-TR son:

- Incapacidad persistente para hablar en situaciones específicas como la escuela, a pesar de hacerlo en otras situaciones.

- La alteración interfiere el rendimiento escolar o laboral o la comunicación social.

- La duración de la alteración es de al menos un mes (no limitada al primer mes de escuela).

- La incapacidad para hablar no se debe a la falta de conocimiento o fluidez del lenguaje hablado requerido en la situación social.

- El trastorno no se explica mejor por la presencia de un trastorno de la comunicación (por ejemplo, tartamudez) u otro tipo de trastorno más importante.

Se manifiesta en el niño/a que habla en casa o con los amigos íntimos, pero permanece mudo en la escuela o/y ante extraños. El diagnóstico presupone: un nivel de comprensión del lenguaje normal o casi normal, capacidad de expresión del lenguaje suficiente para la comunicación social, constatación de que el niño puede hablar y habla normalmente en algunas situaciones concretas.

Los comportamientos característicos asociados al mutismo selectivo son:

excesiva timidez, apego físico a los padres, rechazo/fobia escolar, aislamiento y retraimiento sociales, oposicionismo, grave deterioro de la actividad social y escolar.

Se presenta generalmente, antes de los cinco años de edad, aunque no suele recibir tratamiento hasta que genera interferencia significativa en la vida escolar.

La prevalencia del mutismo selectivo está alrededor del 1 % de la población infantil consultante, siendo más frecuente en las niñas que en los niños. No hay estudios epidemiológicos de campo que clarifiquen la morbilidad real en la población en general.

Desde el modelo conductual se considera el mutismo selectivo como una respuesta aprendida, frecuentemente ante el estrés ocasionado por el inicio de la escolarización. Su mantenimiento se explica por el reforzamiento positivo que supone la atención y preocupación de los adultos, así como el alivio momentáneo del malestar que le producen las respuestas de ansiedad ante la escuela.

Las estrategias a seguir en el aula deben giran entorno a las siguientes ideas eje:

• Dar la impresión de que el problema no es llamativo para el profesor.

• Dirigirse al alumno/a hablándole normalmente y sin dar importancia a sus silencios y sin mostrar preocupación. Para el profesor, el hablar o no del alumno, carecerá de relevancia, tanto para la realización de las tareas escolares como por su nula resonancia afectiva.

• Se evitarán las situaciones que exijan una respuesta verbal. Cuando esto no sea posible, y si el alumno no responde, se pasará el turno a otro alumno como si no sucediera nada y sin realizar comentarios ni positivos ni negativos o que manifiesten preocupación.

• Si es preciso habrá que adaptar la evaluación de los objetivos docentes al *handicap* que presenta el alumno. Hay que evitar que esta eventualidad angustie a profesores y padres y que fuera observado por el alumno. Así por ejemplo: el profesor de lenguaje podría evaluar la lectura del alumno a través de una grabación realizada en la casa, en donde el niño lee el texto correspondiente.

• Los comentarios con respecto a la evolución del alumno, no se harán en su presencia.

- En la casa, los padres no harán preguntas relacionadas con el colegio que tengan que ver con su mutismo.

- Dar la consigna de que se contemple la situación como si el alumno no tuviera ningún problema, como si hablara normalmente. El comportamiento diario hacia él sería como que "el problema no existe". Por tanto ni nuestros gestos, ni nuestro discurso, ni nuestra actitud debería manifestar la más mínima preocupación a los ojos del alumno.

Si aplicamos estas estrategias con constancia y serenidad, un día el alumno empezará a hablar, primero en voz baja y poco después, normalmente. Entonces deberemos seguir actuando con naturalidad, como si siempre hablara, sin espavientos que asusten y retraigan de nuevo al niño. Indistintamente de las causas que dieran lugar al mutismo, es frecuente una utilización manipuladora del problema, ya que la excesiva preocupación de los profesores y de la familia, lleva a prestarle una mayor atención y alcanzar más beneficios.

La consulta en salud mental infantil nos permitirá clarificar el diagnóstico y establecer, si procede, el tratamiento farmacológico y terapéutico. Las técnicas habitualmente empleadas, dependiendo del modelo teórico del terapeuta, acostumbran a ser: desensibilización, relajación, control de estímulos, trabajo con las familias y profesores, entrenamiento en habilidades de lenguaje social.

5.5. Ansiedad ante los exámenes

Muchos niños y adultos podemos sentir ansiedad, a veces fuerte, ante una situación de pruebas o exámenes.

En los casos más severos pueden aparecer algunos de los siguientes síntomas fisiológicos: náuseas o ganas de vomitar, gases, descomponerse el vientre, notar como un pellizco en el estómago, no tener apetito, sensación de ahogo, costar trabajo respirar, notar como una opresión en el pecho, latir muy rápido el corazón, pensar que el corazón se va a salir, orinar con frecuencia, sufrir tics nerviosos, temblar las manos y el cuerpo, sudar mucho, secarse la boca, costar trabajo dormir las noches anteriores, notar vértigo o perder el equilibrio, dificultad para concentrar la atención y memorizar (Rubio, 2004).

Entre los síntomas cognitivos encontramos pensamientos irrelevantes o distorsionados como: la competición, la culpabilidad, el dramatismo. Los síntomas emocionales pueden manifestarse en baja autoestima y poca seguridad en sí mismo. Los síntomas conductuales pueden desembocar en la conducta de evitación, que consiste en no querer ir al examen.

En los casos en que estos síntomas sean relevantes y deterioren la calidad de vida de la persona debe consultarse a un profesional especializado que realizará la correspondiente evaluación y establecerá el tratamiento farmacológico y/o terapéutico apropiado.

Como medidas preventivas y de intervención con los jóvenes ante la presencia leve de alguno de estos síntomas de ansiedad ante los exámenes, podemos utilizar las siguientes técnicas:

- **Integración personal mediante la relajación.** Tranquilizar los síntomas psicosomáticos nos permitirá poder pensar de forma más compleja y actuar manifestando nuestra creatividad. La relajación es la estrategia más eficaz para generar la energía positiva y el bienestar que produce la integración de la mente y el cuerpo.

- **Pensar de forma más compleja.** Desterrar los pensamientos irracionales, distorsionados y negativos. Hay diversas técnicas que nos pueden ser útiles como: frenar las ideas negativas y sustituirlas por otras más globales y positivas; visualización de imágenes relajantes; relativizar la importancia de los exámenes e intentar verlos con sentido del humor. Si nos asalta el pensamiento distorsionado "voy a suspender y será un desastre", tenemos que completarlo con su antagónico "voy a aprobar como otras veces y todo saldrá bien". Clarificar la escala de valores de nuestra vida: lo esencial soy yo y luego viene lo importante, entre esas cosas están los estudios y los exámenes, en primer lugar estará siempre el derecho a ser felices queriéndonos y respetándonos por encima de todo, importándonos más lo que pensamos de nosotros mismos que la comparación con los demás o lo que pensamos que piensan los demás. Nuestra autoevaluación interna es la que nos hace felices y no la supuesta evaluación externa, sin olvidarnos que cuanto más seguros estemos aprendemos mejor.

- **Recrearme recreando el presente.** Concentrar la atención exclusivamente en la tarea presente, sin preocuparse por los resultados, sin culpabilizarse por el pasado, ni angustiarse por el futuro. Elegir con serenidad las estrategias contextualizadas y técnicas de estudio adecuadas para preparar el examen: proponernos metas posibles, priorizar los temas, concentrarnos en los contenidos, establecer descansos y premios por el trabajo realizado, utilizar una buena metodología para estudiar y preparar el examen. Hacer lo posible, a lo imposible nadie está obligado. Asistir al examen con la tranquilidad que nos permita manifestar todo lo que sabemos. Después del examen no atormentarse comentando y comparando los resultados con los demás, analizar los aspectos que podemos mejorar para las próximas situaciones y pensar en la próxima tarea, de los errores siempre aprendemos más que de los éxitos. No es nuestra valía personal la que está en juego, sino las estrategias para estudiar, que a veces tendremos que modificar. El éxito o el fracaso se deben a aspectos modificables, no a lo que somos. Pero siempre tenemos que recordar que el único examen realmente importante que tenemos en la vida es el que mide si realmente hemos aprendido a querernos y respetarnos por encima de todo.

Sentirnos bien nos hará actuar bien, pero no olvidemos que también actuar de acuerdo con nuestros valores nos hará sentir bien. Por eso debemos asistir al examen, aunque no nos encontremos en un estado de ánimo óptimo y si en lugar de preocuparnos, nos ocupamos en la tarea de responder atentamente a las preguntas, nos acabaremos sintiendo mejor. Cuando dejamos de estar preocupados por el resultado o la nota y nos ocupamos en la tarea, sin pretenderlo, acabamos mejorando el resultado final y la satisfacción personal. Ocuparnos atentamente en la tarea nos hace olvidar nuestras preocupaciones. El trabajo atento y tranquilo puede ser una terapia buena para dejar descansar nuestra mente de pensamientos rumiantes que nos agotan y dispersan nuestra atención e inteligencia. Recuerdo un amigo médico que atendía a pacientes con ansiedad y depresión y siempre acababa dándoles la misma receta: "Si trabajaras…".

Algunas estrategias útiles para disminuir la ansiedad y mejorar nuestra capacidad de atención y trabajo pueden resumirse en las siguientes:

- **Un descanso reparador.** Con un buen sueño se puede solucionar cualquier problema, con un mal sueño cualquier problemilla se hace una montaña. Restar tiempo al sueño para estudiar más acaba siendo una trampa. Descansar y dormir las horas necesarias regenera nuestro cerebro para poder rendir mejor.

- **Comunicarse, hablar y reír es la mejor forma de descansar y revitalizarse.** Distraerse y divertirse haciendo lo que a uno le gusta: pasear, viajar, escuchar música, salir con los amigos.

- **Recrearse.** Disfrutar desarrollando nuestras capacidades para realizar la tarea con atención indivisa, ocupados exclusivamente en la tarea presente, sin preocuparnos por el pasado ni por los resultados futuros.

Además de las estrategias individuales para superar la ansiedad, tenemos que recordar que hay variables de tipo organizativo, estructural y sistémico que pueden desencadenar situaciones de alto nivel de estrés y ansiedad o favorecer su cronificación. Ciertos cambios del sistema escolar como el estilo docente del profesor y más concretamente el sistema de evaluación, podría crear un clima educativo de menor competitividad y mayor cooperación. Los sistemas de evaluación frecuentemente tienen un efecto maligno ya que se evalúa lo irrelevante.

En algunos casos en donde la ansiedad del alumno a los exámenes estaba siendo reforzada por las relaciones familiares, los problemas con los compañeros de colegio y las pruebas masificadas, resultó muy positivo cambiar las relaciones viciadas y el tipo de centro educativo. Con el traslado a un internado con un número muy reducido de alumnos se consiguió un trato individualizado en la docencia y la evaluación, crear nuevas relaciones con otros amigos y mejorar la relación familiar los fines de semana, lo que repercutió en la reducción de la ansiedad ante los exámenes y en sus actividades diarias.

En los problemas de ansiedad, la familia debe mostrar una actitud de tranquilidad y serenidad para no sentir ni manifestar una preocupación excesiva ante las dificultades del hijo/a, lo que podría incrementar la sensación de ansiedad del crío/a, estableciéndose un círculo de retroalimentación negativo del que es difícil salir. Conviene transmitir al hijo/a una **lectura comprensiva** de lo que le está pasando y manifestarle un **amor incondicional** y la confianza en él y en las estrategias para superar tanto la ansiedad como las dificultades de la tarea.

6. CASO PRÁCTICO: EL CENTRO EDUCATIVO TIENE UN PROBLEMA

En la práctica de nuestro trabajo diario en el equipo de orientación externo, pocas veces aparecen los problemas tan claramente diferenciados como acabamos de relatar.

La experiencia nos muestra que cuando nos llega una demanda para valorar a un niño con dificultades y empezamos a recoger información de distintas fuentes, nos encontramos frecuentemente con algunas de las siguientes variables: alumnos con un problema de conducta; compañeros de clase que resultan afectados, a veces acosados por su comportamiento; profesores quemados por no poder dar clase; padres de los demás alumnos que protestan, aunque son partidarios de la integración; equipo docente que no se pone de acuerdo en unificar estrategias; casos de *mobbing* entre el profesorado que interfieren en el trabajo con los alumnos y en la salud del profesorado; padres del alumno con problemas que necesitan apoyo profesional para aceptar el problema y colaborar en la solución; escasos recursos personales y a veces materiales.

Al final un niño tiene un problema pero también el aula, el profesorado, la familia y el centro educativo tienen un problema. Para poder ayudar al alumno con dificultades, tenemos que ampliar nuestro enfoque y pasar del plano individual a un plano más global en el que contemplemos todo el ecosistema escolar, familiar y social.

El objetivo no es cambiar la mente del niño con dificultades, sino cambiar las relaciones que se establecen en el sistema familiar, escolar y social para que pueda cambiar la conducta del crío. Lo difícil está siempre en pasar de **ver la parte** a **ver el todo,** de mirar sólo al **individuo aislado** a mirar a la persona dentro de un **ecosistema complejo.** Este enfoque ecosistémico de los problemas de conducta es el que desarrollamos a continuación.

Capítulo IV
Evaluación e intervención ecosistémica desde la escuela

La escuela es un ecosistema en el que interaccionan múltiples variables (profesores, alumnos, familias, contenidos, metodología, recursos, evaluaciones) para conseguir unos objetivos formativos. Cuando se alcanzan los objetivos es porque las relaciones entre los distintos elementos son adecuadas. Pero cuando surgen los conflictos, tenemos que hacer una evaluación global del sistema escolar, en la que se detecte la multicausalidad de los problemas y se hagan propuestas que impliquen cambios en las distintas variables y no sólo en un único elemento (el alumno), como frecuentemente se hace. La mirada simplificadora establece una causalidad lineal y siempre busca culpables, la mirada compleja del ecosistema contempla la multicausalidad y encuentra la corresponsabilidad de distintas variables que tendrán que ser modificados de forma coordinada para encontrar soluciones. Los problemas de disciplina no se entienden si contemplamos sólo al alumno fuera del contexto del aula y del centro educativo.

Cuando vamos a un centro educativo a evaluar un problema de conducta, nunca sacamos al alumno del aula para "castigarlo" con una batería de test de personalidad. Entramos en el aula y observamos la situación del alumno, su participación en la tarea que se plantea en ese momento, sus trabajos escolares, su relación con el profesor y los compañeros, las conductas disruptivas que presenta y las reacciones que tienen ante ellas tanto el profesor como los compañeros. Esta evaluación cualitativa complementada con las entrevistas con la familia, los profesores, el propio alumno en ocasiones y los servicios de salud mental, nos aporta información para tomar decisiones y orientar de manera más completa que la de unas simples pruebas psicométricas. Las propuestas de intervención se orientan a introducir cambios en el sistema escolar y familiar que faciliten la evolución positiva de las conductas prosociales. Más que cambiar a las personas, intentamos cambiar los sistemas para que las personas puedan mejorar su conducta.

Contemplaremos esta intervención sistémica sobre los problemas de conducta desde la perspectiva del departamento de orientación del centro educativo y desde la especialidad de trastornos de conducta del servicio de orientación externo, para finalizar el capítulo con un decálogo familiar y escolar de prevención e intervención en los problemas de conducta.

1. INTERVENCIÓN DESDE EL DEPARTAMENTO DE ORIENTACIÓN

En no pocas ocasiones las personas que trabajamos en centros educativos encontramos casos de niños y niñas que presentan problemas de conducta serios, a veces hasta tal punto, que alteran gravemente la convivencia en el centro.

Iniciado ya hace bastantes años el proceso de integración del alumnado con necesidades educativas especiales, al profesorado todavía le cuesta adaptarse a la diversidad en el aula aunque poco a poco se fueron haciendo progresos en este sentido. Hoy en día, podemos aceptar que haya niños con dificultades de aprendizaje en distinto grado aunque muchas veces nos sintamos poco capaces de brindarles la respuesta educativa que necesitan; poco a poco nos vamos acostumbrando a escolarizar alumnos de situaciones sociales muy desfavorecidas, alumnos pertenecientes a minorías étnicas y, en los últimos años, alumnos inmigrantes. Pero, si hay algo que nos resulta especialmente complejo es dar respuesta a aquellos alumnos con problemas de conducta.

Un alumnado de este tipo incide muy directamente en todo el entramado social de la escuela y en las relaciones entre todos los integrantes de la comunidad educativa. ¿Por qué? Porque se ve afectada la normal convivencia entre el niño/a y sus compañeros, el clima de clase está alterado, las relaciones con uno o varios profesores son conflictivas, se ven involucrados también el Equipo Directivo y los padres y casi siempre, al haber implicadas tantas personas, el enfoque dado a la situación puede dar lugar a posturas claramente contrapuestas.

Por otra parte, si reconocemos no sentirnos preparados para dar respuesta a las necesidades de los alumnos, nos sentimos especialmente indefensos ante un alumno que es violento, que desafía nuestra autoridad como adultos, que transgreden las normas de manera reiterada porque, fuera de las medidas sancionadoras de que disponemos, lo cierto es que no sabemos cómo abordar estos problemas.

Parecemos tener claro que, cuando alguien va en contra de las normas de convivencia, debemos echar mano del Reglamento de Régimen Interno, del Decreto de Derechos y Deberes de los alumnos y del documento de Normas de Convivencia del centro y aplicar las oportunas sanciones, acordes con la gravedad de la falta, en la creencia de que esto sirva como medida correctora y ese comportamiento inadecuado no se vuelva a repetir. Esto puede funcionar con alumnos sin una gran problemática de tipo social, que no tienen otro tipo de patologías y en las que ese comportamiento no es algo muy instaurado; pero, ¿qué pasa cuando nos da la sensación de que eso no es suficiente? Cuándo caemos en una dinámica de expulsiones continuadas, que a veces no hacen sino enrarecer el ambiente social de la escuela, dejar de tener efecto como castigo, romper la relación padres-escuela y aumentar, si cabe, el comportamiento conflictivo del crío, porque ése es el rol que asume.

Cierto es que, si el hecho reviste la suficiente gravedad, podemos recurrir a la expulsión definitiva del centro después de un complejo y dilatado proceso de apertura de un expediente disciplinario. Es evidente que, a veces, no hay otra alternativa pero también lo es que, en algunos casos, nos queda la duda de si podríamos tener intentado algo desde la escuela para ayudar a ese alumno a integrarse en el sistema social porque, lo que sí parece probable es que, muchos de estos alumnos que son expulsados de varios centros educativos son candidatos a fracasar en la sociedad como adultos.

Por otra parte, también corremos el riesgo de caer en un círculo vicioso porque es posible que en un determinado momento podamos "librarnos" de aquel alumno/a tan díscolo pero lo más probable es que también nos toque recibir a expulsados de otros centros o que nuevamente recibamos a otros alumnos con problemas de comportamiento.

Los que trabajamos en etapas educativas que entran dentro de la escolaridad obligatoria y que, por lo tanto, la diversidad del alumnado es y va a seguir siendo tan patente, nos vemos en la obligación de articular otra serie de **medidas complementarias** para hacer frente a estas situaciones.

Como todo en la vida, no existen recetas mágicas para hacer frente a estos problemas. Quizás, lo que hace falta es un poco de intuición, implicación, ánimo de probar distintas cosas para ver si funcionan, superando así o complementando la mera aplicación de sanciones dentro de un marco legal.

1.1. Visión global de los problemas

A la hora de abordar este tipo de situaciones en donde el comportamiento de uno o varios alumnos/as distorsionan la dinámica del aula, crean situaciones de gran tensión profesor-alumno y a veces también entre compañeros quizás lo más adecuado no sea centrarse sólo en ese alumno-problema sino considerar la situación desde una perspectiva mucho más amplia. Hay que tener en cuenta que todo individuo forma parte de un sistema social muy complejo que, de alguna forma, está influyendo en su modo de actuar. Desde el punto de vista educativo, cuando abordemos estas situaciones deberíamos tener en consideración, por lo menos, los siguientes frentes:

1.1.1. La familia

La estructura familiar es la parte del sistema social que más incide en la formación de la personalidad porque es en donde el niño o chico pasa una mayor cantidad de tiempo (desde que nace) y en donde entra en juego todo el sistema afectivo que va a hacer que desde los primeros años de vida se forme una imagen de sí mismo, que se valore o no como persona, etc.

Cuando en la escuela nos encontramos con un alumno/a que presenta problemas graves de comportamiento debemos indagar sobre la estructura familiar. A veces, tras esa conducta se esconde una llamada de atención, una necesidad de afecto; en otras ocasiones, la desestructuración familiar es tan fuerte que hace que el niño/a no tenga pautas que regulen su conducta, carezca de figuras de autoridad. Otras veces, el sistema de valores de la familia es radicalmente opuesto al del colegio y así podríamos hablar de mil situaciones más.

No se pretende "culpar" a las familias de los problemas de comportamiento de los hijos y no siempre tras un crío problemático hay una familia problemática. Sería iluso, además, pensar que desde la escuela podemos cambiar la dinámica familiar pero en donde sí podemos incidir es en la relación familia-escuela.

Un contacto periódico con la familia basado en una relación no de crítica sino de colaboración es fundamental para paliar los problemas de conducta de un alumno/a. Sin embargo, de todos es conocido que precisamente los padres de los jóvenes más "problemáticos" son precisamente los que menos acuden al colegio; lo cual, si lo vemos desde su perspectiva, podría tener cierta lógica porque nadie va de buen grado a un lugar en donde siempre le dan malas noticias, estás siempre en el punto de mira y, en cierto modo, te responsabilizan a ti de la situación. Por este motivo, esta dinámica tiene que cambiar radicalmente si queremos contar con el apoyo de la familia o por lo menos, no contar con su oposición, cosa que agravaría claramente la situación.

Las reuniones grupales tutores-padres al principio de curso parecen un buen comienzo de la relación, en una sesión meramente informativa, distendida, en la que se establecerá un primer contacto, tras el cual será más fácil que los padres se muestren más propensos a acudir al centro cuando sea preciso. Existe la posibilidad de que no todos los padres asistan a esa primera reunión. En ese caso, el tutor debería convocarlos por lo menos en el primer trimestre del curso e intentando anticiparse en todo caso a que surjan los problemas.

En la relación familia-escuela hay que tener siempre presente que, para regular la conducta del alumno, lo más fundamental es la coherencia entre ambas partes. Cuando hay desencuentro, los críos se amparan en las contradicciones, en las descalificaciones mutuas y crean una oposición padres-profesores que resulta beneficiosa para ellos en el sentido de que no tienen un referente claro.

En la relación con los padres hay que adoptar siempre una perspectiva colaborativa, no culpabilizarlos sino solicitar su ayuda. Aunque se trate de una familia con unas pautas educativas erróneas, desestructuradas, de nada sirve romper el diálogo. Siempre es mucho más útil abordar la situación en positivo, partiendo de la creencia de que los padres se preocupan por sus hijos y, a partir de ahí, intentar modificar la situación.

Pensemos por ejemplo que, desde la perspectiva del padre, es muy diferente que te culpabilicen por el comportamiento de tu hijo/a a que soliciten tu ayuda para solucionar los problemas. Si tienes la creencia de que los demás confían en ti, de que te valoran, te sentirás más en la obligación de colaborar.

El contacto periódico con la familia es fundamental porque así los jóvenes percibirán que no sólo hay coherencia sino también continuidad, una supervisión constante, importante para poder regular la conducta.

1.1.2. El equipo docente

Los profesores son las personas que más sufren el mal comportamiento del alumno/a en el aula y deben enfrentarse a él durante una serie de horas de clase a lo largo del curso.

En la etapa de Primaria el profesor/a o tutor/a permanece casi todas las sesiones lectivas con su grupo-clase, en esas edades los críos aceptan mejor la autoridad de los adultos, hay una relación afectiva entre el alumno y el profesor y por eso los problemas de conducta quizás sean algo menos acuciantes o distorsionen menos la dinámica del centro que en Secundaria, etapa en donde la situación se complica mucho porque los adolescentes tienen una tendencia natural a contraponerse a las indicaciones de los adultos. El número de profesores que le dan clase a un grupo se multiplica, el profesorado quizás esté menos habituado a tratar con la diversidad, etc.

Lo cierto es que los grandes conflictos con alumnos que presentan problemas de comportamiento se hacen notar más en Secundaria. Las reacciones del profesorado pueden ser diversas e ir desde culpar a la familia y argumentar que el/ella no tiene por qué aguantar este tipo de situaciones hasta sentirse desconcertado cuando se desafía su autoridad e incluso sentir cierto grado de culpabilidad.

Es frecuente también que, dentro de un equipo docente compuesto por alrededor de 10 personas, haya posturas totalmente contrapuestas sobre cómo abordar el problema y que irían desde el trámite del expediente de expulsión del alumno hasta probar alternativas complementarias para intentar modificar desde el centro ese comportamiento conflictivo.

Es primordial encontrar un espacio para el diálogo entre el profesorado porque sólo así se creará un sentimiento de trabajo en equipo, de "no estar sólo ante el peligro" y que cada uno se apañe como pueda, de realizar una catarsis en momentos de tensión elevada y de que los acuerdos sean consensuados.

Ahora bien, al estar hablando de un grupo de personas, también es preciso que alguien se implique más directamente, que se encargue de convocar las reuniones, de elaborar propuestas, de estar en contacto con las familias, de llevar a la práctica lo acordado, etc. Ese alguien puede ser el responsable del Departamento de Orientación, o tutor/a o alguien del Equipo Directivo.

Dadas las características de la etapa, en la Secundaria resulta realmente complejo encontrar ese espacio para reunir al equipo docente de un grupo (en Primaria al menos existen las reuniones de ciclo) quedando casi como únicas alternativas el empleo de los recreos o aprovechando los días en los que se convoque Claustro en el centro.

Una vez creado ese espacio organizativo y establecida una dinámica de trabajo en equipo es posible que una parte del profesorado, casi nunca todos, se muestre partidario de probar alternativas complementarias a la aplicación del Reglamento de Régimen Interno de manera que, más o menos indirectamente, se acabe involucrando todo el colectivo.

También es posible que al principio el profesorado se ilusione mucho con alguna de las propuestas, que ponga mucho empeño por llevarla a cabo y que incluso la conducta del alumno cambie pero después de un tiempo, y pese a los esfuerzos, parece que todo vuelve a estar como antes.

Es preciso inculcar entre los docentes un principio de realidad. En primer lugar, el comportamiento es algo instaurado en la persona sumamente complejo de modificar, en segundo lugar, no se puede pretender que un alumno conflictivo pase a ser un alumno modelo de la noche a la mañana, es preciso tiempo y constancia y tener en cuenta que habrá retrocesos en lo avanzado. También es necesario que haya alguien que tenga la posibilidad de valorar las cosas en su justa medida, ver los logros alcanzados comparándolos con la situación de partida, ya que, muchas veces, se está tan inmerso en el problema y en las situaciones concretas del día a día, que resulta muy complicado hacer un proceso de reflexión más amplio. Quizás el Departamento de Orientación pueda ser el encargado de hacer una evaluación real de la situación o incluso a veces resulta muy útil la intervención de personal de fuera del centro como pode ser el equipo de orientación externo.

La intervención del equipo de orientación externo puede ayudar a relativizar el problema porque, al ser personal externo no entran en juego sentimientos afectivos, fruto de la convivencia, gozan de una mayor autoridad y respetabilidad, conocen casos similares y su evolución, ayudan a ver los progresos realizados, etc.

1.1.3. El equipo directivo

El enfoque con el que un equipo directivo aborde los problemas de conducta en un centro educativo va a ser determinante. Si los miembros de ese equipo no se muestran partidarios de probar alternativas y aplican sin más los preceptos legales, será realmente difícil levar a cabo proyectos distintos.

El equipo directivo es el órgano capaz de dinamizar un centro, de establecer ese espacio para las reuniones, de liderar los equipos, de hacer que se cumplan los acuerdos. Al mismo tiempo, y cuando las situaciones revistan la suficiente importancia, serán un nexo de unión entre la familia y la escuela.

Desestimar la potencialidad del equipo directivo sería un error pues del enfoque que estas personas den a la situación dependerá mucho el desarrollo de la misma.

1.1.4. El departamento de orientación

El departamento de orientación es también un agente, un nexo de relaciones entre el profesorado, el alumnado y los padres. Pero, a diferencia del equipo directivo, carece de esa estructura de poder, lo cual puede ser beneficioso, porque al no percibir al orientador/a como figura de autoridad no hay rechazo, pero también puede ser perjudicial, porque precisamente al carecer de esa autoridad las propuestas pueden caer en saco roto.

En cualquier caso, el orientador/a tiene que ser el agente que haga propuestas, que sugiera probar cosas nuevas, que adapte los conocimientos especializados que posee (por ejemplo, sobre técnicas de modificación de conducta) a la realidad del centro, a las características de los alumnos, a una etapa educativa determinada, etc.

En todo momento el orientador/a debe ser coordinador de proyectos pero no solucionador de problemas. Hay cierta tendencia a que el profesorado, por la formación de la persona que dirige el Departamento de Orientación, derive alumnos con trastornos de conducta y demande una solución; solución que nunca pueden dar los orientadores porque no existe. La relación del Departamento con el profesorado y también con los padres tiene que estar basada en una estructura colaborativa porque el alumno no es algo que se pueda retirar de su contexto social, modificar y luego volver a insertarlo en él.

Tampoco existen recetas mágicas para resolver este tipo de problemas; a veces lo que funciona bien con un alumno y en unas circunstancias determinadas fracasa estrepitosamente en otros casos. Por eso, es preciso "probar", ensayar alternativas y ser capaz de irlas modificando y adaptando a medida que se ponen en práctica.

1.1.5. Los compañeros de aula

Cuanto menor sea la edad de los alumnos y más baja la etapa educativa más fácil es integrar al alumno que presenta problemas de conducta.

En Educación Infantil, por ejemplo, los niños son mucho más propensos a aceptar la diversidad, el currículo de la etapa no está tan centrado en los contenidos académicos, la problemática que presentan los alumnos no es tan acuciante debido a su edad y el profesorado parece tener una sensibilidad especial.

En la Educación Primaria pueden aparecer los primeros rechazos hacia los alumnos con trastornos de conducta aunque, normalmente, una actitud positiva del profesorado hará mucho en el sentido de integrar al niño/a. A estas edades los niños tienen un vínculo afectivo con el profesor/a, lo ven como un modelo a seguir y son perfectamente capaces de entender que hay alumnos que son distintos y requieren una atención especial. Los que a veces no entienden esto son los padres y, en ocasiones, a los profesores les resulta mucho más complejo "lidiar" con los padres que con los alumnos.

En la Educación Secundaria Obligatoria las relaciones entre alumnos son totalmente diferentes. El grupo de iguales es el grupo de referencia y los adultos pasan a un segundo plano. Con el alumnado que presenta problemas de comportamiento pueden darse situaciones muy diferentes: a veces, ese alumno conflictivo puede convertirse en líder del grupo, es admirado por los compañeros porque es el que se atreve a desafiar a los adultos (como ocurre en muchas series de televisión) y así el chico en cuestión reincidirá en su actitud porque se ve plenamente recompensado. En otras ocasiones, el joven "problemático" es rechazado por los iguales, objeto de insultos y desprecios, lo cual también puede reforzar su conducta porque la utiliza como mecanismo de defensa. Otras veces, el alumno/a lidera un pequeño grupo que vive al margen del resto de los compañeros. Todas estas situaciones y más pueden acontecer pero, en cualquiera caso, siempre hay que considerar al grupo-clase a la hora de abordar situaciones de alumnos con comportamientos inadecuados. Las reacciones de los demás son importantes para el alumno porque actúan como feed-back y, muchas veces, están reforzando ese mal comportamiento.

En la Secundaria, la hora semanal de tutoría es ideal para abordar los temas relacionales a través de múltiples sistemas: juegos, técnicas de dinámica de grupos, charlas informales, etc. Es muy importante fomentar la reflexión charlando sobre los problemas de la clase, abordando el tema del alumno en cuestión (teniendo como precaución que éste no esté presente) o incluso manteniendo entrevistas a título individual con algunos alumnos.

1.1.6. El alumno con problemas

Si anteriormente se indicó que el alumno no debería considerarse aislado del grupo social en el que convive, también es preciso mantener una relación directa con él. Una relación basada en el diálogo, en la que perciba que queremos ayudarlo y no sólo castigarlo, que tenemos confianza en él. El alumno debe percibir que estaremos dispuestos a ayudarlo cuando decida reconducir su conducta, que seguiremos estando ahí cuando haya altibajos.

El castigo tiene que ser visto como una consecuencia a un mal acto y no una imposición injusta de la autoridad y siempre debe tener como complemento una visión positiva de que puede cambiar si quiere y se esfuerza y nosotros tenemos confianza en que así sea.

También es importante negociar con el alumno, explicarle lo que vamos a poner en práctica para intentar ayudarlo, incitarlo a que acepte compromisos al mismo tiempo que nosotros nos comprometemos con él, y ayudarle a valorar los progresos.

1.2. Definir claramente el problema

En los apartados anteriores se describe una determinada perspectiva sobre cómo abordar los problemas de conducta en un centro educativo pero, ¿qué cosas reales se pueden hacer en el día a día para poner en práctica esas ideas? A continuación se describen una serie de aspectos empleados en situaciones reales y referidos a varios alumnos que presentaban problemas de comportamiento. Aunque pueda parecer que se sigue un orden cronológico no necesariamente tienen porque aplicarse todas estas sugerencias sino que se pueden tomar de manera aislada.

Cuando un alumno/a presenta problemas de comportamiento en el aula, el Departamento de Orientación y el Equipo Directivo empiezan a recibir quejas de distintos profesores. Éste es el momento de hacer una primera reunión con el equipo docente para definir más claramente en qué consiste la conducta problemática del alumno, con qué frecuencia se repite, en qué áreas y con qué profesores, etc.

Lo ideal es utilizar un sistema de registro de la conducta por escrito porque permite un análisis detallado. Esto supondrá un trabajo extra para el profesorado pero es fundamental hacerles ver que, si se quiere cambiar algo, es preciso tener muy claro qué es lo que queremos cambiar.

En el caso de Víctor, alumno de Secundaria, hiperactivo, expulsado de varios centros por faltas graves de respeto al profesorado, se empleó un sistema de registro (ver **Anexo I**) durante tres semanas. Cada profesor anotaba en su área las incidencias del alumno.

También podemos servirnos de los partes de aula que cada día recoge el delegado/a del grupo, en donde cada profesor pasa lista, anota las incidencias y las expulsiones del aula si las hubiera (ver **Anexo II**).

La observación directa del alumno en el aula y en el recreo es otra importante fuente de información. Quizás, la mejor manera de que el orientador/a observe al alumno en el aula sin que éste se dé cuenta de que está siendo observado sea participar de alguna manera en la clase. Por ejemplo, en el caso de Andrés, un chico escolarizado en Secundaria, la orientadora pudo comprobar in situ cuál era su manera de actuar con el profesor/a y con los compañeros participando en varias sesiones de clase explicando la técnica de los mapas conceptuales tomando como base un tema real de la materia.

Tras este período de observación se realiza un análisis de la información obtenida. En el caso de Víctor, para el que se empleó el modelo de registro del Anexo I, se tuvieron en cuenta los siguientes parámetros a la hora de analizar lo recogido:

FECHA / DÍA DE LA SEMANA / ÁREA / HORA / HECHO

Reestructurada la información de esta manera, se pudo llegar a una serie de conclusiones:

– El alumno casi nunca tenía incidencias en las tres primeras horas de clase, mientras que tenía muchas en las dos últimas horas de la mañana.

– Las incidencias también aumentaban a medida que se acercaba el fin de semana.

– Había 2 o 3 áreas en donde el comportamiento conflictivo era más acentuado, mientras que también había alguna en la que no se daba ningún tipo de problema con él, porque respondía a sus intereses (en este caso le gustaba mucho dibujar y en la clase de Plástica no presentaba conflictos). Curiosamente las áreas en donde se comportaba peor eran impartidas por profesoras.

– Analizando los antecedentes de la conducta problemática se vio que el alumno intentaba provocar al profesor llamando la atención de la manera que fuese.

– Viendo las consecuencias, se comprobó que cuando recibía una reprimenda aumentaba la situación de conflicto, se volvía más violento y era entonces cuando faltaba al respeto a los profesores.

A continuación se hizo un registro de las conductas-problema intentando agruparlas en categorías de tal modo que se establecieron cinco o seis clases de conductas-problema:

– Meterse con los compañeros, insultarlos, pegarles.

– Interrumpir la clase, levantarse, provocar al profesorado de alguna manera (escuchando con los cascos de música, descalzándose).

– Lenguaje grosero, insultos, falta de respeto al profesor/a.

– Negarse a cumplir órdenes.

– Tratar mal y deteriorar el material.

– No hacer las actividades del aula, dibujar mientras el profesor explica y los compañeros trabajan.

1.3. Estrategias contextualizadas de intervención en casos prácticos

Tras identificar las conductas-problema detectadas durante el período de observación se mantuvo una reunión con el Equipo Docente para exponer las conclusiones. Se priorizaron las conductas a eliminar (por ejemplo se consideró prioritario eliminar las reacciones violentas y las faltas de respeto a los compañeros y profesores, y se considero como algo secundario que estuviera dibujando en la clase).

Además, se intentaron identificar posibles reforzadores de la conducta y posibles castigos cuando el comportamiento fuese inadecuado.

1.3.1. Priorizar las conductas a eliminar

Podrá resultar extraño que se empleen reforzadores/premios con un chico que presenta un mal comportamiento reiterado. Este tipo de jóvenes tienen muy baja resistencia a la frustración, cuando no se sienten capaces de afrontar algo (en muchos casos tras un mal comportamiento se esconde una intención de no querer que los demás se percaten de sus dificultades escolares), surgen las conductas-problema, lo cual lógicamente trae como consecuencia un castigo. Esto forma un círculo vicioso que es preciso romper. Los reforzadores (premios) tienen la misión de darle un valor positivo al cúmulo de situaciones negativas, permiten al alumno ver que el buen comportamiento se valora, tiene consecuencias positivas, de que le prestaremos atención ante las buenas conductas. En definitiva, es la manera de que el alumno se vea incentivado a esforzarse por cambiar, ya que, si ve todo perdido, todo en negativo, es muy poco probable que haga ningún tipo de esfuerzo personal.

Los refuerzos no tienen (ni deben) que ser premios materiales. Si es posible también deben consensuarse con los padres y afectar no sólo al entorno escolar sino también al familiar. Es bueno para el alumno percibir esa comunicación familia-escuela, que ambas partes quieren que mejore su conducta y que desde los dos lados se está de acuerdo en castigar ciertas acciones y premiar otras.

Por ejemplo, para Andrés, un joven de 13 años con retraso madurativo, comportamiento excesivamente infantil y problemas importantes para adaptarse a la rutina escolar de Secundaria, los reforzadores que a él más le interesaban eran:

– Jugar una hora con la vídeo-consola.

– Ir al cine el sábado.

– Comprar un cómic.

– Alquilar una película de vídeo.

– Ir al ciber una hora

– Poder ir al aula de Informática en los recreos.

– Poder utilizar material de Educación Física (balones, aros, etc.) cuando tuviese hora libre.

Los premios que le interesaban a Víctor eran bien distintos:

– Ir al aula de Informática en los recreos y en el tiempo libre.

– Puesto que se le daba tan bien el dibujo, se le permitió decorar con graffiti algunas paredes del instituto durante el tiempo libre.

– Practicar surf en el fin de semana.

Como puede verse los refuerzos son muy distintos en función de los intereses y de las características del alumnado. Igual ocurre con las consecuencias negativas o castigos. A un crío puede fastidiarle mucho que lo castiguen sin ir a alguna actividad extraescolar mientras que a otros no les importa en absoluto. Algunos alumnos están deseando que los expulsen tres días para casa porque los padres trabajan y podrán hacer lo que les dé la gana, mientras que para otros sí es realmente un castigo.

Con cada alumno funciona un tipo distinto de castigo y por eso si se aplica el Reglamento de Régimen Interno en sentido estricto, lo que se impone como sanción puede no serlo realmente.

También conviene decir que cuando la permanencia del alumno en el aula es insostenible y el profesor /a se ve en la obligación de "expulsarlo" es muy importante que el alumno pase a una situación más desagradable para él que estar en el aula. Recordemos el caso de Víctor, que provocaba al profesor en el aula hasta que recibía una reprimenda y entonces el se ponía más y más violento, lógicamente también alteraba al docente hasta que la situación se volvía tremendamente desagradable. La "expulsión" del aula tiene como misión emplear lo que se llama **tiempo fuera de refuerzo**, es decir, el alumno está molestando para recibir atención de los demás y debe pasar a una situación en donde no reciba esa atención. Pero, si por ejemplo permanece en el pasillo seguirá teniendo esa atención por parte de las personas (compañeros y profesores) que pasen por allí e incluso es probable que haya otros alumnos fuera del aula y puedan charlar. Si está en Dirección o Conserjería también estará muy pendiente de todo lo que allí pase: llamadas telefónicas, visitas, compañeros que vienen por material o a hacer fotocopias...

Sería deseable disponer de un lugar en donde las distracciones fuesen mínimas, un aula vacía por ejemplo, un despacho siempre y cuando esté con las puertas cerradas, etc. Si permanece con el profesor/a de guardia éste deberá hacer la situación aburrida para el alumno, no dándole charla y dedicándose a otra tarea, sin prestarle demasiada atención. De esta manera el tiempo fuera del aula el alumno no tendrá la atención de los demás, se hará largo y aburrido y será realmente un castigo y no una satisfacción. Si se decidiese a hacer las tareas académicas en el tiempo que está expulsado se premiaría con atención. La estrategia es simple: ignorarlo por el mal comportamiento y prestarle atención cuando hace lo que debe.

1.3.2. Hacer un contrato por escrito

Una vez identificadas y priorizadas las conductas-problema a eliminar (o en otros casos las conductas a fomentar) y acordados con el alumno los premios y castigos, conviene plasmarlo por escrito en un documento (ver **Anexo III**).

El contrato con el alumno da seriedad a la situación, no admite equívocos al estar plasmado por escrito, se da por enterado todo el mundo y hace que el alumno se sienta más comprometido y asuma las consecuencias de sus acciones.

Sería deseable que lo escribiera y redactase el propio alumno y luego lo firmasen él, el profesor tutor y la familia.

1.3.3. Seguimiento de la conducta

Tanto en el caso de que busquemos instaurar determinados comportamientos como eliminar otros, es muy importante hacer un seguimiento de la conducta del alumno/a. Utilizando algún sistema en el que se refleje la información por escrito, podremos hacer una evaluación de la conducta durante el período establecido previamente para que, al final del mismo, el alumno pueda obtener una consecuencia positiva o negativa, según fuera el caso. El registro escrito permite, además, hacer una valoración de un intervalo de tiempo más amplio porque como es seguro que la conducta no cambiará de un día para otro y además es muy probable que haya retrocesos, permitirá ser más objetivos y no caer en el desánimo.

Los métodos para hacer el seguimiento pueden ser múltiples y dependerán de varios factores: la edad del alumno/a, la periodicidad de la información, las conductas a observar, el sistema de codificación empleado, la posibilidad o no de que sea el propio alumno el que se encargue de cubrir la hoja de registro, etc.

En todos los casos conviene que la información se codifique brevemente, utilizando abreviaturas, siglas o símbolos porque así no supondrá un gran esfuerzo a la hora de registrar la información y además permitirá ver el registro de un vistazo. Es fundamental ser realistas, en el sentido de plantear metas que el niño/a vaya a poder cumplir. Por ejemplo, no le podemos pedir a un niño hiperactivo que se esté sentado sin moverse durante 5 o 6 clases al día porque es algo totalmente imposible, tampoco podemos pedirle a una persona que reacciona con violencia verbal ante determinadas situaciones que, de repente, cambie por completo a partir de un día.

Las conductas a instaurar/eliminar deberán ser concisas; "portarse bien" no es una consigna válida porque implica una multiplicidad de conductas y una amplia carga de subjetividad. Sí sería admisible por ejemplo "Salir de la clase cuando el profesor lo indique", "No soltar "tacos" en clase", "Traer el material escolar en cada área".

Algunos ejemplos de métodos de registro para hacer un seguimiento de la evolución del comportamiento podrían ser:

a) **Pascual.**

Con Pascual, un niño con hiperactividad de 7 anos que cursaba 1.º de Primaria, se empleó un sistema totalmente gráfico, dado que el proceso de lecto-escritura todavía estaba muy incipiente, basado en tres símbolos: un Sol, que significaba buen comportamiento, una nube, que expresaba mal comportamiento y un Sol nublado que quería decir que el comportamiento fuera regular.

Dadas las características del alumno, los períodos de observación eran semanales; es decir, al cabo de los cinco días el propio niño contaba los soles y las nubes que él mismo dibujara en la ficha durante la semana y si había tres soles o más obtenía un premio en el fin de semana, que normalmente era ir al cine con los padres, jugar a la consola, hacer alguna visita que a él le interesara, etc. Si había más nubes que soles entonces no podía escoger él la actividad a hacer y tenía que esperar una semana más para poder elegir.

Con este niño resultaba imposible hacer una valoración del comportamiento a lo largo de toda la jornada escolar porque, de hacerlo así siempre llevaría una valoración negativa, así que se optó por establecer un período de observación diario de una hora aproximadamente. De esta forma, cuando la maestra lo consideraba oportuno, y nunca hacia el final de la mañana porque era cuando estaba más alterado, avisaba al niño: "Pascual, vamos a ver cómo te portas durante un rato para luego anotarlo en la ficha. A ver si podemos poner en la ficha un Sol". Después de un tiempo la maestra le decía: "Pascual, dibuja en la ficha un …"

El niño sabía que portarse bien significaba no pegar a los compañeros, no romper ningún material e intentar hacer las actividades que le proponía la profesora.

El último día de la semana revisaban juntos y contaban los símbolos (cosa que le encantaba) para ver si era posible obtener el premio previsto. El niño llevaba para la casa la ficha para enseñársela a sus padres y volvía a traerla el lunes.

La maestra iba acumulando los registros semanales para que el alumno pudiese comparar su comportamiento de una semana con el de otra, al mismo tiempo que los adultos podían ver cómo iba evolucionando a lo largo del tiempo. A medida que la conducta iba mejorando se fue aumentando progresivamente el nivel de exigencia pasando a tener dos períodos de observación diarios.

b) Andrés.

Para Andrés, un chico de 13 años, con retraso madurativo, bastante inquieto y a quien le costaba mucho adaptarse a la rutina de Secundaria, se empleó un sistema parecido al anterior pero un poco más complejo (ver **Anexo IV**). Cada semana se le entregaba al alumno una ficha, que él debía custodiar (precisamente él era muy descuidado y acostumbraba a perder los papeles que le daban y por eso se le encomendó esta responsabilidad) en el que figuraban todas las horas lectivas. Al terminar cada clase el alumno debía preguntar al profesor/a y anotar una calificación: B (Bien), M (Mal), R (Regular) en torno a dos parámetros: trabajo de aula y comportamiento. Si al final de la semana tenía M en más de cuatro clases no recibía el premio acordado. En este caso los premios eran comprar un cómic, que los padres le dejaran jugar a videojuegos el fin de semana durante un período de tiempo, comprar algún material escolar o poder acceder a Internet en los recreos.

El sistema funcionó medianamente bien con este chico durante un tiempo, pero como su resistencia a la frustración era tan baja y el grado de impulsividad tan alto acabó falsificando la ficha para obtener los premios, por lo que se tuvo que suprimir temporalmente este sistema.

c) Víctor.

Víctor, el alumno de 4.º de ESO, con muchos problemas de desafío a la autoridad y agresividad, sobre todo verbal, lo que se hizo fue realizar un registro de incidencias. En este caso, el joven se amparaba mucho en lo complejo que resultaba el coordinarse todos los docentes que le daban clase, con el tutor, la orientadora y sus padres. Tuvimos que pensar en un sistema de registro que fuese lo más inmediato posible porque, cuando se le mandaban las incidencias por escrito a sus padres en los partes mensuales, él tergiversaba los hechos, decía que no se acordaba porque había pasado mucho tiempo. Por eso, el último día de cada semana los profesores comunicaban a la orientadora las incidencias que protagonizara el alumno y ésta las categorizaba dentro de alguna de las 4 o 5 conductas-problema, que tratábamos de eliminar al tiempo que las iba anotando en un registro. Asimismo, todos los viernes se llamaba a los padres por teléfono para comunicar las incidencias (si no había incidencias se llamaba igualmente para que lo felicitasen en casa) y su conducta tenía repercusión no sólo en la escuela sino también en el hogar (no salir con los amigos el sábado por la tarde por ejemplo).

Al mismo tiempo, en el colegio tenía reservados ciertos "privilegios" para cuando no había incidencias negativas. En este caso los premios consistían en poder ir al aula de Informática en los recreos a navegar en Internet, decorar alguna pared del centro con graffiti en el tiempo libre, etc. Estos privilegios eran retirados cuando había alguna incidencia y, dependiendo de la gravedad de ésta, era posible que también fuese acompañada de algún castigo.

1.3.4. Un sociograma

A petición de un profesor que impartía una área en la que era fundamental el trabajo en grupo porque trabajaban por proyectos, se realizó un sociograma para analizar cuál era la situación social del grupo-clase y, sobre todo, para ver cómo ubicar al alumno que presentaba problemas de conducta de manera que su rendimiento mejorase y se constituyesen grupos lo más operativos posible.

A la hora de elaborar el cuestionario (ver **Anexo V**) se diseñaron una serie de preguntas entorno a los siguientes parámetros: preferencia en situación de trabajo y en situación de ocio (preguntas 1, 2 y 3); rechazo en situación de trabajo y de ocio (preguntas 4 y 5); percepción social positiva en el trabajo y en el ocio (preguntas 6 y 7) y percepción social negativa en el trabajo y en el ocio (preguntas 8 y 9).

Una vez recogidas las respuestas y representadas gráficamente (ver **Anexos VI, VII, VIII, IX, X**) los resultados fueron curiosos. Si bien nosotros como adultos pensábamos que el crío con problemas de comportamiento era el líder dentro del grupo por atreverse a desafiar a los adultos, poseer características físicas que lo hacían atractivo para el sexo opuesto, ser buen deportista con lo cual podía ser admirado por los compañeros, etc., sorprendentemente resultó ser el único del grupo (está representado con el triángulo que tiene el número 12) al que nadie escogió como preferencia, ni en una situación de trabajo, ni tampoco en una situación de ocio. No obstante, aunque tenía algunos rechazos tampoco era el más rechazado del grupo. (Ver representaciones gráficas de las elecciones en las preguntas 1, 2, 3, 4 y 5 del cuestionario sociométrico).

En la percepción social positiva el alumno se engañaba ya que nadie de los que él creía que lo iban a elegir lo eligió en realidad. Sí acertó con los que creía que lo iban a rechazar, ya que efectivamente lo rechazaron.

En base a los gráficos sociométricos el profesor elaboró los grupos teniendo en cuenta las elecciones mutuas y luego las elecciones unidireccionales cuando no hubiese rechazo en el otro sentido. Se intentó no ubicar dentro de un mismo grupo a personas que se rechazaran mutuamente y se tuvo especial cuidado en situar a las personas que eran muy rechazadas intentando incluir en su grupo a alguien que no las rechazase y que pudiese ser un elemento muy representativo para la clase.

El alumno "conflictivo" en cuestión se ubicó en un grupo reducido, con personas que no lo rechazasen y que al mismo tiempo fuesen capaces de trabajar sin que él los distrajera. No se pudo poner con personas que lo eligieran a él porque nadie lo eligió.

1.3.5. La tutoría con alumnos

En el caso de Víctor, que ya comentamos anteriormente, el profesorado empezó a escuchar comentarios entre el alumnado acerca de si este chico recibía un trato especial, de si se le consentían cosas que a los demás no, de si los profesores estaban muy pendientes de él, etc.

Ante esta situación se decidió atajar el problema antes de que fuese a más, trabajando en algunas sesiones de tutoría.

En la primera de ellas, estando presente el alumno, se invitó a todos los alumnos del grupo a que escribiesen en un papel de forma anónima cuáles les parecían a ellos que eran los problemas de la clase como grupo y qué sugerían para solucionarlos. Se permitía mencionar a personas en particular pero no insultar.

A continuación, se recogieron las propuestas y se fueron analizando una a una. La persona que conducía la clase, en este caso la orientadora, iba anotando los problemas en el encerado (teniendo la precaución de que los chavales no viesen los papeles escritos para que no pudiesen identificar a su autor/a). Curiosamente casi todos coincidieron en la mayoría de los problemas y se crearon cinco categorías entre las cuales se encontraba la problemática del alumno en cuestión, su actitud dentro de la clase, el trato que les daba a los profesores, el poco respeto por el material, etc. En esta sesión, el alumno pudo darse cuenta de que sus compañeros criticaban su comportamiento y no era tan admirado por portarse mal como él creía.

El siguiente paso fue analizar las propuestas de solución. Algunas se rechazaron por inadmisibles (como por ejemplo el castigo físico). La sesión terminó con una reflexión sobre la clase como grupo, viendo en qué medida las acciones de todos podían estar influenciadas por los demás y que todos, absolutamente todos, podían ayudar a mejorar la convivencia. Se intentó reconducir ese individualismo en el que siempre culpan a los demás y se defienden diciendo que "empezó el/ella".

Un tiempo después se trabajó en una segunda sesión de tutoría con el mismo grupo de alumnos, pero esta vez sin estar presente el alumno "problemático" (se aprovechó un día en el que éste no asistió al colegio).

En esta ocasión se charló de manera informal con el grupo acerca del alumno en cuestión y de si se le estaba dando un trato de favor o no. Se evitó en todo momento dar categorizaciones sobre su problemática, pero se intentó, de forma implícita, que los compañeros se dieran cuenta de que el nivel de exigencia era distinto porque el alumno era también distinto.

Algunos de los aspectos sobre los que se intentó que reflexionasen los críos fueron:

- ¿Pensáis que Víctor es capaz de controlar su comportamiento? Si realmente pudiese controlarse lo haría en situaciones que le gustan e incluso en esas ocasiones acostumbra a tener problemas.

- ¿No os parece que si no lo premiáis riéndole las gracias y estando tan pendientes de él cuando se porta mal no tendría tantos alicientes para continuar comportándose como lo hace?

- ¿Podéis vosotros hacer algo para que mejore su conducta? ¿Qué cosas?

- ¿No es cierto que a cada uno de vosotros se os trata de manera distinta, se os pone un nivel de exigencia, se os valora vuestro esfuerzo etc.?

El **trabajo de tutoría** es importante para crear un clima en la clase más comprensivo, más colaborativo, que huya de posturas individualistas, de culpar siempre a los demás. El componente fundamental tiene que ser siempre el diálogo; cada crío debe poder expresar libremente su opinión y eso servirá de base al adulto para promover la reflexión.

1.3.6. Promover actividades alternativas

Con los jóvenes que presentan problemas de comportamiento en situaciones escolares puede resultar trascendental indagar acerca de sus intereses para ver si, desde el contexto escolar, podemos proponer actividades alternativas, que les resulten motivadoras.

Por ejemplo, en el caso de Víctor una actividad por la que manifestaba gran interés era el dibujo así que se le permitió decorar con graffiti un aula del instituto en los ratos libres siempre y cuando su comportamiento fuese adecuado. En otro caso, el de Moisés, los problemas de comportamiento eran tan graves que se buscó una actividad para que ocupase la enorme cantidad de tiempo que pasaba fuera del aula. En este caso, se dejó que hiciese pequeños arreglos, pintase las canastas del centro, etc. De esta manera, estaba ocupado y evitábamos que hiciese destrozos, al tiempo que él se sentía satisfecho consigo mismo porque si en el ámbito de los estudios su rendimiento era nefasto, a nivel manual sí era capaz de ver logros.

Como se puede comprobar el tipo de actividades alternativas a promover puede ser muy variado y siempre dependerá de los intereses del alumno; intereses que alguien tendrá que indagar. A veces, dependiendo del tipo de centro, puede parecer complicado buscar actividades alternativas al estudio pero es preciso hacer un esfuerzo en este sentido porque la visión del alumno de sí mismo es muy importante para influir en su comportamiento. Si se ve como un mal alumno, que suspende siempre, que no sirve para nada, el esfuerzo personal decaerá en picado. El joven tiene que sentirse capaz de afrontar situaciones, ver algo positivo, que puede hacer cosas y, si esas cosas que hace, pueden mostrarse a los demás en exposición pública, el efecto será mayor.

1.3.7. La relación con los padres

Ya se habló de la importancia de mantener una relación fluida con la familia, basada en la colaboración y, sobre todo, continua a lo largo del tiempo. Las fórmulas a emplear en este sentido pueden ser múltiples e ir desde las reuniones presenciales cada cierto periodo de tiempo (por ejemplo, en el caso de Pascual el niño de 1.º de Primaria se reunían cada tres semanas los padres, la profesora, la orientadora e la maestra de Pedagogía Terapéutica), hasta el contacto telefónico como ocurría en la situación de Víctor, en la que cada viernes la orientadora contactaba por teléfono con la familia o incluso por escrito, método empleado cuando cada semana el crío lleva el registro de seguimiento del comportamiento para que lo vean los padres.

Es muy importante que este contacto sea periódico y no se limite sólo a cuando hay problemas. Es decir, si se contacta con los padres cuando el chaval tiene un mal comportamiento igualmente se debe contactar con ellos cuando el comportamiento es bueno, para que en la casa puedan felicitarlo y animarlo. Si como aquí se sugiere existe un periodo de contacto establecido, esto facilitará el informar de lo bueno y de lo malo, y no limitarse sólo a lo negativo.

1.3.8. La relación con el profesorado

Se citó anteriormente la importancia de la comunicación entre el profesorado. En Primaria, el menor número de profesores y la existencia de reuniones de ciclo facilitan la labor, pero en Secundaria es realmente complejo encontrar un hueco en el horario para reunir al equipo docente de un grupo. Si se quiere hacer dentro del horario lectivo necesariamente tendrá que ser en el tiempo de los recreos o, dependiendo de la gravedad de la situación, convocando una reunión fuera del periodo de clase.

Al igual que ocurre con los padres, es importante que este tipo de reuniones sean periódicas porque sólo así se podrá ir comprobando cómo evoluciona la situación.

1.3.9. Consensuar normas de convivencia

Muchos programas de prevención de los conflictos y problemas de conducta hablan de la importancia de consensuar normas de convivencia entre profesores y alumnos para mejorar el clima de convivencia y afrontar las conductas disruptivas. A continuación detallamos algunos ejemplos de experiencias que se realizaron en las aulas.

a) Alumnos de 3.º de la ESO.

Estamos ante un grupo de alumnas y alumnos de 3.º de la ESO, con un comportamiento muy viciado, con una actitud pasiva, completamente desmotivados ante el estudio, con problemas personales y familiares, sin organización, sin normas, sin método de estudio.

La mayoría de los alumnos podrían tener un buen rendimiento académico y llevar perfectamente el curso, mostrar un buen comportamiento y buena actitud. En definitiva, manifestar sus capacidades, pero el caos y el poder de los líderes los arrastran y se dejan llevar.

Iniciamos un trabajo experimental de tres meses de duración, que tiene como objetivo intentar modificar la actitud y la conducta en el aula utilizando el siguiente proceso:

• Reunión con los padres, en donde les hablamos prioritariamente de la autoestima y de lo importante que es para sus hijas e hijos que le ayuden a mejorarla, ya que repercute en todas las actuaciones y facetas de la vida.

- Reunión con los profesores para proponerles modificar la conducta del grupo con el establecimiento de normas facilitadoras de la convivencia en el aula, consensuadas con los alumnos.

Se tendrán en cuenta las siguientes ideas:

- Las normas deben ser pocas, claras y con sentido práctico de las prioridades.

- Todos los miembros que integran el grupo deben sentirse a gusto con las normas para que se cumplan de forma natural.

- Si en una clase no hay normas, los alumnos no saben lo que se espera de ellos.

- El objetivo principal del profesor tutor debe ser conocer a sus alumnos y alumnas, sus aspiraciones, sus reacciones, sus sentimientos, para llegar a descubrir sus necesidades tanto personales como académicas.

- Los alumnos e alumnas deben colaborar con un comportamiento correcto en el grupo.

- Lo prioritario en el grupo será la comprensión y la prevención; aspectos ambos previos a la corrección y sanción.

a.1. Primera sesión.

Nos conoceremos presentándonos con nuestros nombres y añadiendo algo que nos haga disfrutar mucho: "me gusta la música, el cine, el deporte, leer".

Hablaremos a los alumnos con madurez y seriedad, diciéndoles que están en un grupo difícil y que vamos a intentar entre todos que funcione mejor, sin riñas, sin castigos, sin trucos, con amor.

A continuación se hablará de normas y su aplicación en el aula. Se le entregará a cada alumno una copia de los derechos y deberes, recogidos en el reglamento de Régimen Interno.

Para mantener la atención del grupo, cada uno leerá un punto del Reglamento que se comentará conjuntamente. Incluso, si lo desean, podrá llevar su copia para volver a leerla en casa y comentarla en familia.

a.2. Segunda sesión.

Se repartirá un folio en donde cada alumno escribirá, de forma anónima, dos normas que considere importantes para el buen funcionamiento del grupo.

Una vez recogidas, se leerán en la clase y observaremos que, con frecuencia, se pueden agrupar entorno a unas cuantas ideas eje. Reproducidos a continuación las que sugerían este grupo de alumnos de 3º de la ESO:

- Que nadie intente destacar por ser mejor o peor alumno.

- No hablar y atender durante la clase, y que nos dejen salir 5 minutos antes.

- Para que en clase no haya jaleo pedimos estar sentados con las mesas juntas y cada uno al lado de quien quiera, porque así si queremos pedir algo no tenemos que levantarnos.

- Portarse bien y no molestar y estar sentados de dos en dos para poder resolver las dudas conjuntamente.

- Que el primero que alborote algo lo echen de clase. Si es por una falta leve que no lo manden por la ficha para apuntarse, pero si es grave, como molestar al profesor o insultar, que sí lo manden.

- Me gustaría que todos tuvieran un poco de interés.

- Que la clase esté en forma de U y así no hablaremos tanto y podríamos consultar dudas al de al lado.

- Que no hablemos tanto y escuchemos más.

- Que haya orden en la clase, que saquen afuera a los que molestan. Que tengan buen nivel de notas, y que los alumnos vengan para estudiar y no para molestar.

- Que el ambiente en la clase sea bueno, trabajador y con compañerismo, sin que nadie se meta con nadie.

- Mantener un silencio adecuado en cada momento.

- No hablar mucho en alto.

- Buena convivencia y compañerismo.

- Que no se arme bulla en clase y que se pueda estudiar a gusto y atender.

- Que se marchen los profesores cuando toca el timbre.

- Que en los recreos se pueda estar en clase.

- Que no pongan todos los exámenes juntos.

- Que corrijan los exámenes bien y que nos los enseñen.

- Que en las fechas de los exámenes, en las clases anteriores, nos dejen estudiar.

- Que las excursiones sean largas y más interesantes.

- El que no quiera estudiar que no venga y que no moleste a los que quieren trabajar.

- Que los profesores tengan interés en la clase y que te resuelvan las dudas que tengas.

- Que los profesores no den avisos continuamente, que echen a la persona que interrumpa el ritmo de la clase.

- Quien rompa el material de clase que lo pague y que no nos hagan pagar a todos lo que rompió otro.

- Que los profesores sean puntuales a la hora de salir.

a.3. Tercera sesión.

Acordamos hacer una selección consensuada, reduciendo las normas a cinco y proponiendo compromisos como contrapartida.

Normas	Compromisos
Sentarnos en forma de U.	– Escuchar a los demás. – Hablar en voz baja. – Trabajar y dejar trabajar. – Atender a las explicaciones. – Sentarse bien. – Pedir las cosas por favor.

Que los profesores no den avisos continuamente. Que echen a las personas que interrumpen la clase.	Colaborar con el profesor para que: – nos dejen trabajar. – no molesten a los demás. – no hagan payasadas.
Que las fechas de los exámenes se consensúen para que no coincidan varios el mismo día.	– Estudiar más y con más organización.
Respeto a los compañeros y profesores.	– No pelear. – Ser puntual. – No chillar. – Dialogar. – No molestar. – Respetar el Instituto.

Figura n.º 19. Normas de aula consensuadas.

Este cuadro se expondrá en el corcho de la clase y se revisará al menos semanalmente, en la hora de tutoría. Cuando termina este proceso de consensuar normas, el grupo ya tiene cierta confianza y comunicación con el profesor que desarrolló esta tarea, pudiendo pasar a trabajar mediante la dinámica de grupos temas como las presiones dentro del grupo, ejercicios para relacionarse y conocerse mejor, así como para mejorar la organización como grupo de trabajo. Por otra parte, ejercicios de relajación contribuirán a que el grupo esté más receptivo a todo tipo de propuestas.

b) Alumnos de 2º de la ESO.

En otras clases los profesores optan por alternativas más breves. Consiste en que los alumnos por grupos enumeren los principales problemas que ven en la clase y redacten con su lenguaje unas normas sencillas para mejorar el clima del aula. En la sesión de tutoría se sintetizarán las normas, estableciendo las correspondientes consecuencias. Los delegados pueden elaborar un mural con las normas para que figuren en el corcho de la clase, firmadas por ellos y que se revisarán periódicamente en la sesión de tutoría. Reproducimos las normas consensuadas en dos clases de 2.º de la ESO. Una clase que podemos considerar con un clima de convivencia aceptable y otra con un clima muy conflictivo.

b.1. Aula de 2.º de la ESO con un clima de convivencia agradable.

• Respetar el material de la clase.

- Respetar a los compañeros y sus gustos y opiniones.

- Respetar al profesor y hacerle posible la clase.

- No faltar a la clase, sólo cuando hay necesidad.

- No salir al pasillo en el intercambio de clase.

Estas normas escritas en un folio, estaban en el corcho de la clase y terminaban con la siguiente nota firmada por los delegados: *si todos cumplimos estas sencillas normas, la clase será más pacífica y todos estaremos mucho más cómodos. Esperamos vuestra colaboración y que sea de vuestro agrado.*

b.2. Normas de un aula de 2.º de la ESO conflictiva.

- Puntualidad en la entrada, permitiendo un retraso de hasta 2 minutos.

- Salida puntual.

- Diez minutos entre clase y clase y sin recreos.

- Los alumnos tenemos que trabajar.

- Sentarse por filas e individualmente.

- No nos podemos cambiar de sitio sin permiso.

- No hacer carreras por los pasillos.

- No comer ni beber en la clase.

- Personal de seguridad.

- No saltar la muralla del Centro.

- Drogas NO.

- Nada de peleas.

- El profesorado que cuide su vocabulario y respete a sus alumnos.

- Respetar el material y mobiliario.

2. INTERVENCIÓN DESDE LOS EQUIPOS DE ORIENTACIÓN EXTERNOS

En todas las comunidades autónomas se contempla algún tipo de orientación externa a los centros educativos, que actúa como apoyo al Departamento de Orientación.

En la Comunidad Autónoma de Galicia existen los Equipos de Orientación Específicos de ámbito provincial y que funcionan por especialidades: trastornos de conducta, trabajo social, déficits motóricos, deficiencias sensoriales, trastornos generalizados del desarrollo, altas capacidades, orientación vocacional y profesional, audición y lenguaje.

Lo que a continuación describimos es el estilo de actuación de la especialidad de trastornos de conducta actuando, casi siempre, en colaboración con la especialidad de trabajo social, desde el **paradigma de la complejidad integradora creadora.**

2.1. Modelos de orientación educativa

Cuando nos llega una solicitud para evaluar los problemas de conducta que presenta un alumno se desencadena un proceso de planificación, recogida y análisis de información útil para tomar decisiones.

La primera labor es decidir qué información recogeremos y cómo varía sustancialmente dependiendo del paradigma teórico desde el que actuamos. Así podemos distinguir hasta cinco modelos de orientación educativa (Álvarez, M. y Bisquerra, R., 1996):

- **Modelo clínico.** Basado en la relación eminentemente terapéutica entre orientador y orientado. El cliente solicita ayuda, se realiza el diagnóstico, se establece un tratamiento y se hace el seguimiento.

- **Modelo de servicios.** El cliente pide ayuda y desde la institución se atienden sus necesidades.

- **Modelo de programas.** Se estructura en las siguientes fases: evaluación de necesidades del contexto; formular objetivos; planificar actividades; realizar la actuación; evaluación del programa.

- **Modelo psicopedagógico.** Se realiza una evaluación de las necesidades educativas del alumno para diseñar programas de intervención que impliquen a los sistemas escolar y familiar.

- **Modelo de consulta.** Se establece una relación entre dos o más personas del mismo nivel profesional, que plantean una serie de actuaciones, con el fin de ayudar a una tercera persona. La consulta tiene lugar entre profesionales que se reconocen y aceptan cada uno en su ámbito, con autonomía y responsabilidad. La consulta es triádica, mientras que el modelo clínico o de servicios es diádico, entre un profesional y un cliente, con nivel inferior, al menos en relación al servicio que se presta. La consulta se utiliza como estrategia de intervención y formación para ayudar a los diferentes agentes y a la propia institución. Puede afrontarse desde una óptica terapéutica (consulta de experto) o preventiva y de desarrollo (consulta de procesos). La consulta tiene las siguientes fases: clarificación de la consulta, diseño de un plan de actuación, intervención y evaluación del plan de acción, sugerencias al consultante para que pueda afrontar las próximas consultas semejantes a la realizada.

La consulta colaborativa establece una interacción entre los distintos profesionales para recoger información e intervenir en los sistemas familiar, escolar y sociosanitario con la finalidad de ayudar al cliente, integrando actuaciones de tipo clínico, servicios, psicopedagógico, sociofamiliar e institucional. Cada profesional respeta el campo de trabajo del otro y se enriquece de una visión interdisciplinar. Así, el orientador escolar no debe pronunciarse sobre la necesidad de la medicación o no, que corresponde al profesional de salud mental, como tampoco le corresponde al psiquiatra establecer la modalidad de escolarización, la necesidad de un profesor de apoyo o una adaptación curricular.

2.2. Análisis de la conducta dentro del sistema: hacer complejo lo simple

El marco ecosistémico de la consulta del equipo de orientación externo está diseñado por dos grandes ejes estratégicos: los principios del análisis funcional de la conducta y la perspectiva conductual de sistemas.

Los principios del análisis funcional de la conducta podemos sintetizarlos en los siguientes aspectos fundamentales (Carr y otros, 2001):

- La conducta problemática cumple un objetivo para la persona que la manifiesta.

- La evaluación funcional se utiliza para identificar la finalidad de la conducta problemática.

- El objetivo de la intervención es la educación, no simplemente la supresión de la conducta problemática.

- Los problemas de comportamiento generalmente tienen muchas finalidades y por lo tanto requieren muchas intervenciones.

- La intervención implica cambiar la forma en que interactúan los individuos con y sin discapacidad y, por lo tanto, la intervención implica cambiar sistemas sociales, no individuos.

- El objetivo último de la intervención es el cambio en el estilo de vida, en lugar de la eliminación de los problemas de comportamiento.

La perspectiva conductual de sistemas podemos definirla entorno a las siguientes ideas fundamentales, matizando la propuesta de Mash (1979):

- Visión de los trastornos del niño, la familia y la escuela como una constelación interrelacionada de sistemas y subsistemas de respuesta.

- La necesidad de considerar al niño, a la familia y a la escuela como una situación global cuando se evalúa el impacto de alguna variable única.

- La idea de que conductas-problema similares pueden depender de factores precipitantes distintos.

- El reconocimiento de que las intervenciones pueden llevarnos a múltiples resultados, incluyendo un reajuste de las relaciones dentro del sistema familiar, del sistema escolar y de las relaciones entre ambos.

- La noción de que los sistemas familiares y escolares son subsistemas que poseen propiedades dinámicas que cambian constantemente a lo largo del tiempo.

La **consulta conductual colaborativa** es un proceso interdisciplinar de recogida de información relevante de las personas y sistemas, para tomar decisiones contextualizadas que desarrollen a las personas y organizaciones, integrando las intervenciones clínicas, psicopedagógicas, familiares y sociosanitarias.

2.3. La consulta colaborativa: ver lo invisible

La solicitud de intervención que recibe el especialista en trastornos de conducta del Equipo de Orientación Externo viene formulada en un protocolo que cubre el orientador del centro educativo, con el visto bueno del director y del inspector de la zona (ver **Anexo XI**). Este protocolo tiene un carácter sistémico en el que se contemplan los motivos de tipo preventivo por los que se nos puede hacer la consulta (asesoramiento, información sobre recursos y materiales, formación especializada del profesorado) y no sólo para colaborar en la evaluación psicopedagógica de alumnos con problemas. Casi siempre se solicita una intervención de tipo clínico: la colaboración en la evaluación psicopedagógica de un alumno/a. Son aún testimoniales las peticiones de asesoramiento para elaborar planes de prevención o programas de mejora de la convivencia. El primer paso del especialista es redefinir la consulta transformando la visión clínica del problema en una visión ecosistémica que implique cambios en la organización familiar y escolar para ayudar al desarrollo integral del alumno.

Bajo la visible consulta de que colaboremos en diagnosticar y orientar al alumno con problemas de conducta, hay por lo menos las siguientes consultas invisibles que tenemos que hacer visibles:

- **Consulta centrada en el cliente.** Para detectar las necesidades educativas especiales del alumno.

- **Consulta centrada en el consultante.** El profesor/a, orientador/a, director/a del Centro, el inspector/a, necesitan y solicitan asesoramiento del especialista para tomar decisiones de escolarización. Muchas veces es la propia familia la que solicita la consulta ante el malestar y preocupación de los padres con la evolución de su hijo, aunque siempre la reconducimos a través del centro educativo, para no "puentear" los servicios de orientación internos del Centro.

- **Consulta centrada en el programa.** Necesidad de conocer nuevos programas y estrategias para avanzar en la solución del conflicto.

- **Consulta centrada en la organización escolar o en la estructura administrativa.** Necesidad de cambio de actitudes y conocimientos del profesorado sobre los problemas de conducta, dotación de más recursos, quejas de los padres de los demás alumnos, posibles conflictos con la Administración, notas de prensa.

- **Consulta centrada en los aspectos sociofamiliares.** Situaciones problemáticas que requieren cambios en las relaciones existentes en el sistema familiar.

- **Consulta de coordinación interdisciplinar.** Que manifiesta la necesidad de que las intervenciones de los distintos profesionales sean coordinadas y no discrepantes, lo que generaría una mayor ineficacia y angustia.

La clarificación de la consulta nos permite integrar en una aparente consulta clínica, centrada en el alumno, múltiples consultas aparentemente antagónicas pero que resultan ser complementarias en una consulta ecosistémica colaborativa.

2.4. Proceso de evaluación ecosistémica: entrar en el aula

Al principio, cuando llegaba al centro educativo, me sorprendía ver al profesor o a la familia con el alumno esperando en la entrada. Fue fácil explicar que el niño tenía que estar en el aula, que no iba a ver al alumno, sino ver al alumno en el aula, dentro del sistema en donde se producen los problemas. Iba a mirar al alumno, pero también al profesor, a los compañeros, al método de dar clase, a la distribución de los alumnos en el aula, al corcho y sus invisibles mensajes, a los trabajos escolares, al sistema de evaluación.

En el proceso de evaluación sociopsicopedagógica priorizamos las técnicas cualitativas de la observación, la entrevista y el análisis de documentos como los trabajos escolares, los informes previos, los partes de clase. Buscamos implicar a los profesores, la familia y los servicios de apoyo externos tanto en la recogida de la información, como en consensuar las estrategias de intervención coordinadas.

Cuando recibimos una solicitud de intervención, las fases que configuran nuestro protocolo de actuación son las siguientes (ver **Anexo XII**):

2.4.1. Preparar la evaluación: ver las invisibles consultas

- Análisis de la solicitud y de los informes previos.

- Delimitar si es una consulta de la especialidad o derivarla al servicio correspondiente, manteniendo siempre una coordinación interdisciplinar.

- Redefinir la consulta clínica en consulta sistémica.

- Llamar al orientador y equipo directivo del centro para fijar la fecha de la visita y establecer acuerdos sobre las estrategias de actuación y acuerdos de colaboración: observación en el aula, citar a la familia, reunión con el equipo docente.

2.4.2. En el centro educativo: cambiar el sistema

- Entrevista con el orientador/a del centro para clarificar la consulta, conocer sus expectativas, conocer lo que se hizo hasta ahora, consensuar el proceso de evaluación y compromisos mutuos.

- Entrevista con el equipo directivo del Centro para conocer su visión del problema; los recursos; el clima de convivencia en la comunidad educativa; las expectativas del profesorado, familias y alumnos; y acordar los espacios, tiempos y reuniones del proceso evaluador.

- Entrevista con el profesor/a tutor/a para recoger la síntesis de información relevante y analizar informes y partes de incidencias del profesorado.

- Entrevista con el/la profesor/a de apoyo o especialistas que colaboren en la atención del alumno.

- Observación del alumno/a en el aula y en el recreo.

- Análisis de trabajos escolares.

- Entrevista con el alumno.

- Entrevista con la familia para evaluar los datos evolutivos, necesidades y recursos del sistema familiar ante las conductas problemáticas de su hijo.

- Entrevista o conversación con los profesionales de salud mental y servicios sociales que atienden al alumno.

- Reunión con el equipo directivo, orientador/a y el equipo docente para completar la recogida de información, sintetizar las conclusiones de la evaluación y consensuar las propuestas de intervención. Informar de las actuaciones de salud mental y servicios sociales y dar las estrategias para introducir cambios en los ámbitos del centro educativo, del aula, del grupo de iguales, del profesorado, de la familia y del alumno. Dejar establecido el método de coordinación entre familia y centro educativo. Entrega y comentario del Decálogo Escolar de Prevención e Intervención en problemas de conducta que figura en este capítulo.

- Reunión con la familia para recoger sus propuestas, sintetizar las conclusiones del proceso de evaluación y comunicar los acuerdos tomados en el centro educativo. Consensuar con la familia las estrategias a modificar en la relación con su hijo y establecer el sistema de coordinación con el centro educativo. Entrega y comentario del Decálogo Familiar de Prevención e Intervención en problemas de conducta que figura en este capítulo.

Queremos resaltar en este proceso de evaluación ecosistémica la importancia nuclear de la **observación dentro del aula**. En el aula todo habla: la distribución del aula, la decoración y el corcho, el número de alumnos en el aula, la metodología del profesor, el lugar donde está sentado el alumno con problemas, su forma de estar sentado, su aspecto general, su mirada, el trabajo adaptado o desfasado que tiene que hacer, su cuaderno, sus relaciones con los compañeros, su relación con el profesor, lo que pasa antes-durante-después de la conducta problemática, las respuestas de los compañeros y profesor ante las conductas disruptivas... Todo ello nos aporta una información muy valiosa para poder ayudar al alumno, al grupo clase, a los profesores y a las familias.

De igual manera el profesor debería reflexionar algo más ante las conductas disruptivas y no limitarse a cubrir el parte de incidencias. El parte de incidencias debería completarse algo más contemplando qué pasó antes, durante y después y terminar con una propuesta de modificación de estrategias en función del resultado obtenido. Podrían realizar una autoobservación utilizando la ficha de la Figura n.º 20 que utiliza el orientador (Carr y otros, 2001):

Nombre: Plácido. **Observador:** Manuel. **Fecha:** 17/2/06
Contexto general: el profesor de Matemáticas está explicando en la pizarra.

Contexto interpersonal: Plácido está sentado al final del aula, cerca de la ventana. Se distrae mirando por la ventana, charla con los compañeros, tararea canciones y no tiene abierto el libro.

Conducta problemática: el profesor le hace una pregunta y él le responde un disparate, el profesor le dice que salga de clase y él se niega a hacerlo, el profesor visiblemente contrariado sigue explicando en el encerado.

Reacción social: los compañeros se ríen al oír el disparate y el grupo que lo rodean lo felicitan cuando se niega a salir de clase, le admiran al comprobar que sigue en la clase y el profesor tiene que aguantarse y seguir explicando.

Hipótesis: Plácido seguirá incrementando sus conductas disruptivas porque las consecuencias son muy positivas para él: los compañeros le aplauden, el profesor se desquicia y consigue llamar la atención de todos y ser el más fuerte. Probablemente habría que sentarlo enfrente a la mesa del profesor, lejos de la ventana y del grupito que lo jalea, adaptar la tarea a su capacidad, variar algo la metodología y la dinámica del grupo y si sigue interrumpiendo la clase tendría que salir con la técnica de "tiempo fuera de refuerzo", aunque para ello tenga que venir al aula el director o jefe de estudios.

Figura n.º 20. Observación de conductas en el aula.

El segundo eje del proceso de intervención es la reunión con el equipo directivo, orientador y equipo docente, para intentar unificar las pautas de actuación y que el alumno reciba siempre el mismo mensaje con las mismas consecuencias a su conducta, esté en el aula el profesor que esté.

Por lo general los profesores se animan a colaborar cuando ven que no están solos. Cuando se implica a la familia y a los servicios de salud mental y servicios sociales. Reciben con gran respeto el diagnóstico de salud mental y de servicios sociales y se concentran en aportar su parte en adaptar el currículo y unificar las estrategias de actuación del equipo docente ante las conductas disruptivas. Hay tres grandes dificultades que detectamos en los centros educativos: cambiar algunas actitudes del profesorado que aún no aceptaron totalmente el cambio de un sistema educativo selectivo a otro comprensivo en el que la escuela es inclusiva y todos los alumnos tienen derecho a estar escolarizados en condiciones de normalización e integración; conseguir que los profesores funcionen como un equipo con criterios unificados y mostrar una actitud de comprensión y colaboración con las familias, teniendo una visión compleja de los problemas y sin culpabilizarlas ni autoculpabilizarse.

Estos tres objetivos hacen que consideremos esencial la reunión con todo el equipo docente y directivo dentro del proceso de intervención, en la que además de informar y formar al profesorado sobre los problemas de conducta, puede consensuarse la solicitud a la Administración de los recursos necesarios, para poder contar con los profesores de apoyo o cuidadores que hagan posible una integración real de los alumnos con dificultades.

2.4.3. El informe: hacer visible lo invisible

El informe debe sintetizar la información más relevante para tomar decisiones. Tiene que pronunciarse sobre las capacidades y necesidades educativas del alumno, la modalidad de escolarización, los recursos necesarios, las medidas de refuerzo o adaptación del currículo, las orientaciones y estrategias a seguir en los ámbitos educativo y familiar, así como la coordinación con salud mental y servicios sociales, si fuera necesaria (ver **Anexo XIII**). También se establecerá el proceso de seguimiento de la evolución del alumno.

Hay que evitar los informes patologizadores que describen múltiples rasgos negativos del niño, sin una sola palabra o línea sobre lo que hace bien, sus cualidades y el potencial de desarrollo positivo que encierra todo persona. Muchas veces llegan a nosotros auténticos dossier en los que se describen múltiples conductas disruptivas que dibujan el perfil de un alumno sin salida alguna. Cuando lo vemos siempre hay algo positivo a lo que agarrarse para modificar sus conductas y reconstruir un proyecto de vida. Los informes con frecuencia, más que describir los problemas de los alumnos, ponen en evidencia la incapacidad de las instituciones para dar respuesta a sus necesidades educativas.

Los informes tienen un carácter confidencial, para uso exclusivo de la familia y de los profesionales que atienden al alumno. El simple hecho de tener un informe sobre su conducta, ya es una etiqueta para el chico, aunque en el figure que no tiene ningún problema. Por lo que evitaremos hacer informes escritos innecesarios y que compliquen el expediente académico del alumno. La información para ayudar al alumno, puede transmitirse con otras modalidades menos formalizadas y burocratizadas. Desdramatizar es la primera de las tareas de un profesional. Todo informe debe destacar el potencial de desarrollo positivo del alumno, para después poder hablar de las necesidades educativas especiales que podrá superar si le ayudamos a desarrollar sus capacidades.

Las personas valen y hay que creer en ellas. Si no confiamos en una persona, si no esperamos nada, no vamos a conseguir nada. Los informes pueden hacer mucho más daño que bien, si utilizamos un lenguaje inapropiado para el destinatario, sin explicar su significado y relevancia. Recuerdo una llamada de una psiquiatra que tenía en su consulta a una madre llorando. Aún sin asimilar el duelo por la muerte de su hijo mayor por un problema neurológico grave, al hijo pequeño, con problemas de rendimiento escolar, se le hizo una evaluación psicopedagógica. El orientador le dijo a la madre que la causa de los problemas de aprendizaje de su hijo era que tenía la lateralidad cruzada, sin más explicaciones. Ahora la psiquiatra trataba de explicarle a la madre que tener la lateralidad cruzada no supone riesgo para la vida de su hijo e incluso habría que replantearse la dudosa importancia de este concepto en el rendimiento escolar de su hijo.

Al final el informe debe reflejar cómo a partir de una demanda de carácter individual, centrada en el alumno-problema, hemos realizado una intervención ecosistémica en la se implican los servicios de educación, salud mental y servicios sociales para intervenir sobre el alumno, la familia, el profesorado y el currículo con la finalidad de cambiar el sistema, y si esto no es posible, cambiar de sistema para que el alumno pueda tejer su resiliencia y reconstruir su proyecto de vida.

La familia y el centro educativo pueden acabar siendo organizaciones que aprenden de los problemas y no sistemas neurotizantes que se niegan a evolucionar y tiende a excluir todo aquello que les supone un conflicto o desafío.

2.5. Escolarización de alumnos con problemas de conducta

El alumnado con problemas de conducta debe escolarizarse, siempre que sea posible, en los centros educativos ordinarios. Estará integrado en el aula ordinaria recibiendo el apoyo necesario para su desarrollo intelectual, emocional y conductual. No todos los centros educativos ordinarios son iguales. Hay Centros que se niegan a aprender y excluyen todo aquello que les plantea un conflicto y otros centros que aprenden a mejorar sus prácticas y recursos respondiendo a los desafíos de una sociedad cada vez más compleja, diversa, multicultural. Hay alumnos que fueron expulsados de dos o tres centros educativos y recalan en uno en el que el equipo directivo y algunos profesores tienen una actitud positiva para trabajar con ellos y allí se quedan hasta terminar la escolarización con el título correspondiente.

Los problemas de conducta tienen que ser reconducidos dentro del sistema del aula, en donde se producen, y no fuera del aula, en donde frecuentemente no existen esos problemas. Casi todos los profesores reconocen que estos alumnos se portan mucho mejor cuando se les presta una atención individualizada. Para cambiar la conducta del alumno tendremos que introducir cambios en las relaciones entre los distintos elementos del aula. Cambiar las relaciones en el sistema del aula para que pueda cambiar la conducta del alumno.

Cuando el alumno/a con problemas de conducta tiene asociado un retraso escolar, deberá recibir la ayuda necesaria mediante medidas de refuerzo o de adaptación curricular.

El apoyo, cuando sea necesario, se realizará prioritariamente dentro del aula ordinaria. Podrá salir del aula puntualmente, y nunca superando la tercera parte del horario escolar, para recuperar el retraso escolar o en momentos de crisis, para realizar la contención aplicando la estratega de "tiempo fuera".

El profesor de apoyo evitará sentarse todo el tiempo al lado del alumno conflictivo, que acabaría manipulándolo y no haciendo caso al profesor del aula, diciendo que tiene "su profesor". Podrá dedicarse también a atender a otros alumnos del aula que necesiten apoyo, sin estar exclusivamente dedicado al alumno conflictivo.

En algún caso puede considerarse la posibilidad de escolarización combinada entre el centro educativo ordinario y la asistencia a algún centro específico o a alternativas curriculares más prácticas, semejantes a los Programas de Cualificación Profesional Inicial.

Sólo en casos muy excepcionales, y una vez agotadas las medidas de atención a la diversidad en los contextos ordinarios tanto familiar como escolar y sociosanitario, podrá valorarse la modalidad de escolarización en algún centro educativo específico e interdisciplinar que por sus características excepcionales pueda introducir cambios relevantes en la evolución integral del alumno. En estos casos siempre se requiere que esta modalidad escolarización sea aconsejada por los servicios de orientación de educación, por salud mental y solicitada por la familia.

Si no podemos cambiar el sistema, o agotados los cambios en los sistemas ordinarios sólo nos queda cambiar de sistema. Un ejemplo de esta alternativa de cambio radical del paradigma educativo y de su estructura es el Centro de "O Pelouro".

2.6. Centros educativos recreadores. "O Pelouro": utópicos del mundo, uníos

Para recrear las organizaciones educativas necesitamos crear nuevos paradigmas, nuevas formas de ver y pensar al alumno, al profesor, la relación alumno-profesor, el proceso de enseñanza-aprendizaje, los espacios, los tiempos. Necesitamos tener un sueño para transformar la realidad. Hay experiencias educativas que colocan al niño en el eje entorno al que gira todo el currículo; donde la estructura organizativa se arriesga a ser disruptiva con el sistema educativo tradicional y encuentra soluciones a las conductas disruptivas de los alumnos acercando la escuela a la utopía.

El Centro de Innovación Pedagógica e Integración "O Pelouro" (Ubeira y Rodríguez de Llauder, 2002) nació en el año escolar 1972-73, en Caldelas de Tui (Pontevedra), en un bello paraje de Galicia situado a siete kilómetros de la frontera con Portugal, rodeado por el Miño y donde los balnearios de aguas termales guardan en su seno lo más genuino de la historia cultural de la zona. "O Pelouro", un edificio de hotel balneario rehabilitado con una gran huerta, es una muestra clara de que al cambiar el sistema escolar, las personas que fracasaron en los contextos educativo-familiar-sanitario ordinarios, pueden encontrar un nuevo sentido recreador a su vida.

La evolución de los alumnos con problemas de conducta que se incorporan al Pelouro es mayoritariamente muy satisfactoria. En este espacio para el niño, conviven chicos superdotados, niños sin dificultades, jóvenes con deficiencias y alumnos con problemas de conducta, en un sistema de enriquecimiento e integración revolucionario.

O Pelouro es un "Espacio", un "Espacio-Escuela" en el que todo niño puede llegar a SER, en el que la estructura y procedimiento hacen posible un desarrollo "Normosaludable" superando lo "Normo-Frecuente" o "Normopático" que propicia la acción del medio patologizante (ambiental, urbano, familiar, cultural, informativo, educativo...) al que el niño habitualmente es sometido.

La programación diaria no es en absoluto rígida: ni en espacios, ni en contenidos, ni en duración, ni en grupos. El currículo está centrado en el niño, dentro de un grupo social, respetando la diversidad y la heterogeneidad. El "diseño curricular" se basa en una perspectiva eco-psico-neuro-bio-afectivo-socioambiental y pedagógica, busca ayudar al desarrollo evolutivo de cada niño, y reestructurar la realización personal (curar la vida, ejercer el SER UNO MISMO), en un contexto situacional social. Se busca procesar la vida cotidiana, racionalizándola, recreándola en compromiso personal y capacitando a los niños para luchar y desarrollarse en condiciones adversas.

"O Pelouro" es un Centro Especializado en los derechos del niño: el derecho de existir, el derecho al espacio, el derecho al tiempo, el derecho a la belleza, el derecho a la integración, el derecho a crecer como individuo en relación, el derecho de transformar la realidad, el derecho a la búsqueda de la verdad. "O Pelouro" es la transparencia de una historia de amor.

Sobre esta experiencia innovadora podemos encontrar apasionados defensores y algunos detractores, no deja indiferente a nadie. Nuestra visión de este Centro, como especialista en trastornos de conducta que durante varios años formó parte de la comisión interinstitucional (educación, salud mental y servicios sociales) que hacía la evaluación y seguimiento de los alumnos con problemas de conducta que estuvieron en el Pelouro, es muy positiva. Alumnos con graves problemas de conducta, agotados los recursos ordinarios de la escuela, la familia y de los servicios sociosanitarios para ayudarlos, experimentaron en O Pelouro una evolución positiva. En muchos casos la medicación se les fue retirando bajo la supervisión del psiquiatra del Centro y el cambio radical del ecosistema educativo despertó el proceso de resiliencia para el renacimiento del niño entorno a un nuevo proyecto de vida recreador. Necesitamos cambiar los sistemas para que las personas podamos reencontrar caminos para volver a la vida.

2.7. Un caso real de intervención interdisciplinar

Sin embargo lo deseable e ideal es transformar el sistema en donde viven los críos, para que puedan vivir saludablemente en sistemas que aprenden, por difícil que parezca. Si arrancamos a los chavales del sistema familiar y su entorno social, sin transformar las relaciones patológicas que existen en él, cuando regresen a casa, se encontrarán de nuevo con el ambiente que deteriora su desarrollo. El modelo de evaluación ecosistémica interdisciplinar está representado de forma paradigmática en el caso de Camariñas, en el que colaboré como orientador del Equipo Psicopedagógica de Cee (A Coruña), atendiendo la zona de la Costa de la Muerte.

La prensa nacional y autonómica se hizo amplio eco por los años 90 de un complejo problema socioambiental en Xaviña-Camariñas (A Coruña). Había dos niñas en edad escolar que estaban aisladas en su casa con los padres, sin asistir a la escuela. La Comisión Interinstitucional de Atención al Menor, en la que participaban profesionales de distintas Administraciones (Sanidad, Educación, Servicios Sociales, Justicia, Presidencia,...) decide hacer una evaluación interdisciplinar del problema para tomar decisiones de intervención. Se realizan múltiples intentos de dialogar con los adultos de la familia para que las niñas pudieran asistir a la escuela sin obtener otra respuesta que la negativa y la amenaza de hacerse daño antes que salir de casa. Después de meses de aislamiento, la Juez de Corcubión decide que las fuerzas del orden público entren en la casa para rescatar a las menores. A pesar de la resistencia de los adultos, las niñas son trasladadas al Hospital para un reconocimiento médico y psiquiátrico. La madre tiene que recibir también atención psiquiátrica. Una vez tranquilizada la situación, se opta por intentar introducir los cambios necesarios en el sistema familiar para que las niñas puedan volver a su entorno transformando su estilo de vida. Se quiere evitar institucionalizar a las jóvenes en un internado y separarlas de su ambiente sociofamiliar.

Mientras estaban en el Hospital, los vecinos entran en la casa y les instalan la luz y el agua. Se analizan las causas que llevaron a esta familia a aislarse. Parece que están relacionadas con que los caseros les sacaran las tierras que trabajaban. Se gestiona que puedan comprar esas tierras por un precio asequible y pasen a ser propietarios. También se les arreglan los papeles para que dos de los adultos de la casa puedan empezar a cobrar la pensión a la que tenían derecho. Se les dice que las niñas podrán volver a casa, siempre y cuando se comprometan a llevarlas a la escuela y a que una trabajadora social pueda entrar todos los días en la casa para supervisar las pautas establecidas y la organización de la familia.

Todo empezó a funcionar. Alguna vez intentaron cerrarle la puerta a la educadora familiar, pero pronto se recuperó el compromiso. El seguimiento puntual constató la evolución positiva de las niñas y la transformación de un sistema enfermizo en un nuevo sistema familiar saneado. En lugar de arrancar a las jóvenes de su entorno sociofamiliar, se transformó el sistema familiar y su contexto social para que las crías pudieran desarrollar su personalidad en su escenario habitual recreado. Es más difícil actuar de acuerdo con el paradigma de la complejidad integradora creadora, pero sus beneficios se extienden a las personas, a las instituciones y a la sociedad, superando las dudosas ventajas del paradigma de la simplificación desintegradora destructiva.

Quince años más tarde volví a Camariñas para evaluar otro problema de conducta. Pregunté por aquellas niñas. El orientador del Centro me dijo que terminaron su escolarización sin problemas. Hoy están casadas, trabajando y con su carné de conducir para poder ir al trabajo. Siempre me ha parecido esta intervención como un ejemplo modélico de intervención desde un paradigma de la complejidad integradora creadora.

3. DECÁLOGO ESCOLAR PARA APRENDER DE LOS PROBLEMAS DE CONDUCTA

Vamos a sintetizar en un decálogo las estrategias de prevención e intervención que pueden llevar a cabo los centros educativos en relación con los conflictos y problemas de conducta. Los profesores influyen en los alumnos por lo que dicen, pero sobre todo por lo que hacen. Los alumnos tienen que ver en nosotros a auténticos arquitectos de utopías realistas para despertar en ellos la esperanza de que pueden llegar a ser felices, por mal que se sientan, siempre que luchen por transformarse mejorando el mundo con un proyecto de vida solidario.

Los conflictos son una oportunidad para superar nuestra forma simple de ver las cosas y asumir la tarea diaria de construir conocimiento complejo compartido y contextualizado para resolver los problemas. Así aprenderemos de los conflictos para ser personas y organizaciones escolares más abiertas, más flexibles, más desarrolladas, más sabias, más felices y más recreadoras.

3.1. Currículo más complejo: educación en valores

Hay que educar la **inteligencia racional**, pero también la **emocional** y la **conductual**, de lo contrario estaremos fabricando generaciones de "analfabetos conductuales". Es necesario educar en valores y habilidades sociales en todos los cursos, no sólo en algunos como propone la LOE, con la Educación para la Ciudadanía y los derechos humanos. La educación en valores se hace de forma implícita en todas las áreas del currículo, según el estilo educativo del profesor. El Plan de Mejora de la Convivencia del centro educativo debe resaltar el valor proactivo de la convivencia y de prevención de la violencia escolar en todas sus manifestaciones.

3.2. Adaptar el currículo a las necesidades del alumno

La adaptación del currículo a las necesidades educativas del alumno es el primer factor de prevención de las conductas disruptivas en el aula. Los alumnos con problemas de conducta frecuentemente presentan retraso escolar por su escasa motivación. Al no sentirse capacitados para tener éxito en las tareas escolares, buscan llamar la atención de otra forma. La atención individualizada, los agrupamientos flexibles, el trabajo cooperativo, la tutoría entre iguales, adaptar los contenidos y los criterios de evaluación, permiten a los alumnos con problemas animarse a trabajar.

3.3. Estilo educativo recreador: normas, diálogo y autonomía

La superación del autoritarismo y del permisivismo exige un estilo educativo que integre **normas, diálogo** y **autonomía**. El estilo recreador se distingue por usar las estrategias que mejoran la conducta del alumno: conversación particular elogiosa y estimulante, reconocimiento público de que el alumno está mejorando, elogio público, corrección privada. Evita los procedimientos que empeoran la conducta: manifestación pública de que el alumno está empeorando, sarcasmo público o privado, recriminación pública reiterada. En general debemos corregir en privado y felicitar en público. El estilo recreador se caracteriza por fijar normas claras y coherentes, dialogar ante los conflictos y dar progresiva autonomía para favorecer la responsabilidad del alumno.

3.4. Consensuar normas de convivencia entre alumnos y profesores

El profesor tutor consensuará entre alumnos y profesores unas sencillas normas de aula, que figurarán en el corcho, estableciendo las consecuencias de su no cumplimiento. En las sesiones de tutoría se comentarán y revisará su cumplimiento. En este libro figuran distintas experiencias que se pueden tomar como modelo para su elaboración.

3.5. La tutoría: unificación de criterios entre profesores y con la familia

Al profesor/a tutor/a, asesorado por el departamento de orientación, le corresponde la difícil tarea de unificar los criterios de actuación del equipo docente. Es muy importante que las consecuencias de las conductas sean siempre las mismas con todos los profesores. Las discrepancias entre el profesorado facilita las conductas manipuladoras del alumno. Las entrevistas del profesor tutor con la familia, ayudarán a unificar las pautas entre el Centro y la familia, procurando que no sea una simple lista de reproches. Se establecerá una periodicidad y se evitará llamar continuamente a la familia ante las conductas disruptivas. La agenda escolar puede facilitar una comunicación diaria. A través del departamento de orientación se coordinarán las pautas de intervención con salud mental y/o servicios sociales, si están atendiendo la problemática del alumno.

3.6. Participación del alumnado

La participación del alumno en la vida del centro educativo es siempre una medida que mejora el clima de convivencia en los centros educativos y actúa como factor de prevención de los conflictos y problemas de conducta. Debemos favorecer los siguientes factores:

- **El trabajo cooperativo.** Es la mejor prevención de la violencia escolar o acoso entre iguales. Los alumnos que aprenden a colaborar y no sólo a competir, que trabajan juntos, pueden llegar a ser amigos. Los grupos de trabajo deben ser heterogéneos, que reúnan a alumnos que no se "llevan bien".

- **Tutoría entre iguales.** Hay que evitar estigmatizar al alumno con problemas de conducta, puede ser una fuente de aprendizaje para los demás alumnos, si se comprometen a ayudarle colaborando en las estrategias de contención e integración. El profesor dará las orientaciones a los compañeros para que ignoren las conductas que buscan llamar la atención y se impliquen en la integración del alumno con dificultades. Un compañero valorado, admirado y querido por el alumno con problemas, podrá sentarse a su lado para ayudarle, realizando una tutoría entre iguales, turnándose cada cierto tiempo.

- **Participación del alumnado en la evaluación.** Establecer algún mecanismo para que la opinión de los alumnos sobre la marcha de la clase esté presente en la sesiones de evaluación. Así hacemos prevención de mayores problemas y evaluamos el proceso de enseñanza-aprendizaje y no sólo el aprendizaje de los alumnos. Las experiencias van desde el tutor que actúa de portavoz de lo que manifestaron los alumnos en la asamblea de clase celebrada en la tutoría, hasta la asistencia a una parte de la sesión de evaluación de los alumnos mayores de la ESO.

- **Dar responsabilidades a los alumnos.** Los alumnos con problemas de conducta suelen responder bien cuando los encargamos de cosas en el aula y, al mismo tiempo, mejoramos su integración y autoestima. Procuraremos encargarlos de responsabilidades que estén a su alcance y en las que previsiblemente puedan tener éxito.

- **Mediación de conflictos.** Formar a un grupo de alumnos para que actúen de mediadores de conflictos entre iguales, siguiendo las siguientes etapas: presentación y reglas de juego, cuéntame, aclarar el problema, proponer soluciones y acuerdos.

3.7. *Organización flexible del aula y de los grupos de alumnos*

Hay ciertas experiencias en la gestión del aula y de los grupos que vienen demostrando ser eficaces:

- **Organización del aula.** Es aconsejable que el alumno con dificultades esté sentado enfrente a la mesa del profesor para poder prestarle más atención. En la mesa del alumno sólo debe estar el material imprescindible para realizar la tarea escolar, evitando la presencia de más objetos con los que el alumno se pueda distraer y montar "un taller". La distribución de las mesas en el aula puede favorecer el trabajo en equipo dándole una forma de U o en equipos reducidos.

- **Dos profesores en el aula.** El trabajo de dos profesores en el aula facilita la atención a la diversidad. El profesor de apoyo, evitará sentarse siempre al lado del alumno con dificultades, para que no se establezca una relación de dependencia o de manipulación del profesor por parte del alumno.

- **Grupos flexibles de alumnos.** La organización de grupos flexibles de alumnos con dificultades para trabajar de forma individualizada ciertas áreas con un currículo adaptado a sus necesidades es una medida que facilita el acceso al currículo y la integración.

- **Grupos heterogéneos de alumnos.** Los grupos de aula deben ser heterogéneos, evitando formar grupos homogéneos en los que coincidan alumnos con dificultades de aprendizaje y/o comportamiento. Reunir a los alumnos con dificultades en un mismo grupo de aula es una simplificación destructiva tanto para los alumnos, que se quedan sin otros modelos que imitar, como para los profesores que suele acabar quemados y la propia escuela que no favorece la integración.

3.8. Contratos de conducta y mediación en conflictos

Es una estrategia que puede resultar muy útil establecer contratos de conducta firmados por el alumno, el profesor tutor y la familia en el que se especifiquen las conductas a cambiar, así como las consecuencias de las conductas positivas o negativas. En este capítulo ya hemos puesto algún ejemplo. Hay que ser realistas en las propuestas de cambios, ya que los nuevos aprendizajes se hacen dando pequeños pasos de tortuga y no con saltos de liebre.

En ocasiones el profesor tutor tendrá que hacer de **mediador de conflictos** entre alumnos, entre profesores o entre profesores y alumnos. La mediación se estructura en las siguientes fases:

- Premediación: hablar con las partes en conflicto por separado.

- Presentación y reglas del juego: quiénes somos y cómo va a ser el proceso.

- Cuéntame: cada uno cuenta lo que pasó y se desahoga.

– Aclarar el problema: en qué consiste el conflicto.

– Proponer soluciones: cada uno propone alternativas y soluciones.

– Llegar a un acuerdo: qué vamos hacer, quién, cómo, cuándo y dónde.

– Seguimiento y comprobación si se hace lo acordado.

3.9. Control de las crisis: estrategias de contención, extinción y refuerzo

En el proceso de transformación de conductas disruptivas en conductas creativas podemos dar los siguientes pasos en el ámbito escolar:

- **Retirar la atención.** Ignorar y retirar la atención a las conductas inadecuadas.

- **Corregir las conductas disruptivas en el momento en que se producen.** Dejando para más tarde una entrevista personal con el alumno para reflexionar sobre la conducta y sus consecuencias, sin que consiga interrumpir la clase.

- **Introducir cambios dentro del aula para la contención.** Podrá cambiarse la actividad a realizar o el lugar que ocupa el alumno en el aula para favorecer que reflexione y se tranquilice.

- **Reforzar las conductas alternativas y positivas.** En cuanto se aproxime a la conducta deseada prestarle atención y reforzarlo positivamente.

- **Tiempo fuera.** Cuando el alumno haga imposible poder dar la clase, saldrá del aula para ir a una tutoría en donde estará atendido por un profesor que lo ignorará hasta conseguir que el alumno se aburra tanto que desee incorporarse al grupo. Entonces será el momento de comprometerse a respetar las normas.

- **Control de las crisis.** Cuando un alumno presenta una crisis violenta no podemos responder de forma mecánica a sus provocaciones. Tenemos que utilizar estrategias de contención, previas a la intervención educativa, teniendo en cuenta los siguientes aspectos:

  – No "activar" las conductas problemáticas del alumno con tonos de voz elevados.

- Utilizar un tono de voz tranquilo y seguro.

- Ignorar la conducta problemática cuando sea posible.

- Dar señales que favorezcan el autocontrol, interrumpiendo la conversación o actividad hasta tranquilizarse.

- Contener momentáneamente al alumno durante la crisis.

- Mantener la calma y actuar con seguridad.

- Proporcionar señales que susciten una conducta alternativa adecuada.

- Pasada la crisis, no se cederá al chantaje, tendrá que hacer lo que se negaba a hacer, o no podrá hacer aquello que no se le permitía cuando empezó la crisis; comprobando que con la crisis no consiguió nada. Si con la crisis el alumno consigue lo que quiere, tendremos crisis cada vez con más frecuencia.

- Si todas estas estrategias no funcionan, siempre nos quedara llamar al 061.

3.10. Solicitar ayuda profesional: los servicios de apoyo

Si somos constantes en aplicar estas estrategias de prevención e intervención en coordinación con la familia, y no observamos una evolución positiva en la problemática del alumno, es el momento de solicitar ayuda profesional en colaboración con la familia y respetando los cauces establecidos en el sistema de orientación educativa.

Solicitaremos al departamento de orientación una evaluación psicopedagógica, después de contar con el consentimiento familiar y aportándole al orientador/a del centro educativo toda la información del alumno que consideremos relevante para la toma de decisiones. El departamento de orientación podrá solicitar la colaboración del equipo de orientación externo, si lo estima necesario.

En colaboración con el departamento de orientación, facilitaremos el intercambio de información y la coordinación de las actuaciones con otros profesionales de los servicios de salud mental y servicios sociales, cuando el caso lo requiera.

Así por ejemplo: ante la sospecha de que un alumno pueda estar recibiendo malos tratos en el ambiente familiar o posibles abusos sexuales, a través del departamento de orientación pondremos el caso en conocimiento de los servicios sociales de base y, si fuera necesario, lo comunicaremos al médico de familia o pediatra para el correspondiente reconocimiento médico y posible derivación a los servicios de salud mental. A los servicios sociales y sanitarios le correspondería presentar la correspondiente denuncia si se confirma la sospecha.

4. DECÁLOGO FAMILIAR PARA SOBREVIVIR A LOS PROBLEMAS DE CONDUCTA

Cuando los padres y madres se sienten desbordados y perdidos ante los problemas de conducta, hay que recuperar la esperanza que nace del amor incondicional a los hijos/as y la confianza en las estrategias contextualizadas que enumeramos a continuación. La mejor intervención es la prevención y no hay mejor prevención que un estilo educativo recreador que integre las normas con el diálogo y la autonomía.

4.1. El estilo educativo recreador

Supera el permisivismo sobreprotector y el autoritarismo, integrando **normas, diálogo** y **autonomía**. Los pasos a seguir son: establecer claramente las normas, establecer las consecuencias, ser coherente con lo que se dice y aplicar las consecuencias con tranquilidad, seguridad y constancia (Armas y Barreiro, 2006).

Es muy importante no ceder al chantaje y la manipulación de los hijos, unificando el estilo educativo entre la pareja y los demás adultos que conviven en la casa. El diálogo y la progresiva responsabilidad de los hijos/as nos animarán a darles más autonomía para que aprendan a tomar decisiones eficaces. El sentido del humor nos permitirá relativizar los problemas y saber reírnos de los pequeños conflictos.

4.2. Amor incondicional y confianza en los hijos

A los hijos hay que amarlos incondicionalmente, porque sí, no por lo que son o por lo que hacen. Todo niño encierra un potencial de desarrollo positivo que acabará manifestándose, aunque a veces ocurra más tarde de lo que quisiéramos. El estilo educativo recreador es un proyecto a largo plazo y no debemos desanimarnos por las dificultades que surjan a corto plazo. Pero el amor no está reñido con la disciplina positiva. Hay que decirles: "porque te quiero, te pongo límites y normas". Pero además de establecer normas, es muy importante también: felicitar y premiar las conductas positivas; destacar las cualidades que tiene el hijo/a; no ridiculizar sus dificultades; conocer y facilitar la relación con el grupo de iguales; favorecer la participación en actividades deportivas, recreativas, viajes; compartir el tiempo de descanso y diversión; dejarnos ayudar por ellos.

4.3. Unificar normas de convivencia familiar

Los adultos que conviven con los niños tienen que respetar mutuamente su papel y unificar los criterios a la hora de educar a los hijos, para evitar descalificaciones y contradicciones. Podemos utilizar los siguientes pasos:

- Establecer reglas y límites claros y atenerse a ellos. Si es necesario podemos escribirlos y ponerlos en el corcho de la habitación (hora de levantarse y acostarse, horario de estudio y de TV, ayudar en las tareas domésticas, día para poder salir, hora de volver a casa, control de gastos y consumismo, preparar la mochila para el día siguiente).

- Prevenir los problemas antes de que se produzcan. Darle al hijo señales cuando empieza a portarse mal, es la mejor manera de enseñarle a autocontrolarse.

- Ser modelo de conducta reflexiva. No "activar" a los hijos con tonos de voz agresivos que puedan desencadenar crisis.

- Evitar la confrontación sobre las reglas. Una vez consensuadas hay que respetarlas. Cuando no se respeta la norma o límite establecido, aplicar de inmediato la consecuencia adecuada. Ser coherente y hacer exactamente lo que se dijo.

- Definir el comportamiento positivo, reforzando con elogios y afecto la buena conducta e ignorando la conducta que sólo busca llamar la atención.

- Valorar el esfuerzo, viendo las normas como guías para el desarrollo personal, no como reglas absolutas.

- Enseñar a enfrentarse al fracaso, aprendiendo de las dificultades para superarse y ser "resiliente", capaz de desarrollarse en condiciones adversas.

- Dedicar tiempo a hablar con los hijos sobre los valores, normas, expectativas.

- Evitar las comparaciones entre hermanos para no favorecer los celos. Cuando hay celos, procurar que pasen menos tiempo juntos pero que sea de manera más agradable, haciendo cosas de forma cooperativa y no competitiva.

- Crear un ambiente de trabajo y hábitos de estudio, estableciendo horarios y lugares que faciliten el aprendizaje.

- Establecer contratos de conducta señalando los aspectos a mejorar y las consecuencias positivas o negativas según el comportamiento observado.

4.4. Formato de diálogo familiar y solución de conflictos

La comunicación con los hijos es imprescindible para crear un clima saludable en la familia y aprender juntos a solucionar los conflictos.

Un **formato de diálogo familiar** útil puede ser el siguiente:

– Pensar, antes de reunirse con el hijo/a lo que tenemos que decirle y preparar con cuidado el encuentro: hora, lugar, contenido y orden de los temas a tratar.

– Sentarse en una atmósfera tranquila y relajada, liberados de la presión del tiempo.

– Presentar el problema de una manera concreta, precisa, tranquila y neutral.

– Darle al hijo/a la oportunidad de contar su propia versión de los hechos.

- Reconocer los sentimientos de los hijos/as ante el problema.

- Expresar los propios sentimientos.

- Hacer juntos una propuesta de alternativas sobre posibles soluciones.

- Seleccionar juntos una o dos ideas para solucionar el problema, estableciendo las consecuencias de su cumplimiento o incumplimiento.

- Poner en marcha lo acordado.

- Revisar su cumplimiento y tomar las medidas consensuadas.

Cuando estallan los conflictos entre padres e hijos debemos aprender a resolverlos dando los siguientes pasos:

- Mantener la calma y el sentido del humor para relativizar su importancia.

- Escuchar activamente, sin interrumpir y empatizando con los hijos.

- Expresarse respetuosamente, centrándose en la conducta y sin hacer descalificaciones globales.

- Definir el problema con claridad.

- Diseñar alternativas y posibles soluciones.

- Valorar las posibles consecuencias de cada alternativa.

- Elegir la que más beneficios tenga con menos costes.

- Actuar y evaluar los resultados.

En ocasiones tendremos que hacer de **mediador de conflictos** entre otros miembros de la familia, frecuentemente entre hermanos. La mediación se estructura en las siguientes fases:

- Premediación: hablar con las partes en conflicto por separado.

- Presentación y reglas del juego: quienes somos y cómo va a ser el proceso.

- Cuéntame: cada uno cuenta lo que pasó y se desahoga.

- Aclarar el problema: en qué consiste el conflicto.

– Proponer soluciones: cada uno propone alternativas y valora los ventajas e inconvenientes de cada una

– Llegar a un acuerdo: qué vamos hacer, quién, cómo, cuándo y dónde.

– Hacer el seguimiento y comprobación de si se hace lo acordado.

4.5. Aceptar el problema para recrearnos

Cuando en la familia aparece un problema de importancia con los hijos o hijas frecuentemente seguimos un proceso psicológico semejante al duelo por un ser querido. Hasta llegar a aceptar que nuestro hijo/a tiene un problema de importancia, pasamos por las etapas de

– **Negación.** Rechazo a hablar del tema, "no pasa nada".

– **Culpabilización.** Sentirse culpable del problema, "qué hicimos mal".

– **Hostilidad.** Hacia el crío o los profesionales que lo atienden.

– **Aceptación.** Tristeza y alivio al reconocer el problema y buscar ayuda.

– **Recreación.** Cambiar las estrategias y los recursos para dar una nueva forma de ser a la vida en familia y a las relaciones con nuestro hijo.

Mientras no aceptemos que tenemos un problema, no estamos en condiciones de ponernos a solucionarlo con la ayuda profesional necesaria. Esta aceptación debe ser un proceso vivido conjuntamente por la pareja, sin que la mayor parte de la responsabilidad recaiga sobre uno de ellos, frecuentemente las madres, que en la mayoría de los casos suelen asumir el protagonismo casi en solitario.

4.6. Aplicar consecuencias: premios y castigos

Muchos hijos tienen todo menos lo que necesitan. El "no" también educa y ayuda a crecer. Los castigos son una señal para llamar la atención de que se saltó el límite. A la hora de establecer las consecuencias de las conductas tenemos que tener en cuenta las siguientes orientaciones:

Los castigos consisten en hacer seguir a una conducta inadecuada algo desagradable o eliminar algo agradable para el niño. Para que sean efectivos, los castigos tienen que cumplir ciertas condiciones:

– Ponerlos lo más próximo posible a la mala conducta y antes de que estemos enfadados, para que no sean desproporcionados.

– Deben tener relación con la infracción, ser consistentes y no caprichosos, combinarlos con premios, asegurarnos de que realmente es un castigo para el niño y respetar siempre la dignidad y el afecto a la persona.

– Hay que aplicarlos con tranquilidad, coherencia y de forma sistemática.

– No se deben modificar o "levantar" sin motivo una vez anunciados. Cuando no tengan efecto puede ser adecuado premiar la conducta contraria.

Algunos de los inconvenientes de la mala utilización de los castigos son los siguientes:

– Sólo se dice lo que no hay que hacer pero no lo que hay que hacer.

– El castigo frecuente hace que evitemos a la persona que lo aplica.

– Un castigo desmesurado produce odio hacia el que lo aplica.

– Abusar de los castigos hace que pierdan efecto y se habitúen a ellos.

– Utilizar exclusivamente el castigo sin combinarlo con los premios hace que pierdan eficacia.

– Sufrir una experiencia continuada de castigo hace que esa persona aprenda ese patrón de conducta y lo aplique cuando tenga oportunidad (personas que sufren malos tratos son maltratadores potenciales en un futuro próximo).

La estrategia de extinción de la conducta-problema debe ir acompañada del refuerzo de la conducta positiva alternativa. Para que sean efectivos los premios deben tener las siguientes características:

– Ser deseados.

– Deben aplicarse de inmediato a la conducta que se quiere premiar, sobre todo cuanto más pequeño sea el hijo.

- No tienen porque ser caros.

- Hay que priorizar los premios internos y sociales sobre los externos y materiales, como prestar atención, abrazos, caricias, compartir el tiempo.

4.7. Estrategias de contención y extinción

La conducta no se cambia de un día para otro. Hay que ser constantes durante un tiempo suficiente en la utilización de la contención o/y extinción. Cuando se aplica varias veces una estrategia acertada, la conducta problema puede aumentar en frecuencia, intensidad y duración, esto es un buen indicador, aunque cueste creerlo. Si los padres ante este incremento de las conductas que pretenden eliminar ceden, estarán enseñándole al hijo que ahora para conseguir lo mismo que antes, tiene que aumentar las manifestaciones de crisis y descontrol. Una vez extinguida una conducta problema, ésta puede volver a presentarse pasado un tiempo, aún sin ser reforzada. Si ocurre esta recuperación espontánea, se debe volver a aplicar la extinción, empezando de nuevo con la misma constancia. Las estrategias de contención y extinción más utilizadas son:

- **Retirar la atención.** Los niños se sienten altamente motivados para atraer la atención de los demás, aún cuando sea en forma de "regañar" o "sermonear". Ignorar las conductas inadecuadas favorecerá su desaparición. Retirar la atención (ignorar) es mirar para otro lado, no se debe mostrar ninguna expresión de desaprobación, hablar o mirar para él.

- **Salirse de la situación.** La simple presencia de los padres, muchas veces sirve para reforzar la conducta problema, no siendo suficiente retirar la atención. En estos casos los padres pueden optar por extinguir las conductas inadecuadas "saliendo de la situación", explicándole por qué lo dejamos sólo y diciéndole que cuando esté tranquilo nos busque para hablar.

- **Tiempo fuera.** Cuando el hijo/a chilla, llora, arremete contra el hermano/a, insulta a los padres, entra en crisis; hay que retirarlo de la situación en donde está mandándolo sólo para un sitio neutro. El sitio debe ser lo más neutro posible: su habitación, la habitación de los padres o el estudio. Un sitio en el que no siendo incómodo, no tenga nada que lo pueda distraer:

tele, música, revistas, compañía. Debemos controlar que está allí seguro pero ignorarlo por completo, sin hablar con él, no es el momento para consejos o sermones. Se trata de que se aburra para desear incorporarse de nuevo al grupo familiar. El lugar de aislamiento no debe ser atractivo ni adverso para el crío y no debe estar alejado de donde estamos, no puede contener nada con posibilidad de peligro para el niño/a. La duración del aislamiento debe ser breve, pero suficiente para que se calme, puede seguirse la regla de un minuto de tiempo por año de edad.

4.8. Los padres como modelo de conducta reflexiva

Gran parte de la conducta humana (deseable e indeseable) se aprende a través de la observación. Los niños tienden a **imitar** a sus padres y a otras personas que le resulten modelos atractivos. Todos aprendemos observando a gente significativa para nosotros (padres, hermanos, amigos, líderes). Los hijos están influenciados tanto por lo que dicen sus padres como por lo que hacen. Si un padre observa en sí mismo ciertos hábitos que están siendo imitados por el hijo, sería conveniente que eliminase esos hábitos antes de intentar modificar los mismos comportamientos indeseables en su hijo. No se le puede pedir a gritos que sea reflexivo y que hable en voz baja. Debemos comprender: que somos modelo de conducta para los hijos, sus conductas desadaptativas pueden estar observándolas en nosotros mismos. Antes de pretender un cambio en su conducta tenemos que convertirnos en modelos apropiados. Los hijos deben percibir que nosotros, aún siendo adultos, nos esforzamos en mejorar y corregir nuestros posibles hábitos inadecuados.

Debemos aprender diariamente a ser tolerantes en las pequeñas cosas para poder exigir en las fundamentales, adquirir una gran dosis de paciencia y sentido del humor, incorporar a los hijos al proceso de tomar decisiones reflexivamente sobre asuntos de cierta importancia, y sobre todo transmitirles que somos fieles a nosotros mismos, sin que sus conductas manipuladoras alteren nuestro proyecto vital, para que ellos aprendan a respetarse por encima de todo y ser fieles a los valores que transparentamos en nuestras vidas.

4.9. Ejemplificación: cómo establecer normas

Los **padres indecisos** les dan a sus hijos una inmejorable ocasión para ser caprichosos y dominantes, creando un clima de tensión cada vez mayor.

Cuando se muestran decididos, los hijos entienden que los padres dicen las cosas en serio, que están decididos a seguir adelante y que no se dejan manejar a capricho. El peor enemigo de la educación de los hijos es el miedo que nos paraliza, no nos permite pensar, sentir y actuar de forma coherente.

Cuando los padres están dispuestos a admitir sus errores y aprender de ellos, también crean el clima necesario para que los hijos admitan sus propios errores y aprendan de ellos.

Establecer normas y límites para los hijos es un buen método para enseñarles cómo es el mundo real. Cuanto más parecidas sean las experiencias a las que va a tener posteriormente, mejor preparados estarán para afrontar la vida que van a vivir en libertad. Por el contrario no establecer normas es la mejor manera de condenar a los hijos a ser víctimas y vivir esclavizados por la propia impulsividad e irracionalidad. Educar es establecer ese diálogo madurativo entre el cerebro y la cultura. Sin cultura, sin valores y normas, no hay libertad.

El objetivo que persiguen las normas y los límites es enseñarle al hijo/a a ser responsable, prepararlo para la realidad que va a encontrar en la vida. Cuando un niño/a empieza a hacerse responsable de una parcela de su vida, las restantes se ven afectadas por ese cambio. Aceptar responsabilidades actúa positivamente sobre la autoestima, y tener un mejor concepto de uno mismo influye positivamente sobre las demás parcelas de la vida.

La desobediencia de los hijos surge por la incapacidad de los padres para poner **límites conductuales** a través de una **disciplina positiva**. La disciplina positiva, propia de la paternidad responsable, busca conseguir una educación equilibrada entre la permisividad excesiva y la restricción excesiva, lo que se traduce en las siguientes estrategias:

- Establecer límites firmes y equitativos.
- Comunicar a los hijos normas claras, razonables y apropiadas.
- Estimular y elogiar los logros.

4.9.1. Las normas sintetizan la escala de valores de la familia

Se manifiesta en los siguientes aspectos:

- Un planteamiento por el que el niño sabe lo que se espera de él.
- Una descripción que permite saber cómo y cuándo se debe hacer una cosa.

- Una definición que le permite al niño distinguir entre lo bueno y lo malo.

- Una comunicación que le permite al hijo conocer la escala de valores de los padres.

- Un método para organizar la vida familiar que permite saber las propias responsabilidades y las ajenas.

- Un sistema para reducir tensiones, con el fin de que las cosas estén claras y todos sepan qué puede ocurrir y cuándo.

4.9.2. Las condiciones de las normas

Deben reunir las siguientes características:

- Ser razonables. El niño debe disponer de los recursos, tiempo y capacidad para llevarlas a cabo.

- Poder distinguir cuándo se cumplió y cuándo no. Mirando el reloj o viendo los resultados.

- Describir las normas con detalle. No es buena la regla que se limita a decir: "Hay que sacar la basura", sin más.

- Tienen que establecer un límite de tiempo. Por ejemplo: "antes de ir al colegio", "inmediatamente después de cenar", "a las cuatro en punto".

- Tener prevista la consecuencia si se rompe la norma. Hay que utilizar consecuencias que sean importantes para el niño. La coherencia vale más que la severidad.

Los padres tienen que sentarse juntos para empezar a hablar de normas. En las familias monoparentales puede discutirse esa situación con amigos o parientes, de forma que puedan contrastarse distintas opiniones.

Una vez que los padres decidieron cuáles son las normas y las consecuencias, se convoca el **consejo de familia**, en el que participan los padres y los hijos afectados por las normas. Los padres plantean las cosas tal como las ven, pudiendo admitir la opinión de los niños para entender cómo las ven ellos. A medida que los hijos crecen y se responsabilizan, será conveniente contar cada vez más con su visión. Las reglas deben entrar en vigor al día siguiente de la celebración del consejo de familia.

Durante todo este proceso el niño/a puede intentar resistirse a la norma establecida poniéndose a llorar, diciendo que no cumplirá las normas y acusando a los padres de opresores. Un niño tiene muchos medios para que los padres se echen atrás. El objetivo de los padres es mantenerse firmes. Si no hay alternativas mejores para conseguir los mismos objetivos, los padres deben compartir los sentimientos de los hijos, pero no pueden echarse atrás por una reacción intempestiva. Los padres tienen que evaluar y vigilar el cumplimiento de las normas. Los hijos deben empezar a hacerse responsables de las tareas, si el padre se la recuerda, es el quien está cargando con la responsabilidad y dejándose manipular. La persona manipuladora responsabiliza de su vida a los demás, para que se sientan culpables.

4.9.3. Ejemplos de normas

Al establecer normas, los padres o los hijos deben escribirlas en una hoja de papel junto con los castigos y premios correspondientes. Una copia puede quedar expuesta en el cuarto de los hijos y otra guardada por los padres, por si el crío pierde "sin darse cuenta" la suya.

A continuación sugerimos algunos modelos de normas que tendrán que ser modificadas y adaptadas a las circunstancias concretas de cada hogar.

- **Sacar la basura.** Hay que sacar el cubo de la basura, cerrar la bolsa y llevarla al contenedor sin manchar nada. A continuación cerrar el contenedor, poner una nueva bolsa de basura en el cubo y ponerlo nuevamente tapado debajo del fregadero.

- **Hora de acostarse.** Hay que estar en la cama a las diez. Estar en la cama quiere decir: tener puesto el pijama, estar metido dentro de las sábanas y con la cabeza en la almohada. A las diez se apaga la luz y no se vuelve a encender. Si una noche no estás en la cama a las diez, la siguiente noche te acostarás una hora antes.

- **Limpiar el cuarto.** El cuarto estará limpio si no hay ropa tirada por el suelo o debajo de la cama o encima de los muebles. La ropa limpia se cuelga en el armario o se mete en los cajones, según corresponda. La ropa sucia hay que meterla en el cesto de la ropa sucia. No habrá papeles por el suelo ni debajo de la cama. Tienes que hacer la cama como te enseñaron. La limpieza diaria de la habitación y de la cama tendrás que hacerla al llegar del colegio todos los días y antes de las doce de la mañana los domingos, sábados y festivos.

- Contestar. Cada vez que repliques a mamá o papá incorrectamente te mandaremos a tu habitación inmediatamente durante media hora. Tendrás que decidir tú mismo qué entendemos nosotros por replicar o ser "respondón", para comportarte bien.

- Peleas entre hermanos. Si nos parece que te estás peleando demasiado y resulta molesto, te lo advertiremos diciendo: "Si dentro de cinco minutos continuáis discutiendo de esta forma tan molesta, iréis a vuestras habitaciones durante una hora".

- Hora de volver a la casa. Se supone que tienes que volver a casa después de jugar, a las 6 todos los días, a menos que acordáramos que puedes volver más tarde. Si no estás de vuelta a las seis, no verás la televisión esa tarde.

- Hora de levantarse. Tienes que levantarte tú solo y con tiempo para asearte, desayunar con calma y salir a tiempo para llegar a clase. Pondrás el despertador y te levantarás solo. Si no te levantas a tiempo y sales tarde para ir a clase, tendrás un descuento en la paga y no saldrás a pasear con los amigos esa semana.

- Colaborar en las tareas domésticas. Ayudarás a poner y recoger la mesa. Al terminar de comer por turno barrerás el suelo del comedor y colaborarás en colocar las cosas en el lavavajillas o fregar los platos por turnos. Si no colaboras, el próximo día tendrás que hacerlo todo tú solo.

Este planteamiento de las normas sirve para todos los niños y, en realidad, para cualquiera persona. Sin embargo debe aplicarse de acuerdo con las características personales y evolutivas de los niños, teniendo en cuenta su capacidad para entenderlas y cumplirlas. Hay que compatibilizar las consecuencias negativas de las conductas inapropiadas con las recompensas de las conductas adecuadas. Cuando los castigos no parecen eficaces, tenemos que probar la estrategia complementaria de premiar las conductas alternativas.

4.10. ¿En dónde podemos encontrar más ayuda?

Si somos constantes en aplicar estas estrategias de prevención e intervención y no encontramos salida al sufrimiento de los problemas de conducta, es el momento de pedir ayuda profesional. Debemos buscar un diagnóstico precoz de los problemas de conducta para evitar el efecto de "bola de nieve" que arrastre a los críos a mayores dificultades personales, familiares, escolares y sociales.

Además la intensidad y frecuencia de los conflictos ocasionan una carga de sufrimiento importante para todos los miembros del sistema familiar. Muchas veces tanto los padres como los hermanos necesitan recibir también ayuda profesional, para superar el desgaste psicológico y físico que les provoca la tensión diaria. La terapia del sistema familiar beneficia a todos los miembros que interaccionan en la familia y actúa como soporte para que los padres valoren los pequeños avances y no se desanimen en su lucha diaria por transformar el escenario familiar en un lugar más pacífico, más sostenible, más habitable, más agradable, más saludable.

Podemos utilizar los siguientes caminos para pedir ayuda profesional:

- **Vía educativa.** La familia y/o el profesor tutor/a, de mutuo acuerdo, solicitan una evaluación psicopedagógica al orientador/a del centro educativo, que puede pedir la colaboración del equipo de orientación externo o/y de los servicios de salud mental infantil o/y servicios sociales, si lo considera necesario.

- **Vía sanitaria.** La familia puede solicitar al médico pediatra o médico de familia una consulta en salud mental infantil para clarificar las dudas que tenga sobre los problemas de conducta que observa en la casa o que le manifiestan desde la escuela.

- **Vía interdisciplinar.** Puede promoverla el profesional de educación, sanidad o servicios sociales, con el permiso de la familia, para complementar el diagnóstico y la evolución de los críos, integrando la visión clínica, psicopedagógica y sociofamiliar.

A los padres nos corresponde integrar toda la información que los distintos profesionales aporten sobre nuestro hijo/a, procurando informarlos de las distintas intervenciones para favorecer la actuación coordinada.

De los distintos profesionales de ayuda se espera que actuemos con una mirada interdisciplinar, coordinando nuestras actuaciones para realizar una prevención e intervención eficaz en la complejidad de los problemas de conducta, según se sugiere en la figura 21.

COORDINACIÓN DE SERVICIOS SOCIO-EDUCATIVO-SANITARIOS

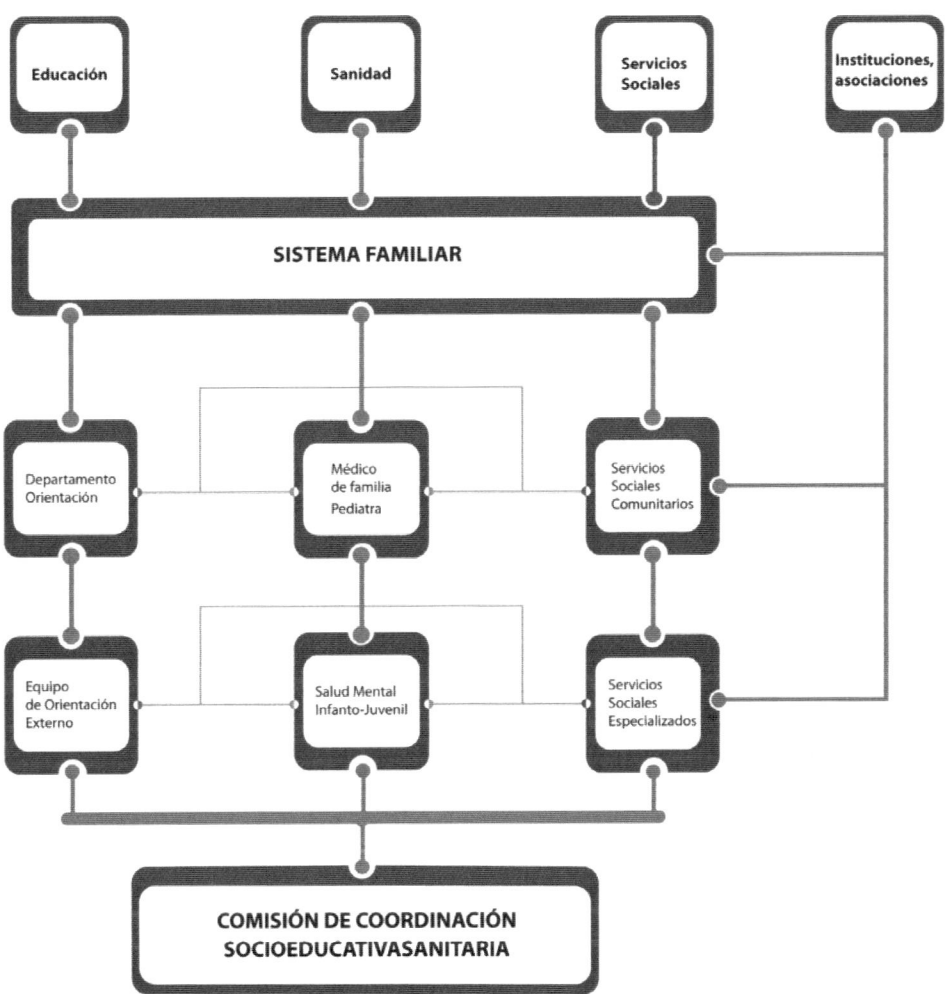

Figura n.º 21. Coordinación de Servicios socio-educativo-sanitarios.

Capítulo V

Preguntas para el mago sin magia

Muchas veces buscamos a un mago que nos dé recetas mágicas para todas nuestras dudas y las incertidumbres de la vida. Todos somos magos sin magia, todos descubrimos nuestra invisible magia cuando nos decidimos a educar educándonos, haciendo nuestro conocimiento cada vez más complejo y compartido (Selvini, 1986). Las respuestas a estas preguntas sobre la educación de nuestros hijos, que todos nos hicimos más de una vez, tendrán que ser contextualizadas en cada sistema familiar.

Estas estrategias generales son válidas siempre que la frecuencia e intensidad de los problemas no requieran de la intervención de un profesional especializado, que nos dará las orientaciones más personalizadas a nuestras dudas.

1. ¿LOS ABUELOS MALCRÍAN A LOS NIETOS?

La función de los abuelos es esa: mimarlos, consentirlos, darles un poco de respiro. Los niños distinguen perfectamente las normas que hay en la casa y saben a quién le pueden pedir y a quién deben llorar. Los abuelos no pueden destruir la labor educativa de los padres, sino que podrán colaborar con ella, siempre que los padres sepan ponerles límites también a los abuelos. Cuando están todos juntos, los abuelos deben respetar siempre las normas de los hijos a los nietos y evitar interferir, ya que entonces es cuando podrían surgir los problemas, puesto que se confundiría a los niños respecto a la autoridad paterna. Los padres no pueden hacer dejación de su responsabilidad y protagonismo educativo, ni siquiera bajo el pretexto de no crear problemas con los abuelos, porque acabarán creándole un auténtico problema al hijo que aprenderá a vivir sin límites, sin normas y sin socializar.

En la constelación familiar, muchas veces los abuelos están tan en primera fila como los padres. En ocasiones, los padres tienen que decirle "no" a los abuelos para preservar a los hijos. Frente a intervenciones invasivas de los abuelos, los padres tienen que mostrarse firmes para evitar interferencias en la educación de sus hijos.

2. ¿QUÉ DEBE HACER UN PADRE SI DESCUBRE QUE SU HIJO FUMA?

Pues decirle algo así: "Mira, puedes fumar o no fumar. Ya se que si decides fumar te sentirás mayor, más importante. Pero si decides no fumar te sentirás aún más importante. No arriesgarás tu salud y tu vida. ¡Descúbrelo tú mismo!". Parece arriesgado, pero si le traspasamos a él la responsabilidad de la decisión, lo ponemos en una difícil situación, ya no puede echarnos la culpa a nosotros y actuar como un chico rebelde que hace por norma todo lo que se le prohíbe, gústele o no. El resultado puede ser sorprendente, el joven queda desarmado y le costará tomar una decisión.

3. ¡TAMBIÉN LO HACEN MIS AMIGOS!

Argumentos como *"mis amigos van, soy el único que no va"*, lo utilizan con frecuencia nuestros hijos para manipularnos. Detrás de esas expresiones hay una velada acusación de que los padres son antiguos, carcas o simplemente son malos padres. Cuando uno habla con los padres de los amigos se lleva la sorpresa de que casi todos están con la misma lucha con sus hijos. Pero los hijos saben que ese argumento deja a los padres preocupados: *no vaya a ser distinto, y si se queda sin amigos,...* Nos dicen que somos unos padres raros cuando tratamos de educarlos en una escala de valores, que no coinciden con la del consumismo de la tele, sin dejarse arrastrar por la moda que impone la pandilla.

Hay que aguantar y resistir. Asumir que a veces no se cae bien a los hijos. Ya vendrá más tarde el tiempo en que los hijos reconozcan que sus padres se emplearon a fondo en su formación. Por lo general los hijos no agradecen nada a los padres hasta que ya son mayorcitos. Pero los padres hacen lo que tienen que hacer sin aguardar agradecimiento, lo hacen porque son padres, simplemente. Esforzarse por un hijo es una inversión a fondo perdido. Se da sin esperar nada a cambio.

4. EL MÓVIL

El teléfono móvil no es un juguete, ni un pasatiempo para el joven. Lo quieren porque lo tienen los amigos y necesita sentirse igual a ellos. Pero los padres podemos opinar y no dejarnos chantajear. Podríamos decir "no" por el momento. Tal vez en dos o tres años se pueda hablar.

Hay estudios sobre los posibles efectos secundarios y dañinos del móvil, así como sobre la posible adicción. Una vez que admitamos que el móvil puede ser útil para el hijo, tendremos que explicarle que se lo tiene que ganar y escoger el más económico y con las utilidades básicas que necesite, evitando comprar el más caro y el último modelo del mercado, cayendo en una competición consumista sin límites.

5. ¿PADRES Y AMIGOS?

Se repite con frecuencia la frase: "Más que padre soy un amigo para mi hijo". No puede ser y no debe ser. Su amigo es el que se sienta a su lado en clase, el que es igual a él. Puede cambiar de amigos. De padre y madre no se puede cambiar, son para siempre. Padres y amigos son elementos distintos y no se deben confundir. Es suficiente con ser padres. Ir de "amiguete" de los hijos acostumbra a llevar a un desastre educativo. Esto no quiere decir que si supimos ser padres, no lleguemos a tener complicidad, comunicación y relación amistosa con los hijos, sobre todo cuando llegan a ser adultos responsables, y más aún cuando ellos tengan que desarrollar las funciones de padres.

6. ¿LA PEREZA DE LOS PADRES REDUCE LA EFICACIA EN LA EDUCACIÓN DE LOS HIJOS?

A veces, los padres, por pereza, se instalan en un inmovilismo poco sano. El trabajo, la familia, la televisión, el fútbol, las rutinas diarias. Todo esto no está mal, pero queda tiempo para trabajar un poco más. Leer, aprender, viajar, sentir curiosidad y provocarla, vivir solidariamente, entusiasmarse por nuevas actividades y proyectos. Esto revitaliza a las personas y ayuda a desarrollar las capacidades de cada uno sin límites.

Lo que deseamos para una hija o hijo es que crezca por dentro y por fuera, que aprenda, que experimente, que llegue a desarrollar sus capacidades. Difícilmente se le podrá transmitir esta idea si los padres se detuvieron en su desarrollo. No pararse, no estancarse, tener siempre algo que nos ilusione, que nos sorprenda, es la mejor forma de educar a los hijos en el compromiso de recrearse recreando el mundo.

7. ¿POR QUÉ COSAS DISCUTEN LOS JÓVENES CON LOS PADRES?

Comprobaremos que las discusiones que tenemos con nuestros hijos no son nada excepcional, ni somos unos bichos raros. Un estudio realizado por el profesor Elzo en 1999 en la Universidad de Deusto muestra que los hijos discuten con los padres, o los padres discuten con los hijos, por los siguientes temas en orden de importancia (Fernández y e Buela-Casal, 2002):

– Falta de colaboración en el trabajo doméstico (38,8%).

– La hora de llegada a casa por las noches (30,4%).

– Los estudios (28,5%).

– En relación con el dinero (26,6%).

– La hora de levantarse (25,4%).

– Pasarse con el alcohol (13,1%).

– Las amistades (9,1%).

– Temas religiosos (6%).

– Ideas y actitudes políticas (5,5%).

8. ¿POR QUÉ ESTE NIÑO ES ASÍ: TAN AGRESIVO, TAN EGOÍSTA?

Estos niños son así porque nacieron con unas características personales muy diferenciadoras y porque necesitan una respuesta educativa excepcionalmente adecuada, que aún no hemos encontrado. Habitualmente son niños más inquietos, más problemáticos, más agresivos, más exigentes y más insatisfechos. Su temperamento necesita de una mayor atención y "no levantar la guardia". No nacieron para "castigar a nadie", ni para hacerle la vida imposible a los padres o profesores, no buscan el "fracaso" o la desesperación de los que están a su lado. Buscan su apoyo y ayuda para salir adelante, para sentirse bien consigo mismos, para tener alguna opción de "ser como los demás", para llegar algún día a sentir que la felicidad también existe para ellos. Buscan afecto y límites, aunque aparentemente se nieguen a recibirlos.

9. ¿POR QUÉ ES TAN BLANDO Y SUFRE TANTO?

Hay niños que "ven" más allá de lo visible, "miran" lo que no pueden asimilar, "observan" lo que no pueden integrar y por eso sufren, por tener muchas defensas. Conviene acompañarlos en su aprendizaje excepcional, trabajar con ellos más detalladamente el amor a sí mismos, la visión global de la realidad y las estrategias contextualizadas para resolver los problemas diarios con autonomía y seguridad. Ayudarles a mejorar la imagen que tienen de ellos mismos favoreciendo la autoevaluación positiva, sin darle tanta importancia a la evaluación externa de los demás.

10. ¿ES FRECUENTE QUE LOS PADRES TENGAN OPINIONES DIFERENTES SOBRE LA EDUCACIÓN DE SUS HIJOS?

Sí. Desgraciadamente aún es frecuente escuchar expresiones como la siguiente: "Yo tengo que luchar todo el día con ellos, y su padre se dedica a malcriarlos, les compra cosas y les dice que soy una histérica".

Cuando una pareja decide tener un hijo no se plantea cómo lo va educar, y esta nueva situación cambia tanto la manera de reaccionar como la de relacionarse entre sí. Es necesario un nuevo acoplamiento y asumir las responsabilidades del nuevo papel de padres para transmitir a los hijos los valores que sostienen nuestro proyecto de vida compartido. Es una creencia extendida que las dificultades que puede presentar un hijo son debidas a las desavenencias entre los padres sobre cómo educar al hijo. Pero también es cierto que el comportamiento difícil del hijo puede acabar uniendo más a la pareja o acentuando más sus desavenencias. Con frecuencia, cuando los padres no están de acuerdo, uno se convierte en "bueno" y otro en "malo". Por lo general uno permite que el niño haga lo que quiere y otro no. Uno se pone de parte del niño y otro queda marginado de esa asociación entre "el padre bueno" y el hijo. Frecuentemente el hijo está manejando a los padres para que discrepen sin que éstos se den cuenta. Los padres piensan que mantienen el control cuando en realidad el crío los manipula como quiere. Cuando los padres discrepan sobre cómo manejar a los hijos, no llevan las riendas. El niño tiene un poder excesivo para tomar decisiones y manejar a los padres. Este poder no es bueno para el crío, porque le da un sentimiento irreal de autoridad y porque la ausencia de un control efectivo genera ansiedad. Si el hijo no sabe manejar esta ansiedad, el resultado será un comportamiento inadecuado (Clemes y Bean, 2001).

La base sobre la que reposan las reglas eficaces es el acuerdo entre los padres. Para esto hay que sentarse a hablar de los problemas hasta llegar a un acuerdo sobre las normas y las consecuencias derivadas de su incumplimiento. Todos los padres son capaces de hacerlo, aunque en otros aspectos mantengan discrepancias. Este tipo de acuerdos puede sentar las bases para discutir otras diferencias que puedan existir entre los padres.

11. CULPAR Y/O UTILIZAR A LOS HIJOS EN LA SEPARACIÓN DE LOS PADRES

La realidad es que hay niños muy "fáciles", sonrientes, alegres, afectivos, estudiosos y colaboradores, y hay niños que ponen a prueba la paciencia y el equilibrio de cualquier ser humano. En estas circunstancias, relaciones de pareja que no funcionaban aceptablemente se resquebrajan ante la insatisfacción y la impotencia. En otros casos la viabilidad de la pareja es imposible y la llegada del niño pone al descubierto la situación.

Cuando una pareja no va bien, lo último que deberían hacer es tener un hijo. Tendrían que enfrentarse a la situación, hablar entre ellos, y tomar una decisión madura y realista.

Para comunicar la separación a los hijos, es mejor ser prudente que pasarse de "claros". Adaptaremos la forma y claridad a la edad. No debemos cometer el error de pedirles la opinión a los hijos. La decisión es una responsabilidad de adultos, no podemos dejar en sus manos algo que no pueden asumir y que nosotros debemos resolver. Por otra parte la mayoría de los niños desean que los padres sigan juntos, pues lo desconocido crea inseguridad e inquietud. Pero muchos de ellos al cabo de unos meses se alegran ante la situación de paz y tranquilidad que viven.

Cuando hay una separación, no es por culpa de los niños, aunque algunas veces escuchemos: "acabaremos separándonos por su culpa", sino porque los padres aún no maduraron suficientemente, no evolucionaron en la misma dirección, no eran compatibles, no estaban preparados, no se complementaban, o simplemente "no se querían lo suficiente". Persistir en esta situación acostumbra a ser un error, además de un sufrimiento enfermizo e inútil.

En la separación, da igual que el que esté habitualmente con el hijo sea la madre o el padre, lo cierto es que la situación es difícil; especialmente si, además, como ocurre frecuentemente, la relación entre los padres está deteriorada. En esta situación resulta complicado ponerse de acuerdo sobre las visitas, las entrevistas con el profesorado de los hijos, el dinero o el consumismo, establecer normas básicas que faciliten la convivencia y el rendimiento escolar, no utilizar a los hijos como "arma arrojadiza".

Cuando hay una separación es lógico y justo que los hijos vean al padre con el que no conviven habitualmente, pero las sentencias deberían contemplar cada caso en particular, pues hay padres fantásticos, que es una pena que vean tan poco a los hijos; padres saludables y equilibrados, que merecen compartir y enriquecer la educación de sus hijos; y padres "especiales", que es mejor que nunca tuvieran hijos (Álava, 2000).

12. NIÑOS ADOPTADOS: ¿PROBLEMAS ADICIONALES?

Generalmente los niños adoptados son niños "muy deseados", los padres pueden ser "un poco mayores" cuando por fin les dan a sus hijos y hay factores que dificultan más de lo habitual la educación de estos niños; y cuanto mayores son los críos, existe mayor probabilidad de que se incrementen los problemas. Hay que huir de los tópicos: no todos los niños adoptados está excesivamente "mimados", ni son unos tiranos, pero sí es cierto que muchos padres de niños adoptados se sienten inseguros ante los problemas que la adopción puede plantear en sus hijos.

Dudan si decirles o no que son adoptados, cuándo deben hacerlo, de qué forma, les angustia la posible reacción, si los seguirán queriendo. Hay padres que deciden no contarles la verdad y pasan la vida "temblando" por si alguna circunstancia o persona lo "descubre". La mayoría de los psicólogos coinciden en que se debe decir a los niños que son adoptados y hacerlo pronto, cuando puedan interiorizarlo como un hecho normal. La edad varía en función de la madurez del niño. Es aconsejable decirlo cuando pregunten por su origen y adaptando la respuesta a su nivel de comprensión. Lo mejor será buscar asesoramiento de un especialista y hacerlo en un momento que se prepare con antelación, en un ambiente de tranquilidad, con tiempo suficiente, viendo fotos de cuando eran pequeños.

13. ¡NECESITAMOS DORMIR!

Los problemas de conducta a la hora de dormir son sin duda un motivo de infelicidad para los padres y cuando no se resuelven y prolongan en el tiempo son causa de alteraciones importantes en el clima familiar. Despertarse tres o cuatro veces en la noche o estar dos horas junto a la cama del niño esperando que se duerma, interfiere seriamente en el descanso de los padres que "sufren" esta conducta del hijo.

Los problemas a la hora de dormir pueden adoptar alguna de las siguientes formas (Macià, 2002):

- **Rechazo a ir a la cama a la hora fijada.** El hijo se opone a ir a la cama, no haciendo caso de los avisos para acostarse, de las peticiones, ruegos u órdenes. Se queja, llora, huye y coge un berrinche ante las exigencias de los padres. En otros casos más benignos el niño empieza un nuevo juego cuando se le dice que se acueste, pide ver un programa de televisión, pide tomar un yogur, ir al servicio o que le cuenten un cuento.

- **Llamadas a los padres desde la cama.** Desde la cama el crío empieza a llamar a los padres para que estén con él en la habitación.

- **Ir a la cama de los padres.** Una vez acostado, a media noche, el niño se pasa a la cama de los padres para dormir con ellos. Generalmente este hábito se inicia una noche por miedo o pesadillas y después es difícil eliminarlo.

El sueño está regulado biológicamente, sin embargo los padres desde muy temprano deben inculcar rutinas para adquirir hábitos correctos de sueño en los niños y ser consistentes en su aplicación. Hay que consolidar una rutina que dé seguridad al niño/a.

Cuando aparecen los problemas para dormir, una estrategia eficaz es la extinción: cuando el chaval se despierta por las noches, llama a los padres, y éstos acuden raudos a su habitación para que se calme y le susurran frases al oído, le cogen la mano, lo acarician y lo besan, lo que están haciendo es premiar al niño por despertarse y llamarlos a las tres de la mañana. Si no reforzamos esa conducta, aunque suponga tener que escuchar llorar al crío durante varias noches, hará que el hijo aprenda que este comportamiento es inútil.

Muchos padres pueden sentirse incapaces de ser tan "crueles", por lo que lo mejor es empezar desde pequeños con los pasos que señalamos a continuación del programa para hacer frente a los problemas a la hora de dormir (Herbert, 1999):

- **Rutina para conseguir que el niño pequeño se vaya a la cama.** 15 minutos antes avisar que se acerca la hora de ir a la cama, disponer todo para que ese tiempo sea tranquilo (ver dibujos en la tele, jugar tranquilo); bañar al crío y que se ponga el pijama; darle la cena; acostarlo y darle algo con lo que esté a gusto (peluche, un cuento); contarle un cuento, hablar de algo agradable del día o cantarle una canción; despedirse del hijo hasta mañana, darle un beso y las buenas noches; apagar la luz (puede dejar una luz mínima) y salir de la habitación.

Si el niño no quiere quedarse solo en la cama nada más acostarlo o se despierta a media noche y se pasa a la cama de los padres, pueden seguirse estas estrategias:

- **Si llora o llama, ignórelo.** Si no puede aguantar esto, pruebe con la extinción gradual. El primer día no se coge en brazos, se le coge la mano y se le susurran palabras tranquilizadoras al oído (durante dos o tres noches). Posteriormente sólo se le coge la mano, sentado en la cama pero sin hablarle. En noches sucesivas sólo se sienta en la cama, sin cogerle la mano o se permanece junto a él de pie en la habitación. Se trata de fijar objetivos graduales en los que los padres se sientan más seguros de poder cumplirlos.

- **Si el hijo sale de la habitación y se va a donde se encuentran los padres.** Hay que llevarlo de nuevo a la habitación, prestándole la menor atención posible (sin darle conversación, ni intentar convencerlo de nada, ni abrazarlo). Meterlo en la cama sin inmutarse y decirle que debe quedar en la cama y que si se levanta, lo traeremos de vuelta otra vez.

- Las noches que no se levante podrán ser reforzadas positivamente a la mañana siguiente con elogios o alabanzas. Al final de la semana se podrá utilizar un refuerzo material a medida que mejore en los hábitos de dormir.

Estas estrategias necesitan que los padres aparezcan ante los hijos tranquilos, relajados y amigables. Esto es difícil de conseguir a las cuatro de la mañana cuando nos despierta por tercera vez porque quiere dormir en nuestra cama. Pero el cambio será más rápido si nos mostramos firmes y amigables al llevarlo de nuevo a su cama.

Agotadas estas estrategias durante un tiempo dilatado, de persistir las dificultades, deberemos pedir ayuda a un profesional.

14. ¿CÓMO PODEMOS AYUDAR EN LOS ESTUDIOS A NUESTRO HIJO?

En la práctica clínica infantil, el motivo más frecuente por el que se pide ayuda psicológica es el bajo rendimiento escolar (Macià, 2002). Generalmente los padres acostumbran a describir al hijo como "vago", desinteresado por los estudios. La realidad siempre es más compleja y requiere que contemplemos más factores como: capacidad intelectual, motivación para estudiar, conocimientos previos, metodología de estudio, estado emocional del crío, dominio de las técnicas instrumentales básicas, así como habilidades psico-lingüísticas y sociales.

Las condiciones básicas para enfrentarse con éxito a la tarea de aprender son:

- Disponer de aptitudes y capacidad intelectual suficiente.

- Tener una actitud positiva frente al estudio: interés, motivación y necesidad de aprender. El deseo de saber, la necesidad del logro y de autosuperación, afectan a la disposición, el nivel de esfuerzo y a la persistencia en el aprendizaje.

- La cantidad y calidad de los conocimientos previos.

- Utilizar una técnica eficaz de estudio.

Ante las dificultades en el estudio es necesaria la colaboración de los profesores con la familia para orientar y complementar las estrategias de mejora en el aprendizaje (Barreiro, 2006).

En el ámbito familiar, los padres podemos ayudar a mejorar el trabajo y el estudio de nuestros hijos mediante las siguientes estrategias:

- Mostrando continuamente interés por el trabajo escolar.

- Revisando frecuentemente los cuadernos, trabajos de clase y calificaciones.

- Coordinándose con los profesores y unificando criterios educativos. Asistir a las entrevistas en la hora de tutoría y, si fuera necesario, llevar una agenda o cuaderno escolar en el que se intercambie información diaria entre la familia y el centro educativo.

- Siendo realistas respecto a las aptitudes y posibilidades de nuestros hijos, adecuando las expectativas y demandas a las capacidades.

- Alentando la autoestima y la superación de dificultades; recompensando el esfuerzo, interés y trabajo.

- Ayudando a adquirir hábitos de estudio eficaces, mediante el control de las condiciones ambientales y organizativas: disponer de un sitio de estudio adecuado, que sea siempre el mismo, sin ruidos, con temperatura e iluminación adecuadas. Tener siempre la mesa ordenada. Disponer de todo lo necesario para trabajar: papel, lápices, atril, diccionario, ordenador, para evitar interrupciones. Hacer un plan y un horario de trabajo y cumplirlo. Comenzar por las tareas más difíciles, haciendo al final los trabajos más fáciles. Si el tiempo de estudio es superior a una hora, establecer períodos de descanso, no más de cinco minutos,

- Establecer hábitos de vida saludable como son: horas de sueño suficientes marcando una hora fija para acostarse (a los ocho años un niño debe dormir 10 horas diarias); alimentación equilibrada, recordando la importancia de un almuerzo fuerte, una comida y merienda normales y una cena ligera; ejercicio físico saludable con la práctica habitual de algún deporte o actividad lúdica.

15. ¿CÓMO AYUDAR A LOS NIÑOS A SUPERAR LA PÉRDIDA DE UN SER QUERIDO?

¿Quien desea hablar de la muerte a un hijo? Probablemente nadie. Los padres queremos proteger a los hijos de las experiencias dolorosas y la muerte de un ser querido es la más dolorosa de todas. A continuación sintetizamos alguna de las ideas fundamentales del libro de William C. Kroen (2002), sobre cómo ayudar a los niños a afrontar la pérdida de un ser querido, una guía para padres, maestros, orientadores y adultos importantes en la vida de los niños.

- Como idea general se puede hablar de la muerte como un hecho natural, sin miedos, aprovechando por ejemplo la muerte de un animal doméstico. Contarles como nació, vivió a base de comer y respirar, disfrutamos con él y finalmente murió. Diles que ya no volverá y que está bien que se sientan tristes por su muerte, pero que es mejor hablar de la tristeza que guardarla dentro, porque entonces la herida tardará en curar.

- Cuando tengamos que comunicar a los niños la muerte de un ser querido, lo haremos con palabras sencillas, sinceras y sin miedo a decir "murió". Podríamos decir: "Papá estaba muy enfermo y ya no estará más con nosotros porque dejó de vivir. Lo vamos a echar mucho de menos porque lo queríamos muchísimo y él también nos quería. Pero por encima de todo quería que fuéramos felices y le vamos a hacer caso y de esta forma siempre estará con nosotros.

296

- La culpa de su muerte no la tiene nadie, ni él, ni Dios, ni sobre todo los hijos. Nada de lo que pensaron, dijeron, sintieron o hicieron los hijos causaron la muerte del ser querido. La vida es así. La muerte es una de las cosas que no podemos controlar. Le ocurre a todo el mundo.

- Los adultos podemos y debemos llorar la muerte de los seres queridos y mostrar nuestras emociones ante los hijos. Cuando lloramos estamos enseñando a los hijos que está bien llorar y expresar el dolor.

- Debemos contar a los profesores de nuestros hijos lo que ocurrió cuanto antes para que puedan ayudarles a integrar la pena y el dolor en su desarrollo sin que interfiera seriamente en su aprendizaje.

- Los hijos pueden reaccionar ante la pérdida de formas diversas: sintiéndose culpables, aferrándose al padre que sobrevive con miedo a perderlo también y quedarse sin nadie que les cuide, experimentando una regresión y mostrando agresividad y rabietas. Debemos tranquilizarlos, decirles que no son responsables de lo que ocurrió, que siempre habrá alguien que los cuide y continuar poniendo normas y fijando límites.

- La mejor forma de ayudar a los hijos es ayudarte a ti mismo a asimilar tu proceso de duelo. Algunas sugerencias útiles pueden ser: no tomes decisiones importantes en el momento; cuida de tu cuerpo; evita tomar alcohol o tranquilizantes, a no ser que sean indicados por el médico; reanuda la rutina normal lo antes posible; muestra tu dolor; ayuda a los demás; pasa algún tiempo con los amigos; escribe algún diario; fija límites a los hijos si se muestran enojados e irritables, dejando claro lo que esperas de ellos; haz cosas que te hagan sentir bien: leer, dar un paseo, ir al cine.

  - Podemos ayudar a los hijos a superar el dolor si somos conscientes de las etapas que recorremos para asimilar el duelo: shock, negación, incredulidad, miedo, culpabilidad, inquietud y aceptación. Para ir superando estas etapas podemos ayudarles de la siguiente forma: dedicar tiempo para hablar con ellos; abrazarlos para darles fuerza y tranquilizarlos; evitar reprimir el dolor que generará mayor sufrimiento diciendo cosas como: "tienes que ser valiente", "no llores ante todo el mundo", "ahora eres el hombre de la familia"; anímalos a hacer actividades físicas; leer un libro sobre el dolor juntos y comentar la experiencia que están viviendo; recurrir a un grupo de apoyo con niños que también perdieron a seres queridos para ver que no están solos; ser consciente de cuando hay que recurrir a un profesional ante síntomas de una incipiente depresión o un sentimiento de dolor sin resolver.

– ¿Cuánto puede tardar un niño en recuperarse de la pérdida de un ser querido? Algunos investigadores piensan que para que la intensidad del dolor disminuya, tienen que pasar dos años. Lo unido que estaba al ser querido, la edad del crío, las circunstancias de la muerte (el dolor dura más si la muerte es súbita), juegan un papel importante para determinar el tiempo que necesitará. Los adultos podemos ayudarles con las siguientes pautas: ser paciente pero firme, favorecer su autoestima positiva, enseñarles a resolver problemas y saber elegir, mantenernos unidos y dales permiso para volver a ser felices.

16. ¿CÓMO SUPERAR EL MOMENTO CLAVE DE CRISIS, CUANDO NOS PONEN A PRUEBA?

Cuando los críos "nos ponen a prueba", montando uno de sus estallidos de cólera o crisis, necesitan ver lo seguros que estamos los adultos. Muchas veces nos cogen "desprevenidos" y llega la crisis en el momento más inesperado, pero no surgen por casualidad. Cuando lo pensamos vemos que se dieron una serie de factores que desencadenaron la "tormenta". Lo importante es controlar todas las variables para superar ese bache en el menor tiempo posible. Pero si nos encontramos perdidos y no sabemos por dónde empezar, hay una serie de medidas que nos serán de gran ayuda:

• No nos ponernos como objetivo cambiar al hijo, sino no caer en sus provocaciones, en su dialéctica: actuar. Cortar el "estallido" y no liarse en explicaciones inoportunas. Aplicar las técnicas de contención de ignorarlo, salir del escenario de la crisis y aplicar el tiempo fuera. Una vez superada la crisis hacer lo que tenemos que hacer, sin dejarse chantajear. Aplicar las normas establecidas y las consecuencias sin más explicaciones y discursos inútiles.

• Mantener la calma y no poner cara de sorpresa.

• Mirarlo con tranquilidad, largamente, casi sonriendo, indicándole con la mirada que se "está pasando" y que no nos asusta.

- Seguir conversando con naturalidad con el resto de los miembros de la familia.

- Utilizar el sentido del humor todo lo que se pueda, pero no el sarcasmo, para relativizar la importancia de la crisis y permitir una "salida digna".

- Perseverar en esta actuación tantas veces como sea necesario hasta que se calme. Los niños son más perseverantes que nosotros. No desanimarse o pensar que es imposible conseguir algo. Resistir, resistir y resistir.

- Premiarse un poco: hacer deporte, ir al cine o a pasear para estar en forma y descansar de este continuo "ejercicio mental" con los que a veces nos "ponen a prueba".

- Confiar y creer en nosotros mismos, en nuestras posibilidades. Respetarnos por encima de todo. Querer al hijo y confiar en que llegará a ser responsable y feliz. Reconocer los pequeños avances que está dando en su conducta, un pequeño paso adelante es un paso de gigante, aunque que de vez en cuando quiera volver atrás. Felicitarnos y premiarnos por los pequeños cambios que suponen una gran revolución. Es más fácil hacer grandes cambios que modificar las pequeñas rutinas de la vida diaria.

Si superamos el peligro de caer en el **secuestro emocional** que nos deja como títeres en las manos manipuladoras de nuestros queridísimos hijos, oponiéndonos a su nivel de descontrol, estaremos en condiciones de actuar reflexivamente para superar con nota la prueba que nos ponen y desarrollarnos como personas capaces de recrearnos ayudando a que nuestros hijos se recreen como personas responsables y solidarias.

17. REGLAS DE ORO "EN PASTILLAS": MENOS BLA, BLA, BLA Y MÁS ACTUAR

Algunas de las reglas de oro de nuestro estilo educativo recreador son:

- **Ser más perseverantes que ellos. Podemos conseguirlo.** Los hijos nos llevan "años de ventaja", son mucho más perseverantes que nosotros. Necesitan vivir nuestra seguridad y sentir la "regla de oro de la perseverancia" que nos permite ir "contracorriente", decir "no" cuando todos dicen "sí", para llegar a la meta propuesta. Sólo así conseguiremos que se tranquilicen, que sepan que ya no cederemos hasta conseguir que se calmen y empiecen a colaborar y ser más generosos.

- **Bla, bla, bla. Los discursos sirven de poco. No podemos ser ingenuos**. Los críos no reaccionan ante nuestras palabras, sino ante nuestros hechos. Los discursos los aburren y los sobrepasan, provocando fuertes resistencias que se traducen en enfrentamientos innecesarios y desgastes estériles. Los "discursos" y "rollos" brillantes no hacen más que "rallar" a los jóvenes y fácilmente se vuelven contra nosotros, sin embargo aquí sí que somos equívocamente perseverantes y cometemos una y otra vez el mismo error.

- **No volver a decir: "esta es la última vez". Hay que actuar.** Repetir constantemente "que sea la última vez que…" sólo sirve para potenciar lo que queremos corregir. Es preferible no decir nada, mirarlos con gesto de decepción y pasar tranquilamente a la acción, que comprueben que somos capaces de cumplir lo que tantas veces pactamos.

- **Unificar criterios y actuar con seguridad.** ¡Qué difícil es ponerse de acuerdo! Conseguirlo con todo el equipo familiar y escolar es una hazaña. Los niños puede ser auténticos expertos en manipulación cuando observan falta de unidad entre los adultos. ¡Cómo se aprovechan de esta situación y cómo los perjudica! Cuando los adultos manifestamos estas vacilaciones, dudas o contradicciones, el resultado final es la confusión del crío que fácilmente se transforma en inseguridad y tiranía. Las consecuencias son perversas y el resultado final lamentable.

- **No podemos permitirnos bajar el listón, ni desanimarnos. Hay solución.** Muchas veces los padres y profesores nos sentimos agotados y sin embargo estamos a las "puertas" de conseguir nuestros objetivos. El cansancio y la desesperanza nos llevan a "bajar el listón" porque ya no nos quedan fuerzas. Esto sería un grave error, la solución existe, está al alcance de nuestra mano, pero no es fácil, hay que "mantener el pulso" y no desanimarse, hay que ser "resiliente", capaz de desarrollarse en condiciones extremadamente adversas.

18. ERRORES A EVITAR

Son muchos los errores que cometemos en nuestra relación con los hijos y podemos aprender a evitarlos para ser mejores padres (Álava, 2002):

- **Ir de "colegas" por la vida en lugar de "padres".** Ya nos basta con ser padres. Sus amigos los elige él, a sus padres no. Necesitan que asumamos el papel y las funciones de padres, ver a padres seguros y "fuertes".

- **Intentar "comprarlos" haciendo de "buenos", poniéndonos siempre de "su parte", ser sus "jefes de prensa".** La tendencia a ponerse siempre de parte del crío, ser el bueno de la película, es la postura "más cómoda" aunque tarde o temprano acaba teniendo consecuencias negativas para todos.

- **Protegerlos en exceso, hacer que el mundo gire en torno a su ombligo.** Protegerlos en exceso es uno de los mayores errores que podemos cometer con los hijos. Podemos facilitarle el camino, podemos, de vez en cuando, correr con ellos, pero no debemos correr por ellos.

- **Ceder para evitar males "mayores" y pensar que "esto" pasará con el tiempo.** Por supuesto que alguna vez hay que ceder en la relación con los críos, pero no podemos hacerlo por sistema. El hijo que es problemático aprende que "presionando" acaba consiguiendo todo lo que quiere y entra en una dinámica que es incapaz de superar; al final cae en esa trampa, de la que no sabe salir, y que lo lleva a un "callejón sin salida". La mejor ayuda que podemos prestarle es nuestra tranquilidad ante su exigencia, nuestra seguridad ante su inestabilidad, nuestra firmeza ante su insistencia.

- **Creer que en cualquiera situación con el diálogo todo se arregla.** Si somos conscientes de lo difícil que es dialogar entre adultos, es hora de que "pisemos tierra" y no edifiquemos "castillos en el aire", que luego "se caen" y lo peor es que llevan "niños dentro". Con los críos es muy difícil dialogar cuando están en medio de una discusión, están excitados, acaban de pelearse o cuando quieren engañarnos. Aprenderán a dialogar cuando nos vean seguros, cuando les ayudemos a cortar sus estallidos emocionales irracionales y sientan que, una vez superados éstos, estamos dispuestos a dialogar tranquilamente.

- **Sacrificar a los otros hermanos y miembros de la familia.** Con frecuencia resulta más fácil "sacrificar" a los miembros más sociables y razonables de la familia en beneficio de los que muestran una actitud menos generosa y agresiva. Con ello premiamos al que tiene una conducta irracional en detrimento del que muestra una conducta más colaboradora, favoreciendo la proliferación de conductas déspotas y manipuladoras.

- **Cerrar los ojos: negar lo evidente, pensar que los otros exageran y que, en todo caso, la culpa es del otro cónyuge.** Muchos padres son excelentes profesionales en el trabajo pero les cuesta ver que algo no marcha bien en casa con su hijo. El miedo los paraliza y les impide ver y actuar en la familia con la eficacia que lo hace en su trabajo. ¿Podemos hacer algo para que esto no ocurra? Sí. Podemos escuchar, podemos observar, podemos dedicar tiempo, podemos priorizar, podemos hablar y ponernos de acuerdo con la pareja, pedir ayuda y al final seguro que podremos ver lo invisible.

- **Favorecer el consumismo.** El error surge ya de pequeños cuando le damos todo lo que se les antoja y aprenden que insistiendo acaban consiguiendo todo lo que quieren. Empiezan por no darle valor a las cosas y acaban por no valorar a las personas. No es fácil evitar que los críos sean consumistas en una sociedad basada en el consumismo más atroz. Tendremos que dar ejemplo los adultos con un "estilo de vida" y una escala de valores que prioricen las cosas sencillas, las relaciones personales y la posibilidad de pasarlo bien sin comprar nada.

- **Creer sus mentiras y caer en las trampas y trucos que emplean.** El niño, en el fondo, necesita sentir que somos capaces de "pillarlo" en la mentira. Precisa que le ayudemos a buscar otras vías alternativas más honestas y tranquilizadoras para ellos. ¡Pero cómo lo disimula! Podemos observar como descansa después de admitir la verdad y como estaba nervioso e inquieto cuando nadaba en un mar de mentiras. La observación y la cercanía serán los principales medios; el razonamiento, el sentido común y el sentido del humor harán el resto.

19. ¿QUÉ PODEMOS HACER PARA PREVENIR LA ANOREXIA Y BULIMIA?

La anorexia y bulimia nerviosas se definen como **Trastornos de la Conducta Alimentaria** (TCA) y suponen alteraciones en los comportamientos con la comida que repercuten en la salud de quienes la padecen (Calvo, 2002). El paciente anoréxico restringe su comida o la elimina con purgaciones, para conseguir un peso muy por debajo del que corresponde a su sexo y edad. El paciente bulímico intenta controlar su alimentación para conseguir un cuerpo perfecto y produce un caos alimentario que desemboca en atracones y conductas purgativas altamente peligrosas. Las repercusiones de estos comportamientos llegan al punto en que todas necesitan recibir cuidados médicos para reestablecer su salud. Muchos, tienen que ingresar en algún momento del desarrollo del trastorno para no perder su vida.

La anorexia y la bulimia son un estilo de vida, una decisión de "cómo ser", una posición que ocupan muchas mujeres, y cada vez más hombres de nuestra sociedad al intentar obtener una identidad mediante la apariencia corporal. Son la consecuencia de utilizar el control del peso y la manipulación de la comida para obtener una imagen corporal "delgada" que permita compensar los conflictos existenciales y enmascara una escala de valores errónea que lleva a un mundo interior esclavizado a los valores que impone la moda.

La anorexia y la bulimia son símbolos, metáforas de los valores sociales de una cultura competitiva a ultranza e a su correspondencia con la imagen física y psíquica "perfecta". La salida está en buscar una escala de valores personales recreadores, un eje vertebrador de valores que priorice la visión compleja de la vida y no la visión simplista de la moda, el amor incondicional a uno mismo y no el amor condicionado por la apariencia física, las conductas recreadoras de uno mismo al recrear el mundo y no permanecer cerrado en uno mismo, mirándose el ombligo y destruyéndose. Los medios de comunicación y la ideología social imperante tan obsesionada por la apariencia y el éxito profesional inciden de forma relevante en el actual incremento de la patología alimentaria.

En el diagnóstico de la anorexia nerviosa deben estar presentes todas las alteraciones siguientes (CIE-10):

- Pérdida significativa de peso (índice de masa corporal o de Quetelet: peso/altura al cuadrado, de menos de 17,5).

- La pérdida de peso está originada por el propio enfermo a través de la evitación de consumo de "alimentos que engordan" y por uno o más de los síntomas siguientes: vómitos autoprovocados, purgas intestinales autoprovocadas, ejercicio físico y consumo de fármacos anorexígenos o diuréticos.

- Distorsión de la imagen corporal caracterizada por la persistencia del pavor ante la gordura o flacidez de las formas corporales, con carácter de idea sobrevalorada intrusa.

- Trastorno endocrino generalizado que afecta al eje hipotálamo-hipofisario-gonadal, manifestándose en la mujer como amenorrea y en el varón como pérdida del interés y de la potencia sexual.

- Si el inicio es anterior a la pubertad, retrasa la secuencia de manifestaciones de la pubertad, incluso ésta se detiene. Si se produce una recuperación, la pubertad suele completarse, pero la menarquía es tardía.

19.1. Medidas preventivas en el ámbito familiar

Los padres hacen prevención de los trastornos alimentarios si ellos mismos desarrollan hábitos alimentarios sanos, hacen ejercicio de forma regular, aprenden a manejar el estrés, regulan sus emociones sin utilizar sustancias y tratan a las personas con respeto.

Hay actitudes complementarias que acrecientan la fuerza de la prevención (Calvo, 2002):

- Disminuir la importancia que da la familia a la apariencia de las personas.

- Limitar el tiempo dedicado a ver la televisión porque promueve la vida sedentaria, el consumo de "guarrerías" y la visión de patrones de belleza irreales.

- Hacerle ver que se quiere a los hijos pesen lo que pesen.

- Ofrecer las mismas oportunidades a las chicas que a los chicos.

- Respetar a la madre y tratar de hacer del matrimonio un ejemplo de lo que debería ser una relación.

- Eliminar los comentarios negativos sobre el cuerpo de la hija, de la madre y de otras mujeres.

- Valorar el desarrollo personal y no la perfección.

- Ayudar a construir la autoestima de los hijos, proporcionándoles un trato respetuoso.

- Solicitar asesoramiento o la ayuda especializada en caso de que se observen síntomas preocupantes.

19.2. Prevención en el ámbito escolar

Al igual que la familia, los educadores y orientadores de los centros educativos tienen que ayudar a los jóvenes a tomar conciencia de la manipulación de la publicidad y ofrecerles mecanismos que les permitan resistir la presión para conseguir un cuerpo perfecto. Esta promoción viene de los intereses comerciales de las industrias que ganan cantidades ingentes de dinero propiciando y aumentando la inseguridad en las jóvenes, lejos de preocuparse por su salud.

Los profesores además de dar ejemplo con sus conductas alimentarias, estarán libres de cualquier forma de "racismo-pesismo" hacia la apariencia de las personas. Los programas de prevención deben tener las siguientes características:

- Conviene realizarlos con todos, pero es imprescindible en chicas preadolescentes extremadamente vulnerables y en los grupos de riesgo.

- Incluir a los varones porque existen cada vez más hombres con este trastorno.

- Proporcionar conocimientos sobre factores de riesgo (énfasis en la delgadez, realización de dietas, baja autoestima) y producir cambios en las actitudes hacia esos factores de riesgo.

- Promover pautas de alimentación saludables, hábitos de ejercicio físico moderado y habilidades de autorregulación emocional que capaciten a los adolescentes para cambiar sus conductas.

- Instruir sobre las características de una dieta saludable y desaconsejar la realización de dietas absurdas y la toma de productos adelgazantes.

- Ayudarles a quererse como son, percibiendo sus calidades y desarrollando sus capacidades.

- Erradicar el "pesismo" del centro educativo y detectar las burlas hacia los chicos/as con sobrepeso. Enseñar métodos para resistir las bromas sobre el peso y el aspecto corporal.

- Incrementar la capacidad de afrontar dificultades y adversidades en la vida mediante el entrenamiento en resolución de problemas, el apoyo en la toma de decisiones personales y la mejora de su comunicación interpersonal.

- Establecer foros de discusión sobre los mitos de la delgadez; la presión para ser delgada; la publicidad y su repercusión en la frecuencia de los trastornos de conducta alimentaria. Entrenar a los alumnos en habilidades de resistencia frente a la influencia social. El formato de talleres interactivos entre iguales es adecuado.

- Proporcionar a los alumnos un sentido de la autovalía personal y una imagen positiva de su corporalidad.

- Si se sospecha que algún alumno está desarrollando un trastorno alimentario hablar con él y enfocar la conversación hacia sus sentimientos y problemas y a la forma cómo los está resolviendo. A ser posible que pida ayuda profesional y al menos que se realice un chequeo. Posteriormente contactar con la familia para que reciba la atención profesional adecuada. Esta labor la debe realizar el profesor tutor y/o el orientador del centro, de forma colaborativa.

En cuanto a los programas de prevención, hay que evitar ciertos errores. El error más extendido es proporcionar sistemáticamente y de forma generalizada información sobre los comportamientos negativos de la enfermedad ya que produce efectos iatrogénicos y aumenta el número de personas que, al conocerlos, realizan las conductas mostradas. Es también erróneo utilizar un mismo programa de prevención para todos los alumnos, sin considerar la edad y el momento evolutivo.

20. ¿CÓMO PODEMOS PREVENIR EL CONSUMO DE DROGAS POR LOS HIJOS?

La Organización Mundial de la Salud define la droga como "toda sustancia que, introducida en el organismo vivo, puede modificar una o más funciones de éste". Por drogas entendemos aquellas sustancias (alcohol, tabaco, opiáceos,...) que tienen propiedades psicoactivas (capacidad para llegar al cerebro a través de la sangre y modificar su funcionamiento habitual) susceptibles de crear dependencia psicológica, física o ambas (Macià, 2003).

La drogodependencia, según la OMS, es un estado físico y psíquico que se caracteriza por cambios en el comportamiento y por otras reacciones que comprenden siempre un impulso casi irreprimible de tomar la droga en forma continuada y periódica, a fin de experimentar sus efectos físicos y psíquicos y/o para evitar el malestar, también físico y psíquico, producido por la privación.

Hay un gran número de clasificaciones de las drogas según distintos criterios. Según su origen (naturales y sintéticas), según la consideración legal o sociológica (legales como tabaco y alcohol o ilegales como cocaína o marihuana). La clasificación clínica, frecuentemente utilizada, atiende al principal efecto de la sustancia sobre el sistema nervioso:

- Depresores del sistema nervioso central: alcohol, hipnóticos, ansiolíticos, analgésicos, narcóticos, antipsicóticos.

- Estimulantes de la actividad del sistema nervioso central: estimulantes de la vigilia (mayores: anfetaminas, cocaína; menores: cafeína, nicotina), estimulantes del humor o antidepresivos.

- Perturbadores de la actividad del sistema nervioso central: alucinógenos (LSD), derivados del cannabis (marihuana, hachís), disolventes volátiles (colas, disolventes), anticolinérgicos (atropinas, sernil), drogas de síntesis (éxtasis).

La prevención primaria de las drogodependencias supone:

- Limitación de la oferta, fundamentalmente con medidas legales.

- Reducción de la demanda: medidas sociales y educativas.

Por desgracia no hay evidencia de que la drogodependencia se pueda evitar con programas de información. La información no protege por sí misma. Son necesarias las medidas educativas que vamos a comentar. Informar no es educar.

20.1. Prevención desde el ámbito familiar

Como padres podemos evitar los factores de riesgo en la aparición del consumo de drogas desarrollando los factores de protección a través de las acciones concretas de intervención siguientes (Macià, 2003):

- Disponiendo de información e informando abiertamente a nuestros hijos.

- Utilizando un estilo educativo recreador que integre normas, diálogo y autonomía.

- Buscando un clima de comunicación en la familia: resolver los conflictos con diálogo.

- Favoreciendo el desarrollo de los hijos hacia la autonomía responsable.

- Ser modelo de conducta reflexiva para los hijos.

- Seguir sus estudios y el rendimiento escolar.

- Compartir su tiempo libre y conocer a los amigos con los que sale.

20.2. ¿Qué hacer cuando descubrimos que nuestro hijo consume drogas?

Cuando la familia descubre que alguno de sus miembros consume drogas, se desencadenan ciertas respuestas emocionales con patrones comunes de: sentimientos de culpabilidad, de defensa, desconcierto, reproches entre miembros. Tras la incredulidad aparece la angustia y depresión. Toda la familia entra en crisis, quedando bloqueadas las pautas de funcionamiento habitual. Son frecuentes las siguientes reacciones:

- Toda la relación familiar se centra en la problemática del hijo adicto, el resto de las cosas quedan supeditadas e este aspecto.

- Se acrecienta la dificultad para poner límites a la conducta del hijo, lo que se traduce en un mayor distanciamiento del hijo y la desautorización de los padres por parte de éste.

- Aparecen dificultades y conflictos en el equilibrio psicológico de alguno o de todos los restantes miembros del sistema familiar.

- Se ponen de manifiesto conflictos que ya existían pero que estaban solapados.

Algunas pautas para afrontar estos momentos difíciles pueden ser:

- Intentar descubrir la realidad y no dar por hecho el consumo hasta que no se sepa con seguridad. Se deben evitar las precipitaciones que puedan radicalizar la situación.

- Mantener o recuperar los canales de comunicación, aprovechar las señales del joven para entablar el diálogo.

- Actuar con cautela y tacto, desdramatizando lo que quizás sea una utilización ocasional. Las actitudes serenas y respetuosas son más eficaces que las reacciones trágicas y moralistas.

- Informarse y adquirir conocimientos objetivos sobre el tema.

- Vigilar, controlar o desconfiar en exceso es contraproducente, al igual que registrar las pertenencias del adolescente o encargar a terceras personas que realicen investigaciones ("el mejor detective es el diálogo").

- En caso de que el consumo sea dudoso, no obligar al joven a asistir a médicos o especialistas sin antes cerciorarse.

- En caso de confirmarse el consumo sistemático, es aconsejable solicitar ayuda profesional. En casi todos los ayuntamientos funciona la UMAD (Unidad Municipal de Atención a Drogodependientes). Las orientaciones que vienen a continuación fueron elaboradas por la psicóloga y trabajadora social de la UMAD de Santiago de Compostela (A Coruña).

20.3. ¿Que puede hacer la familia ante el consumo sistemático de sustancias? Evidencias y afrontamiento

La familia tiene un papel muy importante en las situaciones en que los consumos de drogas se realizan de forma sistemática. Hubiera sido aconsejable intervenir en etapas anteriores de consumo, ya que evitaríamos su cronicidad, pero también ahora se puede y debe actuar.

Existen una serie de indicios que nos dan pistas sobre posibles hábitos de consumo de drogas *cuando ya existe una adicción*, pero se debe ser muy cauteloso con etiquetar a alguien como drogodependiente, ya que podemos equivocarnos. Con frecuencia alguno de los indicadores que apuntamos responde a situaciones conflictivas por las que pasan los sujetos sin que tengan que ver necesariamente con las drogas. Por ejemplo, las mentiras suelen emplearse para ocultar todo tipo de información sobre un determinado problema o estilo de vida que se sabe que no va a ser aprobado, no sólo relativo al consumo de drogas. La pérdida de interés y la aparente desconexión con la realidad, puede también estar relacionada con situaciones problemáticas que absorben al individuo por entero y que van acompañadas también de problemas para conciliar el sueño, posibles cambios en la alimentación e incluso en el aspecto físico.

A pesar de ello, ofrecemos algunas pautas o síntomas que los padres pueden tener en cuenta a la hora de intentar analizar los comportamientos de sus hijos para atribuirlos o no a problemas de drogodependencias. Pero insistimos en la necesidad de proceder cuidadosamente en esta interpretación, ya que son solamente indicadores, no síntomas directos de estos consumos.

No podemos deducir que, únicamente por la existencia de alguno de estos factores, la persona en cuestión sea un drogodependiente; es necesaria la existencia conjunta de varios de ellos para que podamos mantener tal postura.

20.3.1. Posibles indicadores de consumos sistemáticos de drogas

- **Falta de interés.** En general el drogodependiente muestra una falta de interés por todo aquello que no sea conseguir la sustancia de consumo y parece desconectado de la realidad que lo rodea: los demás, el trabajo, las actividades que hasta entonces lo motivaban, su salud, el cuidado personal. Su vida gira ahora alrededor de las sustancias, lo demás pasa a un segundo plano.

- **Delegación de responsabilidades.** Como consecuencia de esta falta de interés, elude el cumplimiento de sus responsabilidades en diferentes ámbitos como el laboral, familiar, social, produciéndose quejas por parte de las personas involucradas en los mismos.

- **Problemas para conciliar el sueño.** Se producen cambios en sus hábitos de sueño, normalmente caracterizados por dificultades para conciliarlo.

- **Cambios en la alimentación.** Sus hábitos alimentarios también cambian, normalmente se reduce su apetito y se alteran las horas y tipo de alimentación; en lugar de hacer comidas completas se prefiere comer en menor cantidad y en horarios diferentes al resto de la familia.

- **Baja autoestima.** El drogodependiente suele presentar una imagen pobre de sí mismo, una baja autoestima.

- **Uso de mentiras.** De forma generalizada miente para agachar ante los demás el tipo de vida y actividades que lleva a cabo.

- **Gasto de dinero sin justificar.** Aumenta el gasto de dinero sin poder justificar en que lo gastó. Asimismo, puede tener deudas y pedir dinero prestado a amigos y familiares.

- **Salidas de casa repentinas.** Cuando se hace necesario adquirir la sustancia acude a los lugares habituales para su obtención de forma repentina y sin avisos, permaneciendo largos períodos de tiempo fuera de casa, recibiendo en ocasiones llamadas telefónicas que intenta mantener en secreto.

- **Cambios bruscos en el estado de ánimo.** Según la situación en la que se encuentre (bajo los efectos de la sustancia o bajo su abstinencia), así fluctuará su estado de ánimo, presentando altibajos sin explicación aparente.

- **Problemas para mantener relaciones sexuales.** El consumo de drogas cursa habitualmente con la falta de motivación para mantener relaciones sexuales o con dificultades para mantenerlas.

- **Uso de instrumentos para el consumo y señales físicas del mismo.** Entre sus pertenencias aparecen instrumentos y restos de consumos que realiza: cucharillas, pipas especiales, jeringas, papel de aluminio, botellas vacías, restos de sustancias...; y también presenta señales físicas en su organismo (señales de picaduras, alteraciones en el tabique nasal,...).

Cuando los padres tienen cierta seguridad en la existencia de un consumo de este tipo en alguno de sus hijos, lo primero que deben conseguir es el **reconocimiento** de su situación de consumo por parte del mismo. Para ello, mantener una postura serena y tranquila, que no incapacite para alcanzar decisiones importantes, será el primer requisito a tener en cuenta. La angustia provocada por la sensación de impotencia no guía más que a la pérdida de control de la situación y al desgaste de energías, necesarias para encarar adecuadamente el problema.

20.3.2. Cuando no existe reconocimiento del consumo

Después de todo intento para que el afectado asuma su situación de consumo y, teniendo en cuenta que en la mayor parte de las ocasiones es un proceso lento y costoso, los padres deben mantener posturas firmes y de absoluto rechazo al consumo en el entorno de la familia.

En estos casos se pone en riesgo la convivencia familiar, ya que el hijo no estará dispuesto a ceder en el consumo, ni la familia a aceptarlo. La rotura de la convivencia es temida y plantea gran tensión familiar, llegando en ocasiones a provocar una vuelta atrás, por parte de los padres, en el nivel de exigencia hacia el reconocimiento del consumo y hacia la aceptación de apoyo profesional. No se debe ceder a los chantajes de tipo emocional que utiliza el consumidor para alcanzar su propósito.

Debe quedar claro que no se le niega el apoyo familiar, sino que es él quien lo rechaza, así como las condiciones que deben existir para volver a plantearse la convivencia en la familia, mostrando siempre los aspectos positivos y las ventajas que alcanzaría con ella.

En ocasiones, cuando la situación es límite, las posturas con las que debemos abordarlas son también extremas; así lo es llegar a plantearse mantener o no la convivencia con un hijo drogodependiente. Pero posturas intermedias de asumir situaciones de consumo, transmitirán al consumidor la idea de que se está aceptando la situación y, por lo tanto, dificultan la toma de decisiones hacia el cambio.

Los tratamientos en drogodependencias son procesos largos y que implican esfuerzo. Resulta más cómodo para el drogodependiente (que no más beneficioso) no comenzar ningún tratamiento. Si se le permite, y él lo percibe así, cualquier alternativa que no sea la del tratamiento, hará que su vida siga desarrollándose en los mismo términos.

La rotura de la convivencia con un hijo drogodependiente no garantiza la consecución de nuestro objetivo y también entraña un riesgo, que el drogodependiente abandone el hogar y siga un proceso de mayor deterioro. Pero es importante señalar que puede ser necesario llegar a situaciones muy adversas para que el drogodependiente acepte este proceso de cambio, lo que se le conoce popularmente como "tocar fondo". En estos momentos es frecuente que se vuelva a recurrir a la ayuda de la familia; es el momento de poner condiciones para dar esa ayuda y de ponerse en contacto con los profesionales de los centros asistenciales.

En cualquier caso, durante todo este proceso es siempre recomendable contar en la familia con la ayuda profesional, a través de orientación y apoyo, para la toma de decisiones y las posteriores consecuencias de la misma.

21. DIEZ METÁFORAS PARA LA ESPERANZA

Para terminar ofrecemos un ramillete de metáforas para mantener la esperanza en momentos de incertidumbre y cuando los conflictos, problemas de convivencia o trastornos de conducta nos pueden llevar a pensar que no alcanzaremos la felicidad. Estas metáforas son imágenes cargadas de energía para transformar la realidad. Los conflictos, por más que nos cueste entenderlo, son una oportunidad para desarrollar nuestra inteligencia compleja recreadora, transformando nuestros paradigmas hasta alcanzar la sabiduría, que consiste en saber ver la invisible plenitud de la vida para poder elegir recrearnos recreando el presente atenta y solidariamente.

21.1. Aprendiz de windsurf

Cuando nos subimos por primera vez a una tabla de windsurf cualquier brisa o pequeña ola nos puede hacer caer al agua. Así aprendemos que cuando hace viento y oleaje no debemos subirnos a la tabla. Después de darnos múltiples "chapuzones", conseguimos mantener el equilibrio sobre la tabla y poco a poco levantamos la vela, pero observamos que si no hay viento no nos movemos. Con lo que volvemos a la playa a tomar el sol mientras el mar esté en "calma chicha". En cuanto sopla una suave brisa subimos a la tabla, levantamos la vela, le damos la espalda al viento, flexionamos un poco las rodillas y nos deslizamos sobre el agua. A medida que la brisa se hace más fuerte empezamos a surcar las olas con rapidez. Con el tiempo, sólo saldremos en la tabla con fuerte viento y oleaje que nos permitirá aprender divirtiéndonos. El viento que antes era una amenaza es lo que nos permite ahora disfrutar ejercitando nuestras habilidades para navegar en medio de la incertidumbre de las olas. Lo que ha cambiado son nuestras estrategias para resolver los conflictos y ver el mar como un medio en el que podemos divertirnos aprendiendo y no como un medio hostil y amenazante.

21.2. La cascada del río Xallas

Los ríos, igual que la vida, tienen su curso alto, en donde el agua cristalina corre alegremente, su curso medio, caudaloso y productivo, y su curso bajo, cansino, estancado, previo a la desembocadura. El río Xallas, en la Costa de la Muerte de Galicia, es el único río de Europa que termina su vida precipitándose al mar en una hermosa cascada, llena de efervescencia y creatividad, contemplada por el Monte O Pindo, conocido como el "Olimpo de los Dioses Celtas".

No nos queda otro camino para ayudar a los jóvenes que ser como el río Xallas, mantener la tensión creativa durante toda la vida, nunca estancarnos, como hacen la mayoría de los ríos en su curso bajo. Mantener la lucha, el respeto a uno mismo, la inquietud y la creatividad hasta el final de la desembocadura. Bertolt Brecht nos decía que hay personas que luchan un día y son buenas, hay personas que luchan un año y son muy buenas, hay personas que luchan muchos años y son bonísimas, pero hay personas que luchan toda la vida y son imprescindibles. No nos queda más camino que la "resiliencia", resistir y luchar en las condiciones adversas que puedan tocarnos para recrearnos recreando el mundo.

21.3. *El vuelo del águila*

De vez en cuando necesitamos levantar el vuelo, como hace el águila, para poder volar por encima de las nubes cuando hay tormenta y tener una visión amplia, global, compleja de nosotros mismos, de nuestros hijos y alumnos. Cuando contemplamos la globalidad de las personas, siempre vemos más cosas positivas que negativas. Tenemos que volver a ser el águila que somos y que aún no fuimos, recrearnos a partir de las cenizas de nuestros proyectos anteriores, aunque suponga un esfuerzo titánico diario, a veces en soledad. Pero ya sabemos que las águilas vuelan en solitario, los cuervos en bandadas.

21.4. *Mirar desde el túnel o desde la cumbre*

Ante los conflictos, crisis y las dificultades diarias para que los hijos o alumnos consoliden una escala de valores solidarios, podemos llegar a pensar, sentir y vivir con visión de túnel. Verlo todo oscuro, negativo y no vislumbrar la luz al final del túnel, pensar que no hay salida. Pero no debemos permanecer en el túnel más que el tiempo necesario para atravesar la montaña y volver a salir a la luz. Debemos recuperar la visión que tenemos cuando subimos a la cumbre y nos recreamos con la contemplación del valle, en el que todas las cosas aparecen en su proporción justa, integrando un paisaje armonioso, lleno de matices diversos que configuran un cuadro globalmente hermoso. Cuando tenemos esa visión compleja e integradora podemos ver cosas que eran invisibles desde el túnel, descubrimos la belleza de ver todo el ecosistema y no sólo un único elemento como cuando el miedo secuestra nuestra mirada recreadora. Pero el desafío siempre consiste en pasar de ver la parte a ver el todo.

21.5. *Viajar para complejizarnos*

Ver, conocer y vivir otros paisajes, personas y culturas, nos invita a liberarnos del peso de las rutinas diarias, en donde sólo somos una de las poli-identidades y múltiples proyectos que llevamos dentro. Viajar atenta y conscientemente, nos permite contemplarnos solos en el mundo, desnudos de los roles sociales, liberados de la losa de los prejuicios y control social. Descubrimos y desarrollamos las múltiples caras de nuestra complejidad humana, relativizamos nuestros pequeños problemas ante la inmensidad de los conflictos del planeta, hacemos nuestra mirada más comprensiva y humana para poder vernos viajeros capaces de crear nuevos sueños y utopías que nos transformen a nosotros mismos y el mundo que nos rodea. Viajar transforma nuestra mirada simplificadora y triste en una nueva mirada transparente y alegre que hace visible el macrocosmos en nuestro microcosmos.

21.6. *El rompeolas, el acantilado y la playa*

Los educadores a veces tenemos que hacer contención de las conductas manipuladoras: ser rompeolas en las crisis o estallidos de cólera, para que los barcos del puerto estén a resguardo, sin naufragar y ser acantilados en los temporales que amenazan con traspasar los límites. Pero la mayor parte de las veces podemos ser el arenal de la playa en donde las olas aprovechan nuestra amplitud y generosidad para expansionar su fuerza creadora y volver suavemente sobre sí mismas. Una relación que semeja una caricia mutua, mientras se va sedimentando la arena erosionada en otros envites de más agresividad. Los padres y profesores tenemos que ser rompeolas, acantilado o playa, según necesiten los críos.

21.7. *La marea blanca universal*

Para educar un niño se necesita a toda la tribu. Para resolver los problemas educativos complejos necesitamos la colaboración interdisciplinar e interinstitucional de todos, actuando de forma coordinada, con unidad de criterios. La imagen de la marea blanca universal de voluntarios que llegaron a Galicia para salvar las costas del "chapapote" del petrolero *Prestige,* es un ejemplo de solidaridad planetaria ante la amenaza del ecosistema gallego, sentido como patrimonio de la humanidad. Es una imagen de lo que tendríamos que hacer para solucionar los problemas cotidianos de nuestros sistemas familiar, escolar, social y mundial.

21.8. El arco iris

Nuestra mirada transparente tiene que producir sobre la realidad el mismo efecto que las gotas de agua al descomponer un simple rayo de luz en una compleja gama de colores armónicamente integrados en el arco iris. La mirada transparente nos permite ver la invisible complejidad de la vida, con sus múltiples matices integrados de forma recreadora. Este fenómeno se produce cuando conviven las nubes y el Sol, la tormenta y la luz, la lluvia y el buen tiempo. Lo mismo ocurre en la vida en la que conviven el conflicto y la paz, la tristeza y la alegría, como las dos caras de la misma moneda. Cuando vamos en avión y navegamos entre las nubes, la lluvia y el Sol, podemos tener la suerte de ver como el arco iris se completa cerrando un bellísimo círculo iris. Desde tierra sólo podemos ver el arco iris, si queremos ver cerrar el invisible círculo iris, tendremos que levantar el vuelo y tomar la distancia necesaria para tener una visión más compleja y más completa.

21.9. Transparentar el alma

Cuando nuestra vida es golpeada por un trauma, tenemos el sentimiento de vivir una prórroga, se agudiza el placer de vivir lo que aún sigue siendo posible e intentamos revivir, pero de otra forma. Todo traumatizado está obligado a asumir un cambio, de lo contrario permanece muerto. Nunca olvidaremos el trauma, pero lo podemos convertir en el elemento que reorganiza nuestra historia para volver a la vida. Tenemos que aprender a pensarnos a nosotros mismos y a la vida en otros términos, ser capaces de ver lo invisible y hacer visible lo invisible. Tomar la determinación de vivir cada día con la alegría de sentirnos profundamente vivos, con la esperanza de tener una oportunidad más para ser nosotros mismos sin miedos y límites, como si fuera el último día que nos queda para ser felices.

316

Así lo refleja Gabriel García Márquez, cuando por razones de salud se retiró momentáneamente de la vida pública, enviando una carta de despedida a sus amigos, difundida a través de Internet, con el título: *se despide un genio*, de la que reproducimos unos parágrafos:

"Si por un instante Dios se olvidara de que soy una marioneta de trapo y me regalara un trozo de vida, aprovecharía ese tiempo lo más que pudiera... vestiría sencillo, me tiraría de bruces al sol, dejando descubierto, no solamente mi cuerpo, sino mi alma.

A los hombres les probaría cuán equivocados están al pensar que dejan de enamorarse cuando envejecen, sin saber que envejecen cuando dejan de enamorarse.

A un niño le daría alas, pero le dejaría que él solo aprendiese a volar.

A los viejos les enseñaría que la muerte no llega con la vejez, sino con el olvido.

He aprendido que todo el mundo quiere vivir en la cima de la montaña, sin saber que la verdadera felicidad está en la forma de subir la escarpada.

Siempre di lo que sientes y haz lo que piensas.

Si supiera que hoy fuera la última vez que te voy a ver dormir, te abrazaría fuertemente y rezaría al Señor para poder ser el guardián de tu alma.

Si supiera que estos son los últimos minutos que te veo, te diría "te quiero" y no asumiría, tontamente, que ya lo sabes.

Siempre hay un mañana y la vida nos da otra oportunidad para hacer las cosas bien, pero por si me equivoco y hoy es todo lo que nos queda, me gustaría decirte cuanto te quiero, que nunca te olvidaré.

Hoy puede ser la última vez que veas a los que amas. Por eso no esperes más, hazlo hoy, ya que si el mañana nunca llega, seguramente lamentarás el día que no tomaste tiempo para una sonrisa, un abrazo, un beso y que estuviste muy ocupado para concederles un último deseo.

Mantén a los que amas cerca de ti, diles al oído lo mucho que los necesitas, quiérelos y trátalos bien, toma tiempo para decirles "lo siento", "perdóname", "por favor", "gracias" y todas las palabras de amor que conoces.

Nadie te recordará por tus pensamientos secretos. Pide al Señor la fuerza y la sabiduría para expresarlos. Demuestra a tus amigos y seres queridos cuánto te importan".

21.10. La sonrisa sostenible

El sufrimiento es tan enriquecedor como la alegría. Para ello tenemos que escuchar el mensaje que nos trae el dolor. Cuando sufrimos, prestamos demasiada atención a los síntomas y poca al sistema. Aplicamos un anestésico, soportamos el dolor, pero pocas veces prestamos atención al contexto en dónde se generó y actuamos sobre el mensaje del dolor. El dolor es la llamada de atención de que algo en el sistema se está desintegrando, de que la mente está dividida. Si escuchamos su mensaje, encontraremos la esperanza necesaria para recrearnos. El sentido del humor para asimilar los contratiempos, alivia el miedo y la inseguridad, nos alegra la vida y, probablemente, también nos la alargue. La sonrisa sostenible transparenta el sentido del humor para integrar el dolor con el amor.

Por lo general las personas llegan al humor después de experimentar el sufrimiento y el amor. La sonrisa es la mejor terapia. Reírse ayuda a curarse. Tenemos que darnos permiso para reírnos de nosotros mismos, de nuestros miedos y de nuestra locura.

Siempre recuerdo con emoción y ternura la sabiduría de mis padres en los últimos años de vida que compartimos. La comunicación y la mirada cómplice transparentaba alegría compartida del viaje que llega a su final con la sensación de la misión cumplida. A esas alturas del final del camino, casi nada podía apagar las ganas de celebrar la vida y sonreír por todo lo creado de forma tan generosa, a pesar, o precisamente gracias a las pequeñas o grandes contradicciones de la vida. Compartir la plenitud de la vida transparentada en una fugaz sonrisa sostenible que nos hará visibles cuando pasemos a ser invisibles. Esa sonrisa sostenible es la que Govinda descubrió en el rostro de su sabio amigo Siddhartha:

"Es esta sonrisa de la máscara, según le pareció a Govinda, esta sonrisa de la unidad sobre el fluir de las formas, esta sonrisa de la simultaneidad

sobre los millares de nacimientos y de muertes, esta sonrisa de Siddhartha era exactamente la misma sonrisa de Gotama Buda: perenne, tranquila, fina, impenetrable, quizás bondadosa, burlona acaso, sabia, múltiple; la misma sonrisa que él contemplara centenares de veces con profundo respeto. Así -y esto Govinda lo sabía-, así sonríen los seres perfectos"
(Hesse, 1990: 210)

22. "PERDÓNAME POR IR ASÍ BUSCÁNDOTE"

La mirada recreadora descubre la invisible belleza de cada persona y la acompaña en el largo camino para llegar a su plenitud, haciendo visible y transparente lo que ni ella misma llegaba a ver en su fondo preciosísimo. Necesitamos manifestar la belleza del ser que llevamos dentro, nos pasamos la vida aprendiendo a hacerlo visible, desarrollándolo y liberándolo de tantas ataduras y esclavitudes. Los valores que hemos conseguido transparentar a lo largo de la vida, nos harán visibles cuando pasemos a ser invisibles. Ayudar a que cada amigo, alumno, hijo llegue a ser él mismo, transparentar su mejor yo desarrollando sus potencialidades, es la misión del educador. Esta visión y misión quedan bellamente reflejadas en la metáfora que nos regala el poema "Perdóname" de Pedro Salinas en el libro "La voz a ti debida".

El privilegio de los poetas es que pueden decir en unos cuantos versos lo que a nosotros nos ha ocupado 360 páginas (Salinas, 1989:93-94):

"Perdóname por ir así buscándote
tan torpemente, dentro
de ti.
Perdóname el dolor, alguna vez.
Es que quiero sacar
de ti tu mejor tú.
Ese que no te viste y que yo veo,
nadador de tu fondo, preciosísimo.
Y cogerlo
y tenerlo yo en lo alto como tiene
el árbol la luz última
que le ha encontrado al sol.

Y entonces tú
en su búsqueda vendrías, a lo alto.
Para llegar a él
subida sobre ti, como te quiero,
tocando ya tan sólo a tu pasado
con las puntas rosadas de tus pies,
en tensión todo el cuerpo, ya ascendiendo
de ti a ti misma.
Y que a mi amor entonces le conteste
la nueva criatura que tú eras.

Capítulo VI

Anexos

ANEXO I. MODELO DE REGISTRO DE INCIDENCIAS

DEPARTAMENTO DE ORIENTACIÓN

Tal y como se acordó en la Junta de Evaluación correspondiente al primer trimestre del curso, con respecto al alumno _____ se procederá a consensuar con él y con sus padres un contrato con la finalidad de corregir conductas inadecuadas. Para elaborar el contrato es preciso identificar previamente cuáles son esas conductas-problema. El modelo que aquí se presenta es una ficha de observación del comportamiento inadecuado del alumno para establecer un patrón (aunque también se tendrán en cuenta los partes de aula correspondientes al primer trimestre). Estaríamos agradecidos si durante una semana o dos anotaseis aquellas incidencias del alumno que consideréis precisas.

NOTA: Es necesario que relatéis la situación lo más específicamente posible (por ejemplo, si insulta a un profesor habrá que relatar textualmente sus palabras o si se levanta del sitio habrá que decir si hubo algún hecho que motivó eso, aunque no tuviera relación con el transcurso de la clase). Sé que éste es un trabajo arduo para el profesorado pero en el contrato debemos incluir conductas muy claras y específicas porque cambiar la conducta no es fácil, requiere un tiempo y precisión, ya que no se pueden cambiar todos los comportamientos inadecuados de golpe. Tendremos que establecer prioridades e intentar eliminar las conductas más disruptivas.

Muchas gracias por vuestra colaboración.

Fdo.: La orientadora.

Éstas son situaciones reales descritas por el profesorado

REGISTRO DE CONDUCTAS-PROBLEMA del ALUMNO:

PERÍODO DE OBSERVACIÓN:

ÁREA:

PROFESOR/A:

FECHA	HORA	¿CUÁNDO? ¿EN QUÉ SITUACIÓN? ¿QUÉ SUCEDIÓ ANTES (de que tuviese lugar la conducta-problema)? *ANTECEDENTE*	¿QUÉ HACE O DICE EL ALUMNO? (Conducta-problema)	¿QUÉ HACES O LE DICES EN ESE INSTANTE? ¿QUÉ PASÓ DESPUÉS? *CONSECUENTE*
		Les pedí que realizasen una tarea.	Intenta provocar utilizando lenguaje con referencias sexuales.	
		Avisé a un compañero de que no quería que le pusiesen motes a una chica de la clase.	Inmediatamente se pone él a insultar a la compañera.	Le dije que saliera de clase y lo hizo.
		Tenían que recortar noticias del periódico y él se puso a destrozar una hoja tirando los trozos al suelo. Le mandé ir a por una escoba para recogerlos.	En lugar de barrer le da con el mango de la escoba repetidas veces a la llave de la luz hasta romperla.	Se le envía al despacho de la directora.
		No trajo el material con el que se estaba trabajando en clase (una fotocopia).	Se pone a hablar con los compañeros en voz alta y no les deja concentrarse.	Tuve que llamarles la atención varias veces para que se pusiesen a trabajar. Él no hizo prácticamente nada.

		Mando que repasen los apuntes porque voy a hacer una prueba escrita.	Se pone a dibujar en lugar de estudiar.	Le avisé varias veces de que se pusiese a repasar, pero él continuó dibujando. Cuando llegó el momento de realizar el examen se puso a chillar, dijo que no lo hacía. Dejó la prueba prácticamente en blanco.
		Durante la clase se mete con una compañera y ésta le responde.	Al salir de clase esperó a la compañera, le propinó un empujón muy fuerte y la tiró al suelo.	Lo enviamos al despacho de Dirección.
		Entró en la clase con cascos de música.	Se puso a escuchar la música con los cascos.	Le recordé las normas de convivencia. Intentó resistirse con excusas (que "el aparato estaba apagado"). Tuve que avisarle varias veces a lo largo de la clase (se los quitaba y se losb volvía a poner).

ANEXO II. MODELO DE REGISTRO DE INCIDENCIAS

FECHA: **CURSO:**

PARTE DE AULA

ALUMNADO	1.ª hora	2.ª hora	3.ª hora	4.ª hora	5.ª hora	6.ª hora
MATERIA						
PROFESOR						

CÓDIGO DE INCIDENCIAS:

Falta de asistencia: FA   Falta de orden: FO
Retraso entrada: RE   No traer material: NM   Expulsión: EXP

OBSERVACIÓNES	
PROFESOR/A	DELEGADO/A

ANEXO III. MODELO DE CONTRATO PARA MEJORAR EL COMPORTAMIENTO

CONTRATO PARA MEJORAR MI COMPORTAMIENTO

Yo _____ , alumno de _____ curso
del IES _____ y en presencia de:

– _____ , director/a
– _____ , jefe/a de estudios
– _____ , tutor/a
– _____ , orientador/a
– _____ , mis padres

Me comprometo a mejorar mi comportamiento de la siguiente manera:

_____
_____
_____
_____
_____

A cambio de ello se me permitirá:

_____
_____
_____
_____
_____

Si no lo cumplo las consecuencias serán:

_____
_____
_____
_____
_____

Y para que así conste lo firmamos todos los presentes.

En _____ , a ____ de _____ de 2_____

ANEXO IV. MODELO DE RESUMEN SEMANAL DE COMPORTAMIENTO

RESUMEN SEMANAL DE MI COMPORTAMIENTO

		LUNES Fecha:	MARTES Fecha:	MIÉRCOLES Fecha:	JUEVES Fecha:	VIERNES Fecha:
1ª hora	Comportamiento					
	Trabajo					
2ª hora	Comportamiento					
	Trabajo					
3ª hora	Comportamiento					
	Trabajo					
4ª hora	Comportamiento					
	Trabajo					
5ª hora	Comportamiento					
	Trabajo					
6ª hora	Comportamiento					
	Trabajo					
7ª hora	Comportamiento					
	Trabajo					
8ª hora	Comportamiento					
	Trabajo					

B – Bien   R – Regular   M – Mal

Tengo que preguntar a los profesores al terminar la clase cómo me porté y anotarlo en la hoja. NO ME PUEDO OLVIDAR. Si miento me puedo quedar sin recreo.

ANEXO V. CUESTIONARIO SOCIOMÉTRICO

Nombre y apellidos: **Curso:**

1.- ¿A quién escogerías para hacer un trabajo en grupo? (por orden de preferencia)

    1)_____   2)_____   3)_____

2.- ¿Con quién te gustaría estar sentado/a en la clase?

    1)_____   2)_____   3)_____

3.- ¿A quién escogerías para ir de marcha, al cíber, a tomar una pizza, etc.?

    1)_____   2)_____   3)_____

4.- ¿Con quién no te gustaría estar sentado/a en la clase?

    1)_____   2)_____   3)_____

5.- ¿A quién no elegirías para ir de camping, al cíber, a tomar una pizza, etc.?

    1)_____   2)_____   3)_____

6.- ¿Quién crees que te escogería para que te sentases con el/ella en la clase?

    1)_____   2)_____   3)_____

7.- ¿Quién crees que te escogería para ir al cíber, a tomar una pizza, a la discoteca…?

    1)_____   2)_____   3)_____

8.- ¿Quién crees tú que no te escogería para sentarse con el/ella?

    1)_____   2)_____   3)_____

9.- ¿Quién crees tú que no te escogería para ir de marcha, tomar una pizza, etc.?

    1)_____   2)_____   3)_____

ANEXO VI. PREGUNTA 1 DEL CUESTIONARIO SOCIOMÉTRICO: PREFERENCIAS DE TRABAJO EN GRUPO

PREGUNTA N.º 1. PREFERENCIAS (TRABAJO EN GRUPO)

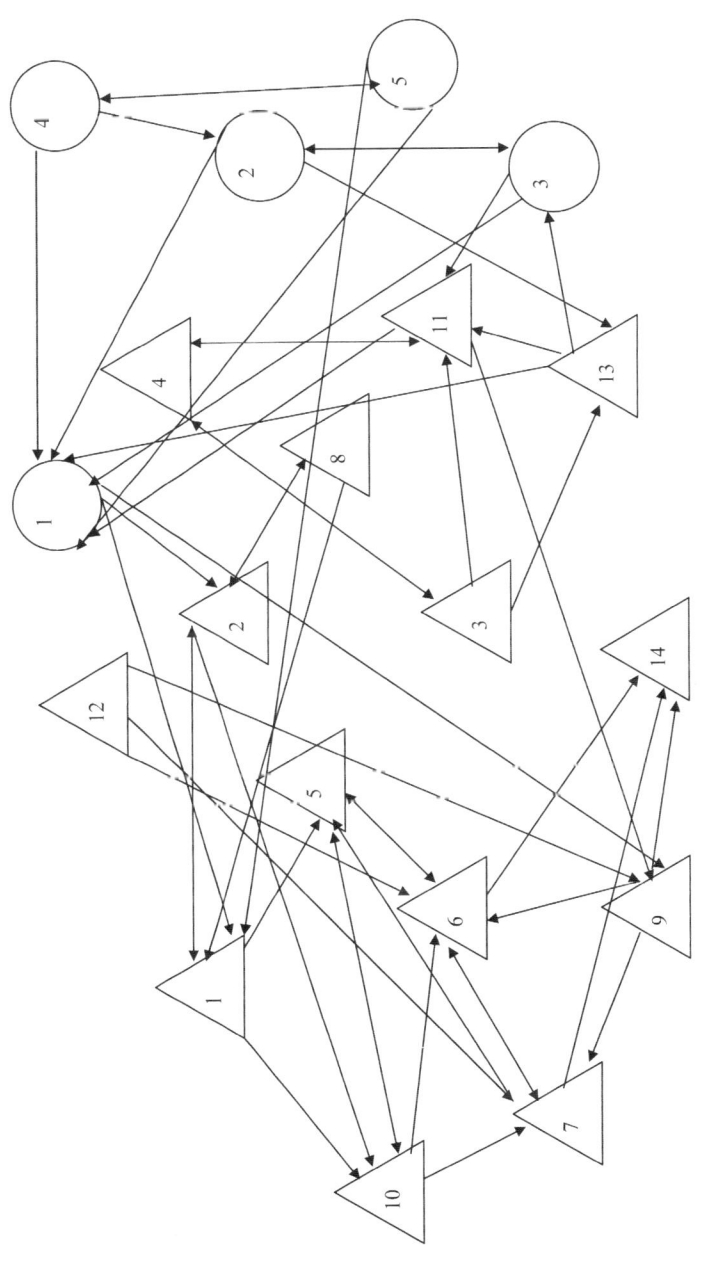

ANEXO VII. PREGUNTA 2 DEL CUESTIONARIO SOCIOMÉTRICO: PREFERENCIAS PARA SENTARSE JUNTOS

<u>PREGUNTA N.º 2. PREFERENCIAS (SENTARSE JUNTOS)</u>

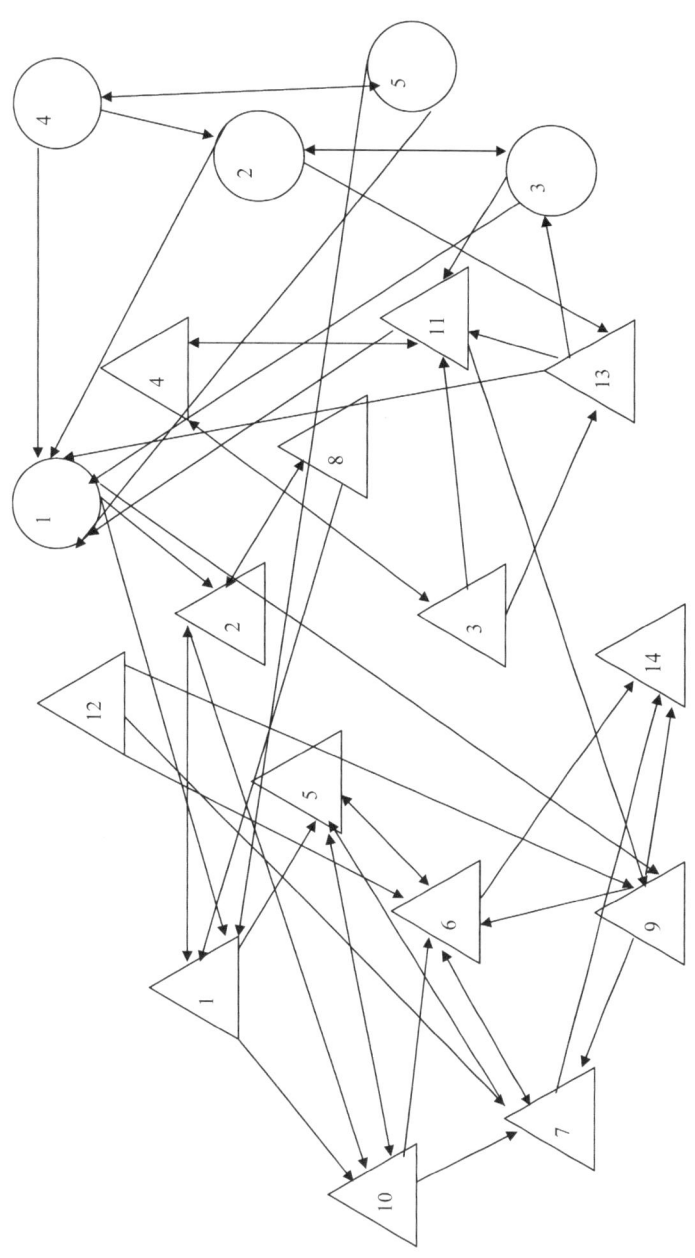

ANEXO VIII. PREGUNTA 3 DEL CUESTIONARIO SOCIOMÉTRICO: PREFERENCIAS PARA EL OCIO

PREGUNTA N.º 3. PREFERENCIAS (OCIO)

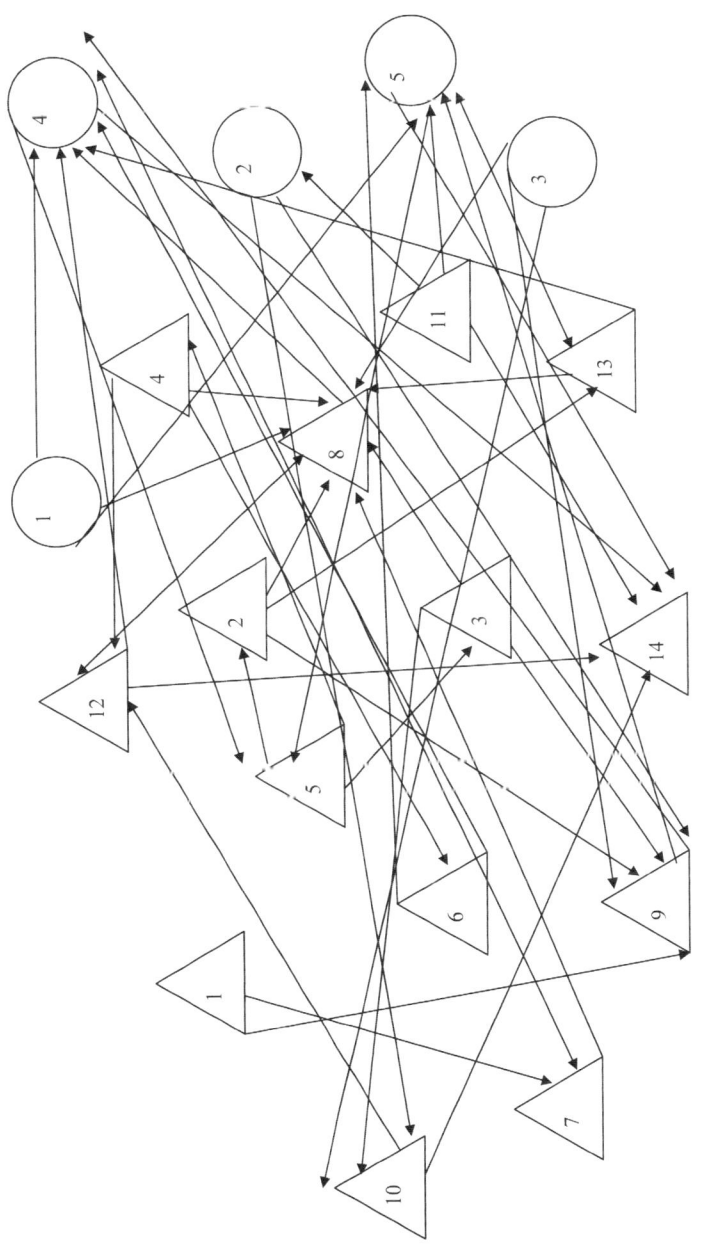

ANEXO IX. PREGUNTA 4 DEL CUESTIONARIO SOCIOMÉTRICO: RECHAZO PARA EL TRABAJO

PREGUNTA N.º 4. RECHAZO (TRABAJO)

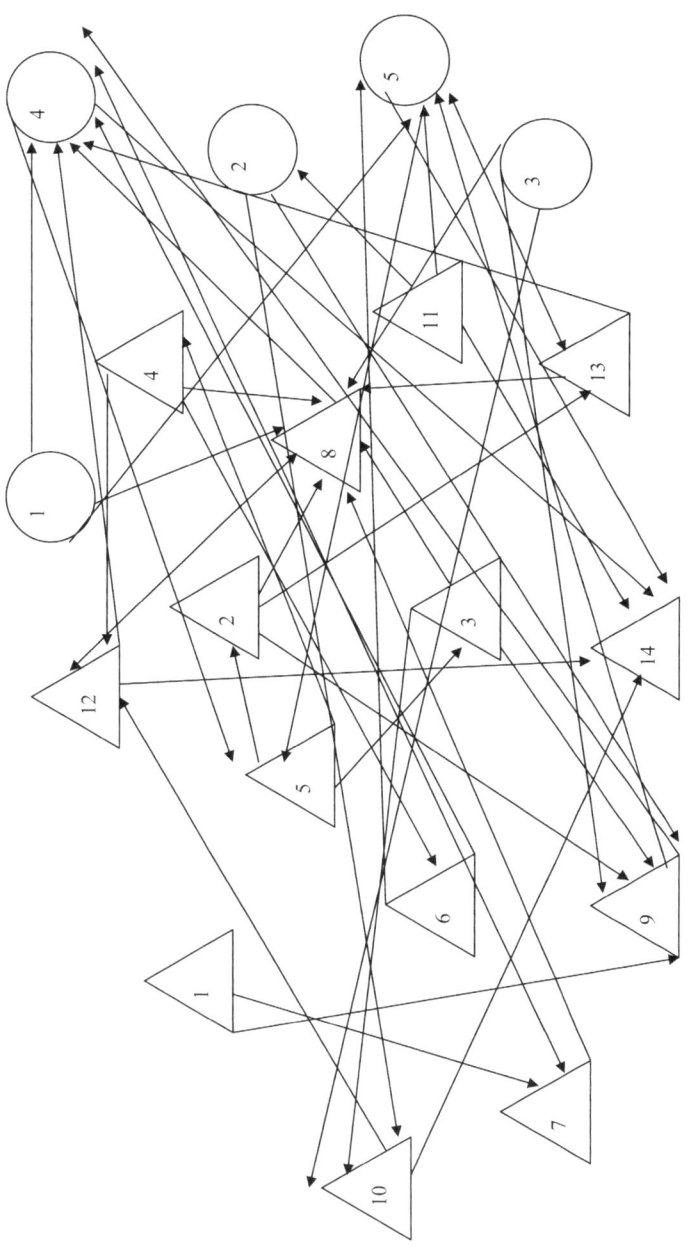

ANEXO X. PREGUNTA 5 DEL CUESTIONARIO SOCIOMÉTRICO: RECHAZO PARA EL OCIO

PREGUNTA N.º 5. RECHAZO (OCIO)

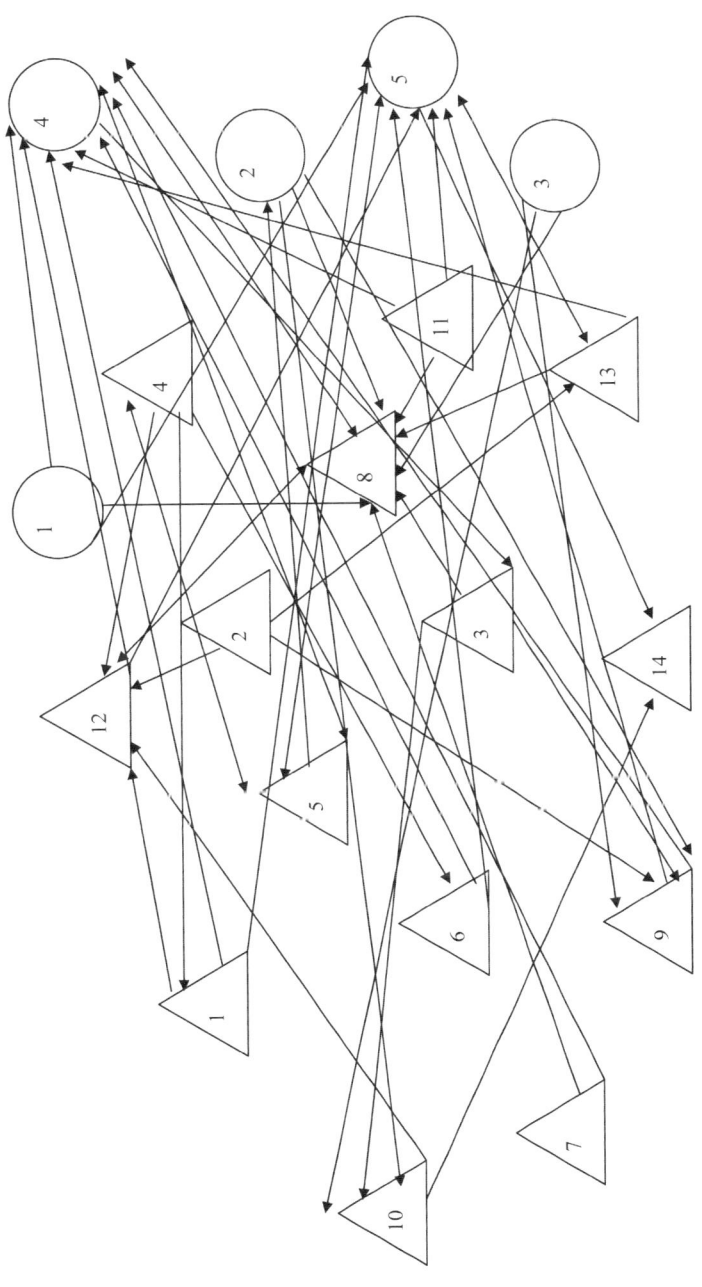

ANEXO XI. MODELO DE SOLICITUD DE INTERVENCIÓN DEL EQUIPO DE ORIENTACIÓN EXTERNO

(Elaborado por Manuel Armas Castro y M.ª Luz Rey Rodríguez)

SOLICITUD DE INTERVENCIÓN DEL EQUIPO DE ORIENTACIÓN EXTERNO

Centro: _____ Telf._____

Dª. _____ en calidad de _____

SOLICITA al Equipo de Orientación Externo la intervención de la especialidad de _____

1. MOTIVO DE LA CONSULTA (marcar con una X)

• Asesoramiento y apoyo al Departamento de Orientación.

• Información sobre recursos y materiales para responder a las necesidades educativas de los alumnos.

• Colaborar en la evaluación psicopedagógica por estimar necesaria la intervención de un profesional externo al centro.

• Contribuir a la formación especializada del profesorado en el ámbito de las necesidades educativas especiales.

• Colaborar con otros servicios educativos, sociales, de salud mental, en el ámbito de las competencias de la especialidad.

• Otras (especificar): elaborar Plan de Convivencia, _____

2. EN CASO DE SOLICITUD DE INTERVENCIÓN INDIVIDUAL:

• Apellidos y nombre del alumno: _____

• Fecha de nacimiento: _____ Nivel educativo: _____

• Síntesis de la evaluación psicopedagógica y observaciones del Departamento de Orientación: _____

_____

_____

3. ACTUACIONES DESDE EL CENTRO EDUCATIVO RELATIVAS AL:

- Alumno/a: _____

- Aula y centro: _____

- Profesorado: _____

- Familia: _____

- Otros servicios de apoyo: salud mental, servicios sociales: _____
_____

Adjuntar informe psicopedagógico e informes de otros servicios (psiquiatría, neurología, servicios sociales, certificado de minusvalía,…)

En _____, a _____ de _____ de 2._____

La Inspección educativa   La Dirección   Jefe/a Dpto. Orientación

ANEXO XII. PROTOCOLO DE CONSULTA COLABORATIVA

PROTOCOLO DE CONSULTA COLABORATIVA

Nombre del centro: …………………………………………… Telf. …..……

Nombre del alumno: …………………………………………….. Curso …….

Fecha de nacimiento:……….……… Fecha evaluación:……….. Edad…..…

1. PROCESO DE EVALUACIÓN

En el proceso de evaluación interdisciplinar se realizaron las siguientes actuaciones:

– Llamada telefónica para detallar la fecha de visita y el método evaluación psicopedagógica con el director/a u orientador: …………....……….

– Análisis de informes previos: educativos, salud mental, servicios sociales.

– Entrevista con el director/a, jefe/a de estudios, orientador/a, tutor/a, profesor/a de apoyo

– Observación del alumno en el aula y recreo

– Análisis de trabajos escolares, partes de incidentes y faltas, expedientes disciplinarios.

– Entrevista con el alumno, la familia, salud mental y servicios sociales

– Reunión con el equipo directivo, equipo docente y servicios de apoyo.

– Otras: …………………………………………………………………

2. DEFINICIÓN DE LA CONSULTA: diagnóstico previo, qué se hizo hasta ahora, qué se espera del orientador externo, consultas implícitas, acuerdos mutuos …………………....………………………………………
…………………………………………………………………………………

3. SÍNTESIS DE LA INFORMACIÓN PSICOPEDAGÓGICA:

– Datos evolutivos relevantes: ……………………………………………

………………………………………………………….........…………..

– Escolarización anterior: ………………………………………...

………………………………………………………….........…………..

– Capacidades, intereses vocacionales: ……………………………..

………………………………………………………………..………..

– Apoyos actuales: refuerzo, adaptación curricular: …………………...

………………………………………………………………………..

– Inteligencia racional: desarrollo cognitivo y competencia curricular:

………………………………………………………………………….

– Inteligencia emocional: autocontrol, impulsividad, resistencia a la frustración, empatía, ansiedad, relación con el grupo de iguales: ………………………………………………………….

– Inteligencia conductual: conductas positivas y problemas: antes-durante-después: …………………………………………………………………...

…………………………………………………………………………

……………………………………………………….......……………..

………………………,,,,…………………………………………….

4. SÍNTESIS DE LA INFORMACIÓN SOCIOFAMILIAR: número de hermanos y lugar que ocupa, constelación familiar, estilo educativo familiar, normas y horarios, diversiones, conductas problemáticas, grupo de amigos, autonomía y responsabilidad, tiempo libre, intereses, relaciones familia-centro educativo, asistencia a servicios sociales....

………………………………………………………………..………

………………………………………………………………………

………………………………………………………………………..

5. **SÍNTESIS DE LA INFORMACIÓN DE SALUD MENTAL**: profesionales que lo atienden, diagnóstico, medicación, terapia: ....
....
....
....

6. **OBSERVACIÓN DEL ALUMNO EN EL AULA, RECREO Y ENTREVISTA**: clima del aula, ratio, distribución y situación del alumno, estilo docente, conductas: antes- durante- después, consecuencias en compañeros y profesor……………………………..........................
....
....
....
....

7. **SÍNTESIS DE LA EVALUACIÓN Y PROPUESTAS DE INTERVENCIÓN**: diagnóstico, necesidades educativas especiales, modalidad de escolarización, recursos, estrategias de intervención, acuerdos tomados en el ámbito escolar- salud mental- servicios sociales, seguimiento. Devolución de la información y elaboración de Informes……...…
....
....
....
....

En …………….., a …….., de ……………..…….. de 2…….

ANEXO XIII. INFORME SOCIOPSICOPEDAGÓGICO

INFORME SOCIOPSICOPEDAGÓGICO
DICTAMEN DE ESCOLARIZACIÓN

Alumno: Rubén   **Edad: 14 años**

Fecha Nacimiento: ……..............   Fecha evaluación: ……….

Centro: IES ………………………   Curso: 2º ESO

Motivo fundamental de la consulta: revisar la modalidad de escolarización ante los continuos problemas de conducta.

1. Proceso de evaluación sociopsicopedagógica:

En el proceso de evaluación sociopsicopedagógica se realizaron las siguientes actuaciones:

– Entrevista con el director/a y jefe/a de estudios para analizar la solicitud del centro educativo y conocer su visión del problema.

– Entrevista con el orientador/a del IES para comentar su informe y valorar posibles alternativas o soluciones.

– Análisis de los informes del Psiquiatría (8 9-02) y de Psicología Infantil (17-9-03).

– Análisis del informe social de la trabajadora social del Ayuntamiento.

– Entrevista con la profesora instructora del expediente disciplinario abierto a Rubén.

– Entrevista con el profesor/a tutor para analizar los informes del profesorado y partes de incidencias.

– Entrevista con los profesores que tuvieron más conflictos, con los que se llevan mejor con el alumno y con los profesores de apoyo.

– Observación del alumno en el aula y análisis de sus trabajos escolares.

– Entrevista con el alumno.

– Entrevista con la familia del alumno.

– Entrevista con representantes del APA que entregan un escrito mostrando su preocupación por la situación y solicitando más recursos para atender al alumno, si se acuerda que continúe escolarizado en este centro.

– Reunión del especialista en trastornos de conducta y trabajadora social del Equipo de Orientación Externo con el orientador/a, equipo directivo y equipo docente, a la que asisten la psicóloga y educadora social del los servicios sociales del Ayuntamiento. Se recoge información y se comunican las conclusiones de la evaluación, consensuando las propuestas de intervención interdisciplinares.

– Reunión del especialista en trastornos de conducta y trabajadora social del Equipo de Orientación Externo con la familia y orientador/a del centro para establecer las conclusiones de la evaluación y propuestas de intervención. El orientador del centro hará el seguimiento de la evolución.

2. Conclusiones del proceso de evaluación sociopsicopedagógica:

La síntesis de la información más relevante para tomar decisiones de escolarización y prevención e intervención en problemas de conducta, puede sintetizarse en los siguientes aspectos fundamentales:

– Rubén tiene un nivel de desarrollo cognitivo normal para su edad y muestra un gran interés por todo lo relacionado con los animales y la mecánica. Tiene una gran habilidad y destreza para montar y desmontar pequeños motores, bicicletas. Busca ser aceptado y valorado, llamando frecuentemente la atención.

– Los primeros signos de preocupación aparecen a los 3 años, cuando inicia la escolarización. Se muestra muy inquieto, con frecuentes retos a la autoridad tanto de padres como de profesores. Manifiesta una actitud negativista, de desobediencia y no acatamiento de normas, siempre a la defensiva. Discute y pelea con facilidad. No acepta la responsabilidad de sus conductas. Se distrae continuamente. Tiene explosiones con agresividad verbal y física. Intenta llamar la atención constantemente. Muestra signos de ansiedad, como miedo a la muerte y a que le pase algo malo a su familia.

— Asistió a Salud Mental, donde se le diagnosticó un negativismo desafiante y desde hace dos años no ha vuelto a consulta, ni toma la medicación con regularidad.

— Ha cambiado de colegios con frecuencia, éste es el cuarto. Está en 2º de la ESO con un rendimiento muy deficiente. Repitió curso en dos ocasiones. Quiere dejar de estudiar y ponerse a trabajar para ganar dinero. Falta a clase y cuando viene se niega a entrar en el aula, y si lo hace provoca la expulsión al insultar a los profesores.

— Es mal aceptado por el grupo de compañeros. Muestra un déficit de habilidades sociales para establecer relaciones y tener amistades. Comete delitos menores contra la propiedad ajena, como robar una cartera a una compañera. Sale con pandillas de compañeros mayores que él y se inició en el consumo de sustancias psicoactivas.

— El soporte familiar es inadecuado: es el menor de dos hermanos, conviven en casa con la madre y la abuela paterna, el padre está embarcado y viene muy poco por casa. Las contradicciones entre la madre y la abuela le permiten manipular a su antojo la situación: vive sin normas ni límites en lo referente a horarios, estudio, responsabilidades. Se levanta cuando quiere y presenta un absentismo escolar acentuado. Amenaza con marcharse de casa o suicidarse si no le dejan hacer lo que quiere.

Rubén presenta un trastorno negativista desafiante, con posible trastorno por déficit de atención con hiperactividad asociado en la primera infancia, que mejoró con tratamiento de metilfenidato; actualmente está evolucionando hacia un trastorno disocial. Está medicado con Concerta 36 mg., tomando un comprimido al levantarse pero de forma totalmente irregular. Tiene un soporte familiar inadecuado para establecer límites y contener sus conductas manipuladoras.

En el ámbito escolar, su nivel de competencia curricular equivale a 6º de Educación Primaria. Presenta necesidades educativas especiales relacionadas con un dominio insuficiente de las técnicas instrumentales básicas de lectura, escritura y cálculo. En lo emocional manifiesta un déficit de habilidades sociales para establecer relaciones con los compañeros y resolver conflictos sin acudir a la agresividad verbal y física. Tiene una escasa resistencia a la frustración y presenta conductas de riesgo. Está totalmente desmotivado por los estudios y necesita conectar con algo que le interese realmente, como la mecánica, para reconstruir su proyecto de vida.

3. Orientaciones sobre la modalidad de escolarización e intervención.

Consideramos que la modalidad de escolarización más adecuada para este curso que ya está avanzado es la de seguir escolarizado en un centro educativo ordinario, recibiendo un apoyo continuado durante toda la jornada escolar. Este apoyo no se puede realizar por parte del profesor de pedagogía terapéutica del centro, que tiene su horario cubierto atendiendo a otros alumnos con necesidades educativas especiales, por lo que estimamos necesario que se dote a este IES con un nuevo profesor de apoyo. El profesor de apoyo estará dentro del aula, evitando sentarse al lado del alumno para que no se establezca una relación manipuladora al margen de la dinámica del aula. Podrán salir fuera del aula para algunas actividades de recuperación que interrumpan al grupo o/y para aplicar la técnica "tiempo fuera" en las crisis. El tiempo fuera del aula nunca podrá superar un tercio del horario escolar.

Informamos a los profesores sobre las estrategias contextualizadas para abordar estos problemas de conducta, siguiendo el Decálogo Escolar de Prevención e Intervención en problemas de conducta. Dado que se constata que existen más alumnos con características semejantes, se acuerda orientar al profesorado para la elaboración de un Plan de Convivencia del centro para unificar criterios y prevenir que los problemas lleguen a este grado de deterioro. En todo caso se pondrán en marcha, en este curso, estrategias para intentar mejorar el clima del aula; una de ellas puede ser consensuar con los alumnos las normas de convivencia y también fomentar el trabajo cooperativo.

También se realizará una adaptación del currículum a sus conocimientos previos, ya que su desconexión de los contenidos favorece las conductas disruptivas, estudiando la conveniencia de elaborar una Adaptación Curricular Individualizada.

Los servicios sociales del Ayuntamiento se comprometen a estudiar con la familia la posibilidad de que una educadora social les ayude en casa a ciertas horas para poner en marcha unas normas básicas de conducta, estableciendo las consecuencias adecuadas. Comentamos con la familia las pautas a seguir sintetizadas en el Decálogo familiar de prevención e intervención en problemas de conducta.

La familia se compromete a solicitar de nuevo consulta en Salud Mental para actualizar el diagnóstico y seguir el correspondiente tratamiento farmacológico y/o terapéutico.

Aconsejamos que la familia solicite consulta en la Unidad Municipal de Atención a Drogodependientes (UMAD), facilitándole el nombre y el teléfono de la psicóloga especializada en escolares.

Para el próximo curso, en función de su evolución, aconsejamos que se adelante la incorporación de este alumno a un Programa de Cualificación Profesional Inicial en régimen de internado, aun con 15 años. El programa tendrá un perfil profesional relacionado con la mecánica, que es lo que le gusta realmente al alumno. El régimen de internado podrá facilitar su socialización y el cambio del grupo de iguales de riesgo en el que se mueve ahora. El alumno está conforme con esta modalidad de escolarización y firma un compromiso para asistir con provecho al Programa. La familia también manifiesta su conformidad. Tanto Servicios Sociales como Salud Mental consideran que ésta es la mejor alternativa escolar dentro de los recursos disponibles y manifiestan su disponibilidad para coordinar sus actuaciones con educación.

El orientador/a del centro educativo realizará el seguimiento de estas propuestas de actuación interdisciplinar.

Se envía este Informe a la Inspección educativa para gestionar la dotación de un nuevo profesor de apoyo para el IES, la tramitación de la incorporación anticipada de Rubén a un Programa de Cualificación Profesional Inicial relacionado con la mecánica, en régimen de internado, para el próximo curso, y la remisión de este informe a la Dirección y al Departamento de Orientación del centro educativo.

En ...., a .... de .... de 2006

Especialista en Trastornos de Conducta   Especialista en Trabajo Social

Manuel Armas Castro   Mª Luz Rey Rodríguez

SR/A INSPECTOR/A DE EDUCACIÓN DEL IES ....

ANEXO XIV. PLANIFICACIÓN DEL PLAN DE CONVIVENCIA

Necesidades	Objetivos	Actuaciones	Responsables	Temporalización	Recursos	Evaluación
Desconocimiento de las normas de convivencia	Crear clima positivo de convivencia en aulas y Centro.	– Consensuar normas de convivencia. – Agenda escolar.	– Profesor tutor. – Dpto. Orientación. – Equipo directivo.	– 1º tr: Normas de aula – 2º tr: Normas de Centro. – 3º tr: Agenda Escolar	– Mural con normas en el aula. – Agenda escolar. – Tríptico.	– Trimestral – Nº Aulas con normas. – Nº de partes y expedientes.
Preocupación por acoso escolar entre iguales.	– Evaluar el clima de aula y acoso escolar. – Prevención e intervención	– Protocolos para prevenir e intervenir. – Trabajo cooperativo – Mediación	– Profesor tutor. – Coord. Convivencia. – Dpto. Orientación – Equipo Directivo	– 1º tr: Protocolos – 2º tr: Grupos mediación – Trabajo cooperativo: durante todo el curso.	– Formar a profesores y alumnos (CEFORE). – Apoyo del Equipo de Orientación Externo.	– Nº aulas con experiencias de trabajo cooperativo. – Nº casos mediación – Uso de protocolos
Falta de estrategias para las conductas disruptivas.	Dominar estrategias para aprender de la disrupción.	– Unificar criterios del equipo docente. – Aula Convivencia. – Sesiones de evaluación.	– Jefe Estudios. – Coordinador de Aula de Convivencia. – Dpto. de Orientación – Equipo Directivo	– 1º tr: Aula Convivencia y unificar criterios – Sesiones de evaluación con la opinión de los alumnos: todo el curso.	– Formar a profesores y alumnos (CEFORE) – Espacio y profesores para Aula Convivencia – Apoyo del Equipo Orientación Externo.	– Nº reuniones equipo docente. – Nº reuniones para coordinar Aula de Convivencia. – Participación de alumnos en sesiones de evaluación
Aumento del absentismo y abandono escolar	Reducir el fracaso y abandono escolar.	– Controlar asistencia con la familia. – Flexibilizar currículum y grupos. – Coordinación con asociaciones locales.	– Profesor tutor – Dpto. de Orientación – Equipo Directivo – Inspección – Administración local – Servicios Sociales.	– Todo el curso en el control de asistencia y alternativas curriculares y organizativas de atención a la diversidad. – 1º tr: Reuniones con servicios sociales y coordinadoras de barrio.	– Teléfono, email. – Refuerzo, ACI, – Grupos flexibles, PCPI. – Protocolo Absentismo. – Servicios Sociales – Asociaciones	– Nº de faltas a clase. – Nº de absentismo escolar. – Nº alumnos que abandonan sin titular. – Nº de PCPI en el Centro. – Nº de casos "salvados".
Atención a alumnos con necesidades educativas especiales.	Aplicar las medidas de atención a la diversidad necesarias	– Detección temprana. – Evaluación psicopedagógica – Programas de atención grupal e individualizada	– Profesor tutor. – Dpto. de Orientación. – Comisión Coord. Pedag. – Equipo Orientación Externo.	– 1º tri: Detección temprana y evaluación psicopedagógica – Programas de atención curricular y organizativa: durante todo el curso.	– Servicios de Orientación. – Adaptación curricular y organizativa. – Profesores de apoyo y materiales.	– Nº de evaluaciones psicopedagógicas. – Nº adaptaciones curriculares y organizativas. – Evolución de los alumnos con nec. ed. especiales.

Bibliografía

– Álava, M.ª J. (2002). *El NO también ayuda a crecer. Cómo superar momentos difíciles de los hijos y favorecer su educación y desarrollo.* Madrid: La esfera.

– Alberoni, F. (1999). *Ten coraje.* Barcelona: Gedisa.

– Álvarez, M. y Bisquerra, R. (1996). "Aproximación al concepto de orientación y tutoría". En Álvarez, M. y Bisquerra, R. (Coord.). *Manual de orientación y tutoria.* Barcelona: Praxis.

– Andolfi, M. (1991). *Terapia familiar. Un enfoque interaccional.* Barcelona: Paidós.

– APA (1995). *DSM IV Manual diagnóstico y estadístico de los trastornos mentales.* Barcelona: Masson.

– Armas, M. (1998). *Dirección Integral de Centros Educativos.* Santiago: Tórculo.

– Armas, M. (1998). "Hacia un modelo integral de evaluación y orientación psicopedagógica". En *I Congreso de orientación y diversidad.* Santiago: Tidis-Expoc.

– Armas, M. (1999). "Autonomía organizativa interdependente nos centros educativos". En Consello Escolar de Galicia: *A autonomía dos centros escolares*. Santiago: Xunta de Galicia.

– Armas, M. (2001). "Problemas de conducta y desarrollo de la inteligencia integradora". En Alberte, J. R. *Atención á diversidade e habilidades sociais*. A Coruña: Deputación Provincial.

– Armas, M. (2002). "Tarefas e funcións: a acción titorial", en Consello Escolar de Galicia. *Educadores na nova sociedade*. Santiago: Xunta de Galicia.

– Armas, M. (2004). "Educar en la complejidad para la solidaridad". En *Organización y Gestión Educativa*, 5, 31-33.

– Armas, M. (2005). *Alumnado con problemas de conduta*. Santiago: Xunta de Galicia.

– Armas Castro, M. y Armas Barbazán, C. (2005). *Violencia escolar (12-16 anos)*. Vigo: Nova Galicia Edicións.

– Armas Castro, M. y Armas Barbazán, C. (2006). *Violencia escolar (9-11 anos)*. Vigo: Nova Galicia Edicións.

– Armas Castro, M. y Armas Barbazán, C. (2002). "Aprender a recrearse". En Alberte, J. R: *Os servicios de apoio na educación para a atención á diversidade*. Santiago: ICE Universidade de Santiago.

– Armas Castro, M. y Barreiro González, P.M. (2006). "Estilos educativos familiares e problemas de conducta". *Revista Galega de Educación, 36*.

– Armas Castro, M. y González Fontao, M.ª P. (1998). "El adolescente con mayores necesidades educativas especiales en la ESO. En *Intervención psicológica en la adolescencia. VIII Congreso de INFAD*. II. Comunicaciones. Volumen 2. Pamplona: INFAD-Universidad Pública de Navarra.

– Armas Castro, M. y Porto Ucha, A. (1998). "Demanda e informe de evaluación psicopedagógica". En Alberte, J. R. *Evaluación psicopedagógica en las necesidades educativas especiales*. Santiago: Tórculo.

– Armas Castro, M. y Rey Rodríguez, L. (2000). "Insumisos y objetores de la escuela". En Alberte, J. R: *O reto da innovación na educación especial*. Santiago: ICE Universidade de Santiago.

– Armas Castro, M. y Sánchez-Mata, L. (2004). La mirada compleja en las organizaciones que aprenden. En Villa, A. (Coord.): *Dirección para la innovación: apertura de los centros a la sociedad del conocimiento. IV Congreso Internacional sobre Dirección de Centros Educativos.* Bilbao: ICE Universidad de Deusto.

– Armas Castro, M. y Sánchez-Mata, L. (2006). "La mirada recreadora de liderazgo transparente: saber ver la complejidad. En Gairín, J. y Darder, P. (Coord). *Organización y Gestión de Centros Educativos.* Barcelona: Praxis.

– Armas Castro, M. y Cortizo Nieto, J. (2002). "Os educadores e a sociedade. A necesidade dun novo acordo. En Consello Escolar de Galicia: *Educadores na nova sociedade.* Santiago: Xunta de Galicia.

– Aubert, J. L. y Doubovy, C. (2002). ¡*Mamá tengo miedo*! Barcelona: Gedisa.

– Autoría compartida (1999). *Materiales para el programa Convivir es Vivir.* Madrid: MEC (tomos I-IV).

– Avilés, J. M.ª (2003). *Bullying. Intimidación y maltrato entre el alumnado.* STEE-EILAS.

– Ball, S. (1989). *La micropolítica de la escuela. Hacia una teoría de la organización escolar.* Madrid: Paidós/MEC.

– Barkley, R. A. (1999). *Niños hiperactivos. Cómo comprender y atender sus necesidades especiales.* Barcelona: Paidós.

– Barreiro, P. M.ª (2006). *Estudiar mejor… todo un deporte.* Vigo: Nova Galicia Edicións.

– Bateson, G. (1999). *Una unidad sagrada. Pasos ulteriores hacia una ecología de la mente.* Barcelona: Gedisa.

– Becoña, E. (2005). *Tabaco.* Vigo: Nova Galicia Edicións.

– Becoña, E. (2005). *Drogas.* Vigo: Nova Galicia Edicións.

– Bolívar, A. (2000). *El liderazgo compartido según Peter Senge.* En Universidad de Deusto. *Liderazgo y organizaciones que aprenden.* Bilbao: Mensajero.

– Bolman, L. G. y Deal, T. E. (1984). *Modern approaches to understanding and managing organizations*. San Francisco: Jossey-Bass.

– Bringiotti, M.ª I. (2000). *La escuela ante los niños maltratados*. Barcelona: Paidós.

– Calo, I. (1999). *Educar para a paz desde o conflicto.* Noia: Toxosoutos. Seminario Galego de Educación para a Paz.

– Carr, E. G. y otros (2001). *Intervención comunicativa sobre los problemas de comportamiento.* Madrid: Alianza.

– Carrascosa, Mª. J. y Martínez, B. (1998). *Cómo prevenir la indisciplina.* Madrid: Escuela Española.

– Calvo, R. (2002). *Anorexia y bulimia. Guía para padres, educadores y terapeutas*. Barcelona: Planeta Prácticos.

– Cerezo, F. (1997). *Conductas agresivas en la edad escolar*. Madrid: Pirámide. Ojos Solares.

– Claxton, G. (1997). *Hare brained and tortoise mind*. Londres: Fourth Estate.

– Clemes, H. y Bean, R. (2001). *Cómo inculcar disciplina a sus hijos*. Barcelona: Debate.

– Consellería de Educación (2006). *Decreto polo que se crea e regula o Observatorio Galego de Convivencia Escolar*. Santiago: Xunta de Galicia.

– Consellería de Educación (2007). *Plan integral de mellora da convivencia escolar en Galicia*. Santiago: Xunta de Galicia.

– Consellería de Educación (2007). *Plan de convivencia do centro*. Santiago: Xunta de Galicia.

– Consello Escolar de Galicia (1999*). A convivencia nos centros escolares de Galicia*. Cursos 96-97 e 97-98. Santiago: Xunta de Galicia.

– Consello Escolar de Galicia (2001). *A convivencia nos centros escolares como factor de calidade*. Santiago: Xunta de Galicia.

– Cyrulnik, B. (2001). *Los patitos feos. La resiliencia: una infancia infeliz no determina la vida*. Barcelona: Gedisa.

– Cyrulnik, B. (2005). *El amor que nos cura*. Barcelona: Gedisa.

– Defensor del Pueblo (2000). *Violencia escolar: el maltrato entre iguales en la Educación Secundaria Obligatoria*. Madrid: Defensor del Pueblo.

– Del Barrui, V. (2000). *La depresión infantil. Factores de riesgo y posibles soluciones*. Málaga: Aljibe.

– Delgado, J. M. R. (1999). *La felicidad. Qué es y cómo se alcanza*. Madrid: Ediciones Temas de Hoy.

– Delors, J. (1996). *La educación encierra un tesoro*. Madrid: UNESCO.

– Díaz Aguado, Mª J. (2004*). Prevención de la violencia y lucha contra la exclusión desde la adolescencia.* Madrid: INJUVE.

– Díaz Rodríguez, M.ª E. (1995). "Tratamiento Psicofarmacológico en Salud Mental Infanto-Juvenil". En *Revista de la Asociación Galega de Saúde Mental*, 7, 19-42.

– Díaz Rodríguez, M.ª. E. (1995). "Infante psicótico, padres perdidos". En *Revista de Psicoterapia y Psicosomática*, 49, 39-45.

– Díaz Rodríguez, M.ª E. y González Bardanca, M. S. (2004). "Una familia". En *Cuadernos de Psiquiatría y Psicoterapia del Niño y del Adolescente*, 37/38, 33-39.

– Dyer, W. W. (1997). *Construye tu destino. Manifiesta tu yo íntimo y realiza tus aspiraciones*. Barcelona: Grijalbo.

– Echeburúa, E. (1996). *Trastornos de ansiedad en la infancia*. Madrid: Pirámide / Ojos Solares.

– Esteve, J. M. (1994). *El malestar docente*. Barcelona: Paidós.

– Estivill, E. y De Béjar, S. (1999). *¡Necesito dormir!* Barcelona: Plaza&Janés.

– Ezpeleta, L. (2001). *La entrevista diagnóstica con niños y adolescentes*. Madrid: Síntesis.

– Fernández, C. (1996). *Aprender a estudiar. Como resolver las dificultades en el estudio*. Madrid: Pirámide. Ojos Solares.

– Fernández, I. (1998). *Prevención de la violencia y resolución de conflictos*. Madrid: Narcea.

– Fernández, J. M. y Buela-Casal, G. (2002). *Manual para padres desesperados... con hijos adolescentes*. Madrid: Pirámide.

– Ferré, J. (1999). *Los trastornos de la atención y la hiperactividad. Diagnóstico y tratamiento neurofuncional y causal*. Barcelona: Lebón.

– Ferrerós, M.ª L. (2003). *Pórtate bien. El método a medida para entender y educar a tus hijos*. Barcelona: Planeta Prácticos.

– Foro Internacional Infancia y Violencia (2007). *Infancia y violencia*. Valencia: Centro Reina Sofía para el Estudio de la Violencia, 2 y 3 de marzo.

– Freire, P. (2001). *Pedagogía de la indignación*. Madrid: Morata.

– Fullan, M. (2002). *Liderar en una cultura de cambio*. Barcelona: Octaedro.

– Gairín J. (1994). Los planteamientos institucionales. El Proyecto de Centro. En Gairín Sallán, J. y Darder Vidal, P. *Organización de Centros Educativos. Aspectos básicos*. Barcelona: Praxis.

– Galeano, E. (2004). *Bocas del tiempo*. Madrid: Siglo XXI.

– García, E. M. (1997). *Soy hiperactivo. ¿Qué puedo hacer?* Madrid: Grupo Albor-COHS.

– García, E. M. (1997). *Rubén, el niño hiperactivo*. Madrid: Grupo Albor-COHS.

– Gardner, H. (2001). *La inteligencia reformulada. Las inteligencias múltiples en el siglo XXI*. Barcelona: Paidós.

– Garrido, V. (2005). *Los hijos tiranos: el Síndrome del Emperador*. Madrid: Ariel.

– Goldstein, A. (1999). *Aggressión reduction strategies: effective and ineffective*. School Psychology Quarterly, 14 (1), 40-58.

– Goleman, D. (1996). *Inteligencia emocional*. Barcelona: Kairós.

– Hargreaves, H. (1998). *Profesorado, cultura y posmodernidad. (Cambian los tiempos, cambia el profesorado)*. Madrid: Morata.

– Herbert, M. (1999). *Padres e hijos. Mejorar los hábitos y las relaciones*. Madrid: Pirámide.

– Hesse, H. (1990). *Siddhartha*. Barcelona: Plaza&Janes.

– Hoyle, E. (1986). *The politics of school management*. London: Odre y Stoughton.

– Jares, X. R. (2001). *Educación y conflicto. Guía de educación para la convivencia*. Madrid: Popular.

– Juez, M.ª A. (2003). *Decir NO a los hijos. 60 respuestas para padres desorientados y dubitativos*. Madrid: Síntesis.

– Kazdin, A. E. y Buela-Casal, G. (1996). *Conducta antisocial. Evaluación, tratamiento y prevención en la infancia y adolescencia*. Madrid: Pirámide/ Ojos Solares.

– King, D. et al (1978). *Education for a World Change: A Working Handbook for Global Perspectives*. New York: Center for Global Perspectives.

– Kroen, W.C. (2002). *Cómo ayudar a los niños a afrontar la pérdida de un ser querido*. Barcelona: Oniro.

– Kuschic, K. (1999). *Dar amor, poner límites*. Barcelona: RBA.

– Latorre, A. y Jurado, E. M.ª (2002). *Programas Europeos de Educación para la tolerancia*. Valencia: Tirant lo Blanch

– Lederach, J. P. (2000). *El abecé de la paz y los conflictos. Educación para la paz*. Madrid: Catarata.

– López, J., Sánchez, M. y Nicastro, S. (2002). *Análisis de organizaciones educativas a través de casos*. Madrid: Síntesis.

– Lorenzo, M.ª C. (2005). *Alcohol*. Vigo: Nova Galicia Edicións.

– Macià, D.(2002). *Problemas cotidianos de conducta en la infancia. Intervención psicológica en el ámbito clínico y familiar*. Madrid: Pirámide/Ojos Solares.

– Macià, D. (2003). *Drogas ¿por qué? Educar y prevenir*. Madrid: Pirámide.

– Marchesi, A. (2004). *Qué será de nosotros, los malos alumnos*. Madrid: Alianza.

– Marina, J. A. (1993). *Teoría de la inteligencia creadora*. Barcelona: Anagrama.

– Martín, E. (2006). "Disrupción y currículum". En Congreso *La disrupción en las aulas: problemas y soluciones*. Madrid. 24-26 de marzo.

– Mash, E. J. (1979). "What is behavioral assessment?". *Behavioral Assessment*, 1, 23-29.

– MEC (1999*). Convivir es vivir. Estrategias para la solución de conflictos*. Madrid: M.E.C.

– MEC (2006). "Respuestas a los problemas de disrupción desde las Comunidades Autónomas". En el Congreso *La disrupción en las aulas: problemas y soluciones*. Madrid, 24-26 de marzo.

– Milicic, N. (2001). *Creo en ti: la construcción de la autoestima en el contexto escolar*. Santiago de Chile: LOM

– Miranda, A., Amado, L., Jarque, S. (2001). *Trastorno por déficit de atención con hiperactividad. Una guía práctica*. Málaga: Aljibe.

– Moreno, I. (1998). *Hiperactividad. Prevención, evaluación y tratamiento en la infancia.* Madrid: Pirámide. Ojos Solares

– Morin, E. (2001). *Los siete saberes necesarios para la educación del futuro*. Barcelona: Paidós.

– Morin, E. (2006). Entrevista en *El Mundo* del 2-7-06.

– Morin, E., Ciurana, E. R. y Motta, R.D. (2003). *Educar en la era planetaria*. Barcelona: Gedisa.

– Olweus, D. (1993). *Bullying at school: what we know and what we can do*. Oxford: Blackwells. Traducción al castellano (1998): *Conductas de acoso y amenaza entre escolares*. Madrid: Morata.

– OMS (1992). *CIE 10 Trastornos mentales y del comportamiento*. Madrid: Meditor.

– Orjales, I. (1999). *Déficit de atención con hiperactividad. Manual para padres y educadores*. Madrid: CEPE.

– Orjales, I. (2005). *Trastorno por déficit de atención/hiperactividad*. Madrid: Esquema de Comunicación, S.A.

– Ortega, R. (1999). *La convivencia escolar: qué es y cómo abordarla. Programa educativo de prevención del maltrato entre compañeros y compañeras*. Sevilla: Consejería de Educación. Junta de Andalucía.

– Pastor, C. y Sevillá, J. (2000). *Tratamiento psicológico de la fobia social. Un manual de autoayuda paso a paso*. Valencia: Centro de Terapia de conducta.

– Pereiro, C. (2005). *Drogas*. Vigo: Nova Galicia Edicións.

– Pérez, A. (2004). *Educar para humanizar*. Madrid: Narcea.

– Pikas, A. (2002). New developments of the Shared Concerní Method. *School Psychology International*, 23 (3): 307-326.

– Piñuel, I. (2003). *Mobbing. Manual de autoayuda. Claves para reconocer y superar el acoso psicológico en el trabajo*. Madrid: Aguilar.

– Polaino-Lorente, A. y Ávila, C. (2000). *Cómo vivir con un niño/a hiperactivo/a. Comportamiento, diagnóstico, tratamiento, ayuda familiar y escolar*. Madrid: Narcea.

– Ribero, L. (2003). *Inteligencia aplicada. Usted tiene un potencial mayor del que imagina*. Barcelona: Planeta Prácticos.

– Rief, S.F. (2002). *Cómo tratar y enseñar al niño con problemas de atención e hiperactividad*. Barcelona: Paidós.

– Rivas, M. (2006). "Escribir es sobreponerse al miedo". Entrevista en El País del 27-5-06.

– Rodríguez, N. (2004). *Guerra en las aulas. Cómo tratar a los chicos violentos y a los que sufren sus abusos*. Madrid: Temas de hoy.

– Rogers, C.R. (2000). *El proceso de convertirse en persona*. Barcelona: Paidós.

– Rojas, L. (2004). *Nuestra incierta vida normal*. Madrid: Santillana.

– Ross, J. y Watkinson, A. M. (1999*). La violencia en el sistema educativo. Del daño que las escuelas causan a los niños*. Madrid: La Muralla.

- Rubio, F. D. (2004). *Manual práctico de prevención y reducción de ansiedad en los exámenes y pruebas orales. Útil para estudiantes, padres y orientadores*. Málaga: Aljibe.

- Salinas, P. (1989). *La voz a ti debida. Razón de amor*. Madrid: Clásicos Castalia.

- Sánchez Mata, L. (2005). *Educación sexual*. Santiago: Nova Galicia Edicións.

- Sánchez Mata, L. y Armas Castro, M. (1996). "La orientación como profesión de ayuda al desarrollo personal, profesional e institucional. En AGP: *Actas del Congreso Nacional sobre Motivación e Instrucción*. A Coruña: Asociación Gallega de Psicopedagogía.

- Santos Guerra, M. A. (2004). El pez en el agua. La micropolítica desde dentro de la escuela. En *Organización y Gestión Educativa*, 4- Págs. 17-21. Praxis. Madrid.

- Selvini, M. (1986). *El mago sin magia. Cómo cambiar la situación paradójica del psicólogo en la escuela*. Madrid: Paidós.

- Seminario Galego de Educación para a Paz (2005). *Conferencia mundial para a paz, a solidariedade e o desenvolvemento*. Santiago de Compostela, marzo-maio.

- Senge, P. (1997). "A través del ojo de la aguja". En Gibson, R. (Ed.) *Preparando el futuro*. Barcelona: Ediciones Gestión 2000.

- Serrano, I. (1997). *Agresividad infantil*. Madrid: Pirámide / Ojos solares.

- Serrat, A. (2002*). Resolución de conflictos. Una perspectiva globalizadora.* Barcelona: CISSPRAXIS.

- Servera, M. (Coord.) (2002*). Intervención en los trastornos del comportamiento infantil. Una perspectiva conductual de sistemas*. Madrid: Pirámide.

- Shapiro, L. E. (2002). *La salud emocional de los niños*. Madrid: Edaf.

- Siegel, B.S. (1995). *Amor, medicina milagrosa*. Madrid: Espasa Calpe.

- Sternberg, R. (2000). "Inteligencia práctica". En Beltrán, J. A. y otros: *Intervención psicopedagógica*. Madrid: Pirámide.

- Torrego, J. C. (2001). *Mediación de conflictos en instituciones educativas. Manual para la formación de mediadores*. Madrid: Narcea.

- Torres, J. (2001). *Educación en tiempos de neoliberalismo*. Madrid: Morata.

- Train, A. (2001). *Agresividad en niños y niñas. Ayudas, tratamiento, apoyos en la familia y en la escuela*. Madrid: Narcea.

- Triales, M.ª V. (2000). *La violencia en contextos escolares*. Málaga: Aljibe.

- Ubeira, M.ª T. y Rodríguez de Llauder, J.J. (2002). *"O Pelouro: Centro Singular Experimental de Innovación Psicopedagógica e Integración*. Inédito. Documento policopiado.

- UNESCO (1996). *La educación encierra un tesoro*. Madrid: Santillana.

- Uruñuela, P. (2006). "Disrupción y disciplina en el aula. Aspectos conceptuales. En Congreso *La disrupción en las aulas: problemas y soluciones*. Madrid, 24-26 de marzo.

- Valente, J. A. (2000). *Fragmentos de un libro futuro*. Barcelona: Galaxia Gutenberg.

- Voors, W. (2005). *Bullying. El acoso escolar. El libro que todos los padres deben conocer*. Barcelona: Paidós.

- Warnock, M. y otros (1978). *Special Educational Needs. Report of de Committee of Enquiry into the Education of Handicapped Children and Young People*. London:HMSO.

- Wilson, K. G. y Luciano, M.ª C. (2002). *Terapia de aceptación y compromiso (ACT). Un tratamiento conductual orientado a los valores*. Madrid: Pirámide.

- Zabalza, M. A. (Dir.) (1999). Investigación sobre *A Convivencia nos centros escolares de Galicia*. Santiago: Consello Escolar de Galicia.

- Zaitegi, N. y otros (2006). "Guía para la elaboración del Plan de Convivencia Anual (PCA)". En *Organización y Gestión Educativa*, 4, julio-agosto.